Marie-Luise Angerer, Christiane König (Hg.)
Gender goes Life

Marie-Luise Angerer, Christiane König (Hg.)
Gender goes Life
Die Lebenswissenschaften
als Herausforderung für die Gender Studies

[transcript]

Bibliografische Information der Deutschen Nationalbibliothek
Die Deutsche Nationalbibliothek verzeichnet diese Publikation in der Deutschen Nationalbibliografie; detaillierte bibliografische Daten sind im Internet über http://dnb.d-nb.de abrufbar.

© 2008 transcript Verlag, Bielefeld

Die Verwertung der Texte und Bilder ist ohne Zustimmung des Verlages urheberrechtswidrig und strafbar. Das gilt auch für Vervielfältigungen, Übersetzungen, Mikroverfilmungen und für die Verarbeitung mit elektronischen Systemen.

Umschlaggestaltung: Carsten Goertz
Lektorat & Satz: Anneka Metzger, Karin Lingnau
Druck: Majuskel Medienproduktion GmbH, Wetzlar
ISBN 978-3-89942-832-2

Gedruckt auf alterungsbeständigem Papier mit chlorfrei gebleichtem Zellstoff.

Besuchen Sie uns im Internet: *http://www.transcript-verlag.de*

Bitte fordern Sie unser Gesamtverzeichnis und andere Broschüren an unter: *info@transcript-verlag.de*

INHALT

Einführende Überlegungen: Verschiebungen im Denken
von Geschlecht, Sexualität und Subjekt   7
MARIE-LUISE ANGERER

LEBEN UND BEGEHREN

Biomacht und posthumane Politik   19
ROSI BRAIDOTTI

Zoontologien: Companion Species und Ribofunk
als theoretische und literarische Beiträge
zu einem kritisch-posthumanistischen Feminismus   41
MANUELA ROSSINI

Die Nanogestaltung des Begehrens   63
LUCIANA PARISI

SEXUALITÄT ZWISCHEN LEBEN UND TOD

Das Kernproblem menschlicher Sexualität   93
PAUL VERHAEGHE

Metamorphosen von Leben und Tod.
Ausblick auf eine Theorie der Hylomatie   111
VOLKMAR SIGUSCH

DAS EPISTEMISCHE DING

Eine Frage des Wissens. Gender als epistemisches Ding   137
ASTRID DEUBER-MANKOWSKY

Sexualität und Experiment.
Biologische Forschungslandschaften um 1900   163
HANS-JÖRG RHEINBERGER

UM 1900 – VITAL UND QUEER

Queeres Begehren – signaltechnisch verdinglicht   181
CHRISTIANE KÖNIG

Unbewusstes Leben – Neovitalismus um 1900
als produktives Krisenphänomen   201
KERSTIN PALM

KUNST UND LEBEN (IM FILM/ALS FILM)

Cloning Films with a Difference:
Zur Herstellung von Leben und der Animation von Gender   223
JACKIE STACEY

Interdisziplinarität revisited   247
SABETH BUCHMANN

Autorinnen und Autoren   261

Einführende Überlegungen:
Verschiebungen im Denken von Geschlecht, Sexualität und Subjekt

MARIE-LUISE ANGERER

Gender goes Life: Das Geschlecht geht über ins Leben, wird lebendig, wird zum Leben erklärt. Auch wenn der Satz auf Englisch unsinnig ist, weiß man im Deutschen intuitiv, was damit gemeint ist. *Beyond Gender* oder eine *postgender world*, also ein Leben jenseits des Geschlechts, nach dem Geschlecht, so oder ähnlich lauten die Versuche, die seit längerem zu beobachtenden und gegenwärtigen Verschiebungen innerhalb und außerhalb des akademischen Diskurses in den Griff zu bekommen. Als vor Jahren zu hören war, ›gender sei out‹, hatte die Kategorie in Europa noch nicht einmal ihren ›Gang durch die Institutionen‹ begonnen. Heute gibt es Graduiertenkollegs, Professorinnenstühle, Netzwerke, etc., und auch in der Politik ist *gender mainstreaming* angekommen.

Doch eines ist unübersehbar: Im *Gender*-Diskurs waren die *Gender Troubles* von Judith Butler offenbar so etwas wie (s)ein letztes Aufbäumen. Als diese 1990 in den USA (ein Jahr später auf deutsch) erschienen, verbreitete sich der Eindruck, diese *troubles* wären der Startschuss für eine neue Gender-Diskurs-Politik. Waren sie auch. Nur kam die Wende oder der Richtungswechsel sehr plötzlich. Und einer Luftblase gleich (wie die *new economy*) platzte der Traum von *gender*. Am Ende des 20. Jahrhunderts sieht sich das *Unbehagen der Geschlechter* (ähnlich wie 100 Jahre zuvor) konfrontiert mit einer neo(neuro)biologischen Grundsteinlegung.

Was ist in diesem Jahrzehnt geschehen? Welche Kräfte haben die Kategorie *gender* zur Erosion gebracht? Weshalb kann heute offen darüber diskutiert werden, dass der Erkenntniswert von *gender* gleich Null ist, dass *gender* vielmehr ein Scheitern der Erkenntnis signalisiert?[1] *Gender* wird selbstverständlich als etwas akzeptiert, das man tut, das die Wahrnehmung, die Wirklichkeit, das Wissen strukturiert, es ist etwas, das die Politik gestaltet und festlegt. Es ist unbestritten, dass Mädchen und Jungs unterschiedliche soziale Kompetenzen erlernen, dass sie trotz aufgeklärter Bemühungen Differenzen brauchen, um ihre Identitäten zu stabilisieren. Natürlich haben sich diese Differenzen zwischen den Geschlechtern in den letzten Jahren auffällig verändert. Insbesondere das Anforderungsprofil für junge Männer hat sich durch Homo-Bewegung, Kosmetik- und Medienindustrie stark gewandelt. Urbaner Lifestyle und metrosexuelles Verhalten haben dazu beigetragen, dass Frauen und Männer selbstpornografisch ihre Körper inszenieren: er mit Waschbrettbauch, sie modelmäßig, beide gepierct und durch Schönheitsoperationen und Botox-Spritzen maßgeschneidert. Große sexuelle Freiheit versus operative Hymen-Reparatur, Kinder als Wertsteigerung, der Anspruch junger Frauen, Beruf und Kinder unter einen Hut zu bringen, je älter umso mehr Mutter, Alphamädchen versus Alice Schwarzer, pornografiesüchtige Jugendliche, asexuelle Erwachsene. Momentaufnahmen.

Die AutorInnen des Bandes *Gender goes Life* haben zu diesen Verschiebungen eine vielschichtige Lektüre vorgelegt: Der Band umfasst sowohl wissenschaftshistorische und psychoanalytische Analysen, als auch medien- und kunsttheoretische sowie posthuman-utopische. Ob die Lebenswissenschaften – wie es der Untertitel des Bandes suggeriert – wirklich das gesamte Wissenssystem der Gender Studies auf den Kopf stellen und zur neuen Leitdisziplin aufsteigen werden, kann nicht eindeutig beantwortet werden. Doch lässt sich mit großer Sicherheit behaupten, dass das Soziale und seine Akteure derzeit einem umfassenden Renaturalisierungsprozess unterworfen werden.

---

1 Mithilfe von Kants »Kritik der reinen Vernunft« unterscheidet Joan Copjec männlich und weiblich als »jeweils spezifisches Versagen der Vernunft zu sich selbst«. Die Strategie des Männlichen wird dabei als Schwindel/Betrug oder »dynamisches Versagen«, die weibliche Strategie als Maskerade oder »mathematisches Versagen« bestimmt. D. h. männliche Wissenssubjekte geben vor, alles zu wissen, alles zu repräsentieren, für alles und alle zu stehen, das Konzept Mann zu vertreten, weibliche maskieren ihr Wissen bzw. stehen nicht für DIE FRAU. DIE FRAU existiert also nicht, sehr wohl jedoch, wie Lacan betont, die konkreten Frauen. Auf der Seite männlich ist es gerade umgekehrt: Es gibt das Konzept MANN um den Preis des konkreten Mannes. Vgl. Copjec 1995: 201-236.

Wie das Denken des Sexuellen und Geschlechtlichen sich seit dem Ende des 19. Jahrhunderts mit der Physik, Biologie, mit den Medien und den Künsten verbindet, wie diese Verbindungen getrennt, verschoben, neu gedacht werden, und wie sehr sich heute alte Verbindungen in neuer Formatierung herausschälen, ist der rote Faden des vorliegenden Bandes.

Ein bemerkenswerter Unterschied zwischen den vitalistisch-physikalischen Paradigmen und ihren medialen Formaten (wie der Fotografie und dem frühen Kino) um 1900 und der gegenwärtigen neurobiologischen Orientierung mit ihrer digitalen Infrastruktur ist jedoch die Tatsache, dass es zu Beginn des 21. Jahrhunderts vor allem Theoretiker*innen* sind, die das Ende des Subjekts und dessen Wiederauferstehung als »life just« (Braidotti) fordern.

In den 70er Jahren des vorigen Jahrhunderts, als erstmals vom Tod des Autors die Rede war, als Michel Foucault auch das mögliche Verschwinden des Menschen prognostizierte, war es völlig klar, dass nur männliche Theoretiker diesen Tod des Subjekts beanspruchen konnten. »Wir Frauen«, so hieß es, hatten noch nie den Status als Subjekte (der Geschichte, der Politik, des Sprechens) eingenommen – weder in der Politik noch in der Wissenschaft. Heute fordern Theoretikerinnen wie **Rosi Braidotti, Luciana Parisi, Manuela Rossini**, – Autorinnen des vorliegenden Bandes – vor dem Hintergrund eines »nomadischen Subjekts«, neue Subjekte, wie z.B. Neo-Humans und ein neues Verständnis von Leben. Sie stellen den Anthropozentrismus, der in ihren Augen nicht nur einen globalen Kapitalismus hemmungslos unterstützt, sondern auch immer wieder hegemoniale Strukturen produziert, radikal in Frage. Angesichts zukunftsnaher realer Mängel – Klima, Ressourcen – ist nicht von der Hand zu weisen, dass derartige Forderungen auf einen Zeitgeist treffen. Doch in dieser Forderung nach der Aufgabe eines rationalen, symbolischen, sexuierten Subjekts treffen oftmals sehr unterschiedliche und politisch miteinander konkurrierende Ansätze und Haltungen aufeinander. Denn täglich beliefert uns die Neurobiologie mit neuen Einsichten über die Natur des Menschen und greift dabei ohne Hemmung auf alte Stereotype als heute wissenschaftlich erwiesene *facts* zurück: Frauen fühlen mehr als Männer, während des Orgasmus fühlen Frauen nichts, bei pornografischen Filmen reagiert das Gehirn des Mannes stärker als das der Frau, etc. ...

Gleichzeitig führen Autorinnen wie Charlotte Roche medial bestens beworben vor, dass Frauen keine gefühlvollen Wesen sind, sondern frei und frank jedes Körperteil öffnen, wenn es darum geht, einen neuen Feminismus auszurufen, einen frechen Feminismus, der sexy, cool und anal sein soll. *Feuchtgebiete* (2008), so der Titel von Roche, ist eine akribische Erforschung des Körpers und seiner Öffnungen, Säfte, Gerüche, seines Eigenlebens und seiner Lustpotenziale. Haare, Poren, Exkremente werden polymorph libidinös besetzt. Dieser literarische Exhibitionismus findet seine theoretische Fortführung in der queeren Theoriediskussion. Hier hat Beatrice Preciado ihr kontrasexuelles Manifest 2003 dem deutschsprachigen Publikum vorgestellt. Nach dem kommunistischen Manifest, dem Manifest der Futuristen, dem Cyborg-Manifest von Donna Haraway und dem cyberfeministischen Manifest von VNS Matrix nun das kontrasexuelle. In diesem wird der sexuelle Kontrakt neu geregelt: Fortan soll nicht mehr der Penis als Phallus im Mittelpunkt stehen, sondern der Dildo – als Lustgenerator für Mann und Frau gleichermaßen.

Dies alles hat seine Vorgeschichte und Vorläufe. Eine dieser Vorläuferinnen war Donna Haraway und ihre Absage an die Psychoanalyse und betonte Abwendung von Michel Foucault. Stattdessen präferierte sie die Immanenzphilosophie von Gilles Deleuze und verwies erstmals auch auf Bruno Latour und seine Rehabilitierung der Objekte. In ihrem *Manifest für Cyborgs* (1995), das sie 1984 schrieb, erklärt sie eine Zeitepoche für angebrochen, in der die Prämissen der Moderne nicht mehr gelten: Sprache, Unbewusstes, Schuld und Strafe, objektive Wissensproduktion. Stattdessen werden geschlechtliche, soziale und ethnische Identitäten in jeweils spezifischen, politischen Kontexten ausgehandelt. Ihre Figur der Cyborg[2], in die feministische Debatte als Denkfigur eingeführt, um etwas vorstellbar zu machen, was noch nicht ist, dessen Schatten sich jedoch schon längst abzuzeichnen begonnen hat, war Auslöser für heftige Kontroversen. Heute hat sich diese Debatte längst beruhigt. Zu Beginn des 21. Jahrhunderts wird nicht mehr *doing gender* verhandelt, sondern *gender goes life*.

Was nun aber verbindet Charlotte Roche oder Beatrice Preciado mit Donna Haraway, bzw. wie treiben die drei den Prozess von *Gender goes Life* voran? Sie alle erklären Sexualität zu einer Frage der technischen Performanz – und halten sich nicht mehr länger an ihr als einem Modus der Existenz auf.

Sowohl **Volkmar Sigusch** als auch **Paul Verhaeghe** haben diesen Modus der Existenz in ihren Aufsätzen im vorliegenden Band dargelegt

---

[2] Die Cyborg ist nach Donna Haraway ein Mädchen, das sich weigert, eine Frau zu werden. Ein Wesen, das halb real, halb utopisch ist, das inmitten der Welt steht, dennoch von ihren Realien nicht überwältigt ist.

und auf die Veränderungen aufmerksam gemacht, die sich in diesem Modus abzuzeichnen beginnen. **Verhaeghe** hat dazu auch an anderer Stelle schon ausgeführt, wie hysterisch die postmodernen Subjekte längst wieder begonnen haben, neue Meister zu etablieren, neue Gesetze und Regeln einzuführen, um die Impotenz der symbolischen Ordnung zu kaschieren (vgl. Verhaeghe 2004). **Sigusch** demonstriert am Alltag des Sexuellen, wie sehr die Verdrängung des in die Sexualität eingeschriebenen Moments des Todes der Verbreitung einer Zombie-Spezies Vorschub geleistet hat, die sich inzwischen für ihre Schönheitsoperationen auch ins Fernsehen begibt.[3] Rimbauds vor allem durch Lacan berühmt gewordene Formel »Ich ist ein Anderer« hat sich heute längst zu einem »Ich als *fake*« gewandelt.

An die Sexualität als ein Modus des Seins ist jedoch eine Differenzidentität geknüpft, die das Humane als symbolisches Wesen von Tier und Maschine unterschieden hat. Wird diese aufgegeben, ist die Gleichschaltung der Erdenbewohner und ihrer Umwelten eine logische Konsequenz. *Gender is Life.*

Rosi Braidotti hat dies wörtlich genommen. In ihren Arbeiten plädiert sie für ein neues Subjekt, eines, das alle seine unterdrückten Anteile wieder zurück gewonnen hat und somit ein volles Leben verkörpert. Vor dem Hintergrund ihrer Deleuze-Adaption fordert sie die Aufgabe jedes anthropozentrischen Standpunktes und stattdessen eine Revision des Lebens als solches, das temporäre Identitäten generiert, um diese – vorangetrieben durch einen globalen Kapitalismus – stets wieder neu zu formieren. Geschlechtliche, ethnische, religiöse und nationale Zugehörigkeiten haben sich im Zuge dieser kapitalistischen Re- und Deterritorialisierung vom Körper als Träger dieser Identitäten längst gelöst.

Manuela Rossini folgt in ihrem Aufsatz Donna Haraways neueren Arbeiten zum Hund als einer Spezies des posthumanen Zeitalters (vgl. Haraway 2005 und 2007). Mit dem Motto »Der Posthumanismus ist auf den Hund gekommen!« fordert sie darin eine endgültige Abkehr von der »anthropologischen Maschine« und sieht in den posthumanen Zoontologien eine neue, anti-speziezistische Denkart angelegt.

In seiner Analyse des 20. Jahrhunderts hat Alain Badiou den Kampf um die Kategorie des Subjekts beschrieben, wie ihn sowohl der radikale Humanismus eines Jean-Paul Sartre als auch der radikale Antihumanis-

---

3   Ich spiele hier auf die TV-Formate an, die sich in den letzten Jahren mit Schönheits-Operationen befassten: *Extreme Makeover, The Swan, Nip/Tuck.*

mus eines Michel Foucault geführt haben. In seiner *Ordnung der Dinge* erzählt Foucault von einer Zukunft, in der der Mensch verschwunden sein wird, in *Das Sein und das Nichts* heißt es bei Sartre: »Der Mensch ist eine nutzlose Passion.« (Sartre 2002: 1052) Hier noch eine Transzendenz, die allerdings ihr Poröses nicht mehr verbergen kann, dort ein inhumaner Beginn des Menschseins oder ein inhumaner Kern in seinem tiefsten Inneren. Werden beide Denkbewegungen, wie Badiou meint, am Ende des 20. Jahrhunderts verworfen, »dann werden wir [...] es notwendig mit einer Figur zu tun haben, die den Menschen ganz simpel zu einer Art macht« (Badiou 2006: 215). Man kann heute, so Badiou, von einem »animalischen Humanismus« sprechen. In diesem ist der Mensch als »substantialistische oder natürliche Kategorie [angelegt], zu der wir Zugang haben durch Empathie in das Spektakel der Leiden« (ebd.: 217). Dieses Spektakel umfasst das mediale Massenereignis (Fußball) wie auch spektakuläre Kunstevents gleichermaßen (z. B. die derzeit in New York zu bestaunenden *City Waterfalls* von Olafur Eliasson). In den Imperativ des Genießens, wie er von Robert Pfaller (1999) und Slavoj Žižek (1991) definiert worden ist, ist damit derjenige des »Lebe ohne Idee« (Badiou 2006: 218) schon eingeschrieben.

Doch *gender* ist auch immer als Idee, als eine Denkkategorie verstanden worden und wird heute, in Anlehnung an **Hans-Jörg Rheinbergers** Definition oftmals als »epistemisches Ding« begriffen. Dieses ist zugleich die Frage, die das Denken anleitet, und das Ergebnis dieses Denkens. Es ist also kein Objekt, sondern Struktur, Relation, Funktion.

Astrid Deuber-Mankowsky beschreibt diesen Denkvorgang *gender* sowohl in der heutigen Theorieproduktion als auch in der Lehre. Was lernen Studierende, wenn sie *gender* studieren? Was vermittelt *gender*, wenn diese Kategorie als ein komplexes Bündel von Knotenpunkten verstanden wird, das immer schon die Technologien, die Gesellschaft, die Politik, etc. mit in sich trägt, bzw. wenn Gesellschaft und Technologien als durch die Frage und das Ergebnis *gender* geleitete begriffen werden?

Hans-Jörg Rheinberger überträgt den Gedanken des »epistemischen Dings« in die Biologie am Ende des 19./Anfang des 20. Jahrhunderts, um zu demonstrieren, wie Sexualität in der Fortpflanzung und Vererbung von Einzellern eine Wirkmächtigkeit weit über die Grenzen hinaus entfalten konnte. Ich möchte beinahe sagen, dass sie bis ins 21. Jahrhundert nichts von ihrer Strahlkraft eingebüßt hat, wenn man sich unter diesen Gesichtspunkten die Arbeit von **Luciana Parisi** anschaut: Das Nanobegehren der Posthumanen erweist sich dann als den Einzellern um 1900 nicht unähnlich. Geschlecht und Sexualität operieren auf unabhängigen Levels und werden nur unter bestimmten Gesichtspunkten als notwendige Operatoren eingeschaltet. *Abstract Sex* (2004), wie eine Publikation der Autorin betitelt ist, beschreibt vor dem Hintergrund der Endosymbiontentheorie von Lynn Margulis, wie sich über Jahrtausende hindurch ein Bio-Stratum durch Physik und Kultur hindurch gefressen hat, um heute mit dem Digitalen eine neue, progressive Verbindung einzugehen.

In den Aufsätzen von **Kerstin Palm** und **Christiane König** wird die Wissensproduktion *gender* zu einem historischen Zeitpunkt kondensiert. Eine »Krise der Moderne« bedingt jene der »Männlichkeit«. Eine Männlichkeit, der **König** eine *queere* Position in ihrer Verbindung mit den technischen Signalen jener Zeit zuzuschreiben versucht. **Palm** hingegen verfolgt die zunehmend vitalistisch operierende Kultur am Übergang ins 20. Jahrhundert und beschreibt die Entwicklung einer unbewussten Lebenskraft (wie sie z. B. im Werk von Henri Bergson exemplarisch auftaucht). Heute feiert diese Lebenskraft, die u. a. auf Spinoza (conatus) zurückgeht, eine unübersehbare Renaissance. An die Stelle des »cogito, ergo sum« tritt der Affekt oder eben eine Lebenskraft (eine unbewusste Natur, wie es bei Palm heißt), die als *agens* fungiert.

Eine seit Kant beschriebene Zweiteilung des Subjekts – als ein spontanes und als ein (selbst-)reflexives – hat offenbar auch in der Debatte um *gender* ihr Gewicht verloren. Für Kant hatte diese Doppelung des Menschensubjekts zur Folge, dass man sein Wesen im Hier und Jetzt erfragen konnte, dass danach gefragt werden konnte, was dieser Mensch will, was er wissen möchte und was er tun soll. Heute steht nicht nur die Fassung des Humanen, wie sie seit Kant gedacht worden ist, auf dem Spiel, sondern damit auch notwendigerweise die des Sozialen, das von Paul Rabinow in seiner *Anthropologie der Vernunft* folgendermaßen umschrieben wird: »Rimbauds Vorahnung, dass der Mensch der Zukunft ›mit Tieren beladen *(chargé)*‹ sein werde, scheint sich heute zu bewahrheiten.« Wir stehen, so der Autor, vor einer Umformulierung von Natur und Kultur, bei der die Kategorie des Sozialen möglicherweise auf der Strecke bleiben wird.

»In der Zukunft wird die neue Genetik [...] keine biologische Metapher der modernen Gesellschaft mehr sein, sondern sich stattdessen in ein Zirkulations-Netzwerk von Identitätsbegriffen und Restriktionsstellen verwandeln, durch das eine neue Gestalt von Autopoiesis entstehen wird, die ich ›Biosozialität‹ nenne.« (Rabinow 2004: 139)

Diese Biosozialität kann man in Science Fiction-Filmen bereits seit einiger Zeit verfolgen. Von *Blade Runner* über *eXistenZ* und *Gattaca* zu *Code 46* werden biosoziale Konsequenzen inszeniert, werden die Fragen nach Leben und Tod in ihrer technisch-genetischen Dimension vorgeführt. **Jackie Stacey** untersucht in *Code 46* die Implosion des Begehrens angesichts künstlich injizierter Verwandtschaftssysteme. Der genetische Code (*Code 46* ist das Gesetz, mit dessen Hilfe Inzest unter Strafe gestellt ist) wird zentral überwacht: Nur genetisch nichtverwandte Personen dürfen eine sexuelle Beziehung miteinander eingehen. Dem Einzelnen ist sein genetischer Code jedoch genauso unbekannt wie früher dem Subjekt sein Unbewusstes, weshalb der Staat (in der traditionellen Gesellschaft haben diese Kontrolle Kultur und Familie übernommen) darüber wacht, dass sich Gleiches nicht zu Gleichem gesellt, sondern neue Symbiosen den Fortbestand der Bevölkerung im geschützten Innenraum garantieren. Von der Kontrollmacht ausgesonderte, feindliche, bestrafte Individuen (die jedoch mit menschlichem Erinnerungsvermögen ausgestattet sind) hausen vor den Stadttoren, vergleichbar mit Antigone in der griechischen Tragödie, die ihren Bruder beerdigen wollte.

Sabeth Buchmann unterzieht sodann den *pictorial turn* vor dem erstarkten Auftreten der Lebenswissenschaften einer kritischen Befragung und zeigt, wie die künstlerischen Avantgarden mit Lebenskonzeptionen des 19. Jahrhunderts zutiefst verbunden waren, dies jedoch immer verdrängten. Im ästhetischen Streit zwischen Evidenz und Repräsentation wird diese Verbindung jedoch offensichtlich. Die Vermischung von Leben und Kunst, eine der Forderungen der Avantgarden, erweist sich unter dieser Lupe als ein der Moderne eingeschriebener blinder Fleck. Insbesondere heute, da der Kunstbetrieb sich offen als Event und Spektakel inszeniert, werfen derartige Verschränkungen als historische Vorläufer ein neues Licht auf die propagierte Forderung, Kunst zu einem Erlebnis der Sinne werden zu lassen. Hierbei fügt sich J.W.T. Mitchells Begriff der Bilder als »living things« oder »living creatures«, die wie Subjekte begehren, erstaunlich geschmeidig in die zuvor vorgetragenen Thesen eines neuen Parlaments der Spezien (in Anspielung auf Bruno Latours *Parlament der Dinge* 2001).

Die Debatte, die *Gender goes Life* hoffentlich anzustoßen imstande sein wird, ist eine mit offenem Ausgang. Für die Bereitschaft, mit ihren Beiträgen diese Debatte voranzutreiben, bedanken sich die Herausgeberinnen des Bandes bei den Autorinnen und Autoren, bei **Anneka Metzger**, die hervorragende Lektoratsarbeit geleistet hat, sowie bei **Karin Lingnau**, die gemeinsam mit Anneka Metzger das Endlektorat übernommen hat. Der transcript Verlag ist in der arbeitsintensiven Endphase des Buches stets beratend zur Seite gestanden. Die Vorlage für das Cover wurde von **Carsten Goertz** gestaltet, dem an dieser Stelle Dank gebührt.

Für die großzügige finanzielle Unterstützung ist der Kunsthochschule für Medien Köln (KHM) sowie dem Büro der Gleichstellung der KHM zu danken.

Köln, im Juli 2008

Literatur

Badiou, Alain (2006): Das Jahrhundert, Zürich/Berlin: diaphanes.

Copjec Joan (1995): »Sex and the Euthanasia of Reason«. In: Dies. (Hg.), Reading my Desire, Cambridge, MA/London, S. 201-236.

Haraway, Donna J. (1995): »Ein Manifest für Cyborgs. Feminismus im Streit mit den Technowissenschaften«. In: Dies. (Hg.), Die Neuerfindung der Natur. Primaten, Cyborgs und Frauen, Frankfurt a. M./ New York: Campus, S. 33-72.

Haraway, Donna J. (2005): The Compagnion Specie Manifesto, Chicago: Prickle Paradigm Pr.

Haraway, Donna J. (2008): When Species Meet, Minneapolis: The University of Minnesota Press.

Latour, Bruno (2001): Das Parlament der Dinge: Naturpolitik, Frankfurt a. M.: Suhrkamp Verlag.

Parisi, Luciana (2004): Abstract Sex. Philosophy, Bio-Technology And The Mutations Of Desire, London/New York: continuum.

Pfaller, Robert (Hg.) (1999): Interpassivität. Studien über delegiertes Genießen, Wien/New York: Springer.

Preciado, Beatrice (2003): kontrasexuelles manifest, Berlin: b_books.

Rabinow, Paul (2004): Anthropologie der Vernunft. Studien zur Wissenschaft und Lebensführung, Frankfurt a. M.: Suhrkamp Verlag.

Roche, Charlotte (2008): Feuchtgebiete, Köln: DuMont Buchverlag.

Sartre, Jean-Paul (2002): Das Sein und das Nichts. Versuch einer phänomenologischen Ontologie, Reinbek b. Hamburg: rororo.

Verhaeghe, Paul (2004): Liebe in Zeiten der Einsamkeit, Wien: Turia + Kant.

Žižek, Slavoj (1991): Liebe Dein Symptom wie Dich selbst! Jacques Lacans Psychoanalyse und die Medien, Berlin: Merve.

Leben und Begehren

Biomacht und posthumane Politik

ROSI BRAIDOTTI

Einleitung

Ausgangspunkt dieses Aufsatzes ist die Tatsache, dass die sozioökonomischen Gegebenheiten des fortgeschrittenen Kapitalismus eine globale, posthumane Politik produzieren. Diese Politik ist gleichzeitig posthumanistisch und post-anthropozentrisch und neigt dazu, zutiefst unmenschlich zu sein. Die Behauptung, dass wir uns mit einer Verlagerung zum Posthumanen konfrontiert sehen, ist in der Auflösung der traditionell einheitlichen Position des Subjekts beziehungsweise der stabilen Identität eines ›Ich‹, das mit Vernunft und Bewusstsein zusammenfällt, unter den widersprüchlichen Belastungen durch globale, postindustrielle Gesellschaftsverhältnisse begründet. Die Konvergenz verschiedener und bisher getrennter Technologiebranchen ist die herausragende Eigenschaft unserer heutigen Kultur und Gesellschaft. Biotechnologien und Gentechnik einerseits sowie Informations- und Kommunikationstechnologien andererseits produzieren spektakuläre Transformationen. Alle Technologien haben einen starken Biomacht-Effekt, insofern sie die Körper beeinflussen und diese über Inklusion und Exklusion in die sozialen Machtverhältnisse einordnen (Bryld/Lykke 1999). Somit schließt der Begriff der Cyborgs im Sinne technologisch vermittelter Körper nicht nur die trainierten Hightechkörper von Jetpiloten oder die Körper kultureller Ikonen aus Hollywood mit ein, sondern auch die anonymen Massen unterbezahlter und ausgebeuteter Körper vor allem von Frauen und Kindern in ausgelagerten Industrieanlagen oder in den unterbezahlten Arbeitsbereichen avancierter Ökonomien, die eine Technologiegetriebene, globale Wirtschaft unterstützen (Braidotti 2002). Es handelt sich um Wegwerfkörper, die an die Produktion fortgeschrittener Technologien gekoppelt sind. Sie bilden die materielle Grundlage der ›immateriellen‹ Struktur zeitgenössischer, technologischer Gesellschaftssysteme. Körperpolitik verändert sich in Übereinstimmung mit der Entstehung von Cyborgs auf der einen und den erneuten Formen menschlicher Verwundbarkeit auf der anderen Seite. So kommt es, dass große Epidemien wieder zurückkehren. Ebola, Tuberkulose, HIV: Die Entwicklung geht so weit, dass Gesundheit nicht nur ein Anliegen öffentlichen Interesses, sondern auch zu einer Frage der Menschenrechtsdebatte geworden ist.

Auf einer konzeptuellen Ebene ist der historische Moment der Postmoderne durch den Verfall aufklärerischer Thesen gekennzeichnet, die bis dahin als fundamental galten.grundtenor dieser Thesen war die Annahme, dass die Menschheit sich durch ein selbstregulierendes und teleologisch orientiertes Vernunftdenken zur eigenen Perfektionierung entwickelt. Das Emanzipationsprojekt der Moderne führte zu einer Vorstellung des »vernünftigen Menschen« (Lloyd 1985: X), die verschiedene ›Grenzmarkierungen‹, bekannt auch als die ›konstituierenden Anderen‹, ausschließt. Diese sind die sexualisierten Anderen, auch Frauen genannt, die ethnischen oder durch Rassenvorurteile gekennzeichneten Anderen sowie die natürliche Umwelt. Sie bilden die drei miteinander verbundenen Facetten struktureller Andersheit oder der strukturellen Differenz als Herabsetzung. In dieser Funktion konstruieren diese Anderen gleichzeitig die Moderne und werden von ihr ausgeschlossen (vgl. de Beauvoir 1992; Irigaray 1989; Deleuze 1997). Als solches war das Konzept des Anderen bislang hilfreich für die Institution maskuliner Selbstbehauptung (Woolf 2001) beziehungsweise für eine »Logik des Gleichen« (Irigaray 1989). Wenn nun behauptet wird, dass die strukturellen ›Anderen‹ des modernen Subjekts in der Postmoderne wieder auftauchen, werden sie unausweichlich in einen paradoxen und polyvalenten Schauplatz verwandelt. Sie sind das Symptom der Subjektkrise, und für konservative Köpfe sind sie sogar deren ›Auslöser‹. Gleichzeitig formulieren sie positive, das heißt rückwirkungsfreie Alternativen. Es ist eine historische Tatsache, dass die großen Emanzipationsbewegungen der Postmoderne von den wieder auftauchenden ›Anderen‹ motiviert und angetrieben werden. In der Frauenrechtsbewegung, den Anti-Rassismus- und Entkolonialisierungsbewegungen, den Antinuklear- und Pro-Umweltbewegungen äußern sich die Stimmen der strukturell Anderen der Moderne.

Die Weltwirtschaft funktioniert nicht linear, sie ist vielmehr netzartig, zerstreut und polyzentriert. Sie ist ein widersprüchlicher Prozess, dessen Auswirkungen sich geopolitisch entlang der Linie Macht, Gesellschaftsschicht, Gender und Ethnie ausdifferenzieren. Dies produziert einige methodologische Schwierigkeiten für eine Sozialkritik, da diese Wirtschaft sich in eine Daten-Vielstimmigkeit übersetzt, die sowohl klassische als auch modernistische Gesellschaftstheorien nicht mehr verarbeiten können.

Meine Haltung ist pragmatisch: Wir brauchen Gedankensysteme und Vorstellungen, die es uns ermöglichen, die Veränderungen und Transformationen unserer Zeit auf ermächtigende und positive Art zu berücksichtigen. Wir leben bereits in emanzipierten (postfeministischen), multi-ethnischen Gesellschaften mit einem hohen Grad an technologischen Interventionen. Diese sind weder einfache noch lineare Ereignisse, sondern vielmehr vielschichtige und in sich widersprüchliche Phänomene. Sie kombinieren Elemente der Ultramodernität mit neoanarchischen Splittern: Vormarsch des High-Tech und Neoprimitivismus, die sich der Logik der ausgeschlossenen Mitte widersetzen. Nostalgie und Hyperkonsumdenken schließen sich unter dem ausdruckslosen Blick neoliberaler Restauration zusammen. Wir müssen uns eine transformative Vision des Subjekts aneignen, um die produktiven und affirmativen Aspekte der Fragmentierungsprozesse, der Strömungen und Mutationen, die unsere Ära auszeichnen, ans Licht zu bringen. Sozialtheoretisch und ethisch, wie auch bei vielen anderen Unternehmungen zeitgenössischer Disziplinen, müssen wir lernen, anders über uns selbst und unser Wertesystem zu denken, zunächst einmal mit Kartographien, die unsere materiellen, verkörperten Positionen angemessen aufzeichnen.

Das Wechselspiel zwischen Zentrum/Peripherie, gleich/anders, partikular/universal hat sich unter dem Einfluss einer globalisierten Postmoderne verschoben. Es entspricht nicht mehr länger einem dialektischen Modell der Gegensätze, sondern folgt vielmehr einem dynamischen, nichtlinearen und daher wenig vorhersehbaren Muster, das eine Zickzacklinie in sich widersprüchlicher Möglichkeiten bildet. Die ›Anderen‹ markieren dabei nicht bloß Ausschließung oder Marginalisierung, sondern sind gleichzeitig auch mächtige und alternative Subjektpositionen. Somit werden die Körper der Anderen zum Wegwerfprodukt und gleichzeitig zum entscheidenden Auslöser politischer sowie ethischer Transformation (Braidotti 2002). Wir benötigen Kreativität und Vertrauen in die Zukunft, um die Gleichzeitigkeit dieser entgegengesetzten Projekte zu verstehen.

Postindustrielle Gesellschaften vermehren die ›Unterschiede‹ mit dem Ziel, sich größtmöglichen Gewinn zu sichern. Ich möchte zeigen, in welchem Maß diese Logik der sich vermehrenden Unterschiede eine konsumeristische oder vampiristische Einverleibung der ›Anderen‹ bedeutet, um gleichzeitig vielfältige Differenzen neuer Formen von Mikro-, Infra- und Gegensubjektivitäten zu ermöglichen.

Besonders zwei Bereiche der heutigen *Feminist Studies* legen ihren Schwerpunkt wieder auf die Materialität physischer Körper. Der erste Bereich ist die Welle des Deleuzianischen Feminismus, der die Immanenz (Colebrook/Buchanan 2000; MacCormack 2000), das Etwas-Anderes-Werden (Grosz 1999; Gatens 1997; Gatens/Lloyd 1999; Braidotti 1994, 2002) und eine neue politische Ontologie (Olkowski 1999) betont. Der zweite Bereich ist die feministische Wissenschaftsforschung, die sich stark von den Gesellschafts- und Sozialwissenschaften abgrenzt und sich für ein neues epistemologisches Paradigma einsetzt (Wilson 1998; Franklin 2000; Barad 1999). Dieser zweite Bereich entstammt einer anderen feministischen Genealogie, die die postmodernistische feministische Theorie – also psychoanalytische und semiotische Theorien – umgehen, um stattdessen die epistemologische Tradition zu betonen. Schlüsselfiguren sind hierfür Lynn Margulis (Margulis/Sagan 1995), Evelyn Fox-Keller (1992) und Susan Harding (1991). Vor dem Hintergrund dieser Tradition stellt Donna Haraways Text *Modest Witness@Second Millenium. FemaleMan© Meets OncoMouse ™* (von 1997, deutsch 2002) einen Brennpunkt und einen Maßstab für Übereinstimmungen und Zusammenhänge dar.

Globale Gender-Politik

Die neuen Meister-Erzählungen über die Unausweichlichkeit der freien Marktwirtschaft als historisch vorherrschende Form menschlichen Fortschritts und über einen biogenetisch motivierten Kapitalismus verändern die heutige Gender-Politik. Der Mainstream-Diskurs des neoliberalen Postfeminismus gründet sich zum Beispiel auf ein neues genetischsoziales Imaginäres und markiert die Rückkehr der klassischsten Formen ökonomischer und sozialer Diskriminierung.

Die postfeministische Welle trifft sich heute mit einem Neokonservativismus in Bezug auf die Geschlechterverhältnisse, was nur einen schwachen Effekt von *gender trouble* in der gesellschaftlichen Arbeitsaufteilung zwischen den Geschlechtern bewirkt. Da die Mischung von Postfeminismus und Neokonservativismus auch pro-kapitalistisch ist, wird finanzieller Erfolg als einziger Indikator für den Status der Frau angesehen. Gesellschaftliches Versagen wird demzufolge als Mangel an Emanzipation ausgelegt, was wiederum dazu führt, dass gesellschaftliche, demokratische Solidaritätsrichtlinien als altmodische Sozialhilfe missverstanden und dementsprechend abgelehnt werden. Die postfeministische Meister-Erzählung bringt das Syndrom der ›außergewöhnlichen Frau‹ als eine Form des Hyperindividualismus zurück: Ein Syndrom, das etabliert worden war, bevor die Frauenbewegung egalitäre Richtlinien zur Gleichstellung, Solidarität und Zusammenarbeit einführte. Der schädliche Aspekt dieses Syndroms bringt ein neues Gefühl von Isolation zwischen den Frauen hervor und fördert neue Formen der Verwundbarkeit. Der neoliberale Feminismus weist auch erhebliche Gedächtnislücken in Bezug auf unsere Geschichte auf: Er ermöglicht eine revisionistische Herangehensweise, die gerade die Frauen in feministische Heldinnen verwandelt, die die Frauenbewegung und eine feministische Politik explizit ablehnten oder sich von dieser distanziert hatten. Als eklatantes Beispiel kann hierfür die Rehabilitation der Nazibefürworterin und Filmemacherin Leni Riefenstahl angeführt werden. Riefenstahls faschistische Ästhetik verewigt unter dem Deckmantel weiblicher Emanzipation sowohl den Mythos als auch die Tradition weißer Überlegenheit (Gilroy 2000). Eine Trennung feministischer Politik und ihrer Entstehungsgeschichte von den Themen Rasse, Ethnizität, Herrschaft, Ausschließung oder dem Kampf um Demokratie ist jedoch inakzeptabel.

Der postfeministische, liberale Individualismus ist zugleich multikulturell und zutiefst ethnozentristisch. Er feiert Unterschiede, auch im Sinne von Rassenvorurteilen, solange die Logik des Gleichen bestätigt und aufrechterhalten wird. Im neoliberalen Diskurs ist Gender-Politik mitschuldig an einem Diskurs der weißen Überlegenheit, in dem der Begriff ›weiß‹, wie alle Signifikanten, die sich an Rassenvorurteilen orientieren, keine biologische Basis hat, sondern vielmehr den Zugang zu Macht und Anspruch indiziert. Heute besagt der vorherrschende Diskurs, dass ›unsere Frauen‹ (westlich, christlich, weiß oder ›weiß gemacht‹, aufgewachsen in der Tradition der säkularen Aufklärung) bereits emanzipiert sind und somit keine weitere Emanzipationspolitik oder andere gesellschaftlichen Impulse brauchen. ›Die Frauen der Anderen‹ (nicht-westlich, nicht-christlich, zumeist nicht weiß und nicht ›weiß gemacht‹, nicht vertraut mit der Aufklärungstradition) sind dagegen immer noch rückständig und müssen zum Ziel gesonderter emanzipatorischer, gesellschaftlicher Maßnahmen oder sogar noch aggressiverer Formen aufgezwungener ›Emanzipation‹ werden. Diese allzu simple Haltung lässt eine Weltanschauung wiederaufleben, die auf koloniale Demarkationslinien zurückgreift. Diese Weltanschauung ist blind gegenüber den großen Grauzonen zwischen der zweifach anmaßenden Behauptung, dass der Feminismus in der westlichen Welt bereits erfolgreich war, während er außerhalb des Westens nicht existiert. Die dazwischen liegenden Komplexitätsgrade sind jedoch allein von Bedeutung und sollten im Zentrum der Agenda stehen. Der zentrale Punkt hierbei ist allerdings, dass der Frauenkörper in diesem Diskurs wieder als Träger authentischer ethnischer Identität und als Indikator der Entwicklungsstufe der jeweiligen zivilisatorischen Störungszone fungiert.

Aufgrund der strukturellen Ungerechtigkeiten, die in den Globalisierungsprozess eingebaut sind, ist die derzeitige weltpolitische Situation der Frauen polarisierter denn je. Die Imagination des *clash of civilizations* (Huntington 1998) ist dabei explizit vergeschlechtert. Im Mittelpunkt dieser Imagination steht das Paar einer emanzipierten, reifen und befreiten westlichen Welt. Als Emblem gilt hierfür die ›weiche‹ und ›feminisierte‹ Europäische Union. Die EU steht im Gegensatz zum ›maskulinen‹ Partner USA, der den zivilisatorischen Krieg mit seiner Militärmacht und seiner tiefen Verachtung des Völkerrechts überwacht. Diesem Paar wiederum steht eine kräftige, jugendliche und maskuline nicht-westliche Welt gegenüber, in der die islamische Kultur tonangebend ist.

Eine solche Karikatur globaler Machtverhältnisse wird über den Frauenkörper postuliert und auf diesem ausgefochten: Eines der aktuellsten Embleme hierfür sind die in Burka gekleideten Körper afghanischer Frauen, zu deren Verteidigung ein abtreibungsgegnerischer, erzkonservativer und antifeministischer Präsident wie George W. Bush zynisch behauptete, einen seiner vielen kommerzgesteuerten Eroberungskriege zu führen. Geschlechterdifferenz ist in einer fundamentalistischen und reaktionären Version auf die Weltbühne zurückgekehrt. Im Kontext von globalem Krieg, von Rassismus und Fremdenhass ist diese Art der Geschlechterpolitik ein Spiel zweier sich spiegelnder, aggressiver Fundamentalismen: Der eine besitzt ein post-industrielles, der andere ein vor-industrielles Gesicht. Gemeinsam stellen sie ein und dasselbe Phänomen dar, das man am besten im Sinne einer Wiederauferstehung imperialer Souveränität begreift (Hardt/Negri 2002). Die wertvolle, geduldige und pragmatische Arbeit der Frauenbewegung bleibt dabei unberücksichtigt: Eine Arbeit, die in den vergangenen dreißig Jahren etwa von der RAWA (*Revolutionary Association of Women of Afghanistan*) weltweit und gerade in der nicht-westlichen Welt geleistet wurde.

Multiple Räume in der Diaspora

In der historischen Ära eines allgemeinen Nomadentums kann die Figur der Diaspora den größten Konsens erzielen, das Paradox der Entwurzelung und Neuansiedelung zu beschreiben, das im Kern heutiger globalpolitischer Wirtschaft steht. Den Hauptbezugsrahmen bildet dabei ein nationenübergreifender Raum der Übergänge und Strömungen, »the overlapping and non-linear contact zones between natures and cultures: border, travel, creolization, transculturation, hybridity and diaspora« (Clifford 1994: 303).

Robin Cohen unterzieht Cliffords Vorstellung von »reisenden Kulturen« einer detaillierten Analyse (vgl. Cohen 1997). Während Clifford davon absieht, Subjektpositionen der Diaspora als Ikonen der Postmoderne zu metaphorisieren, schreibt Cohen diese in den Kern der historischen Globalisierungsbedingungen ein. Die Subjektposition der Diaspora ist dabei nicht nur negativ besetzt, sondern auch – im Hinblick auf Antinationalismus – für wechselseitige, kulturelle Signifikationsverfahren produktiv.

Dies hat enorme Auswirkungen auf eine Weltwirtschaft, die von einem dichten Netz nationenübergreifender Kapitalflüsse und Arbeitsmärkte überzogen ist. Das rasche Wachstum ethnischer und rassistischer Unterschiede produziert eine Stratifizierung multipler Kontrollschichten – *scattered hegemonies* (Grewal/Kaplan 1994). Dies ist ein System mittelpunktloser, jedoch konstanter Überwachung und Manipulation, welches das Zentrum gegen die vielen Peripherien stellt, und das mittels einer komplexen Logik nicht nur zwischen weltpolitischen Blöcken, sondern auch innerhalb dieser operiert. Dieses System sorgt auch für einen geradezu modischen Markt der ›Vielfältigkeit‹, der verschiedene Ethnizitäten und Rassen unter dem verallgemeinernden Deckmantel einer ›*world music*‹, einer ›*fusion cuisine*‹ und von ›*black looks*‹ (hooks 1990) zur Handelsware macht. Die politische Ökonomie dieses Güterkreislaufs ist visuell, bedenkt man das endlose Recycling von Logos und ikonischen Bildern, die sich selbst klonen und ein Eigenleben zu führen scheinen, siehe zum Beispiel Ché-Guevara- und Angela-Davies-T-Shirts, *United Colours of Benetton* (Lury 2000) und der globale Siegeszug von *Nike* (Klein 2005).

Die ›ausgestellten‹ Körper von Frauen, Jugendlichen und anderen Gruppen, die nach Rassenvorurteilen, Alter oder durch ihre Randposition ausgegrenzt sind, werden diesem Machtregime unter Anwendung skrupelloser Gewalt einverleibt. Sie erleiden die Enteignung ihres verkörperten Selbst in einer politischen Ökonomie wiederholter und strukturell bedingter Ausweisung (Sassen 1996). Dies bringt den schizophrenen Charakter des fortgeschrittenen Kapitalismus zum Vorschein, genauer gesagt, das Paradoxon eines einerseits hohen Maßes an Mobilität im Kapitalfluss in Sektoren der ökonomischen Elite und andererseits eines hohen Grades an Zentralisierung und großer Unbeweglichkeit für den Großteil der Bevölkerung. Übersetzt in die Sprache des philosophischen Nomadismus ist globale Migration eine molare Linie der Segmentierung und einer wiederholt veränderten Territorialisierung, die den Zugriff auf verschiedene Formen der Mobilität und Unbeweglichkeit kontrolliert. Die Weltstadt und die Flüchtlingscamps bilden keine dialektischen oder moralischen Gegensätze: Sie sind die zwei Seiten derselben globalen Medaille. Sie bringen die schizoide politische Ökonomie unserer Zeit zum Ausdruck. Bei einer nomadischen Subjektivität geht es darum, eine Fluchtlinie, das heißt einen kreativen Alternativraum des Werdens auszumachen; einen Raum, der nicht zwischen den Kategorien beweglich/unbeweglich, ansässig/fremd liegt, sondern in ihnen. Es geht nicht darum, den Status der marginalen, fremden Anderen abzulehnen oder zu glorifizieren. Das Ziel besteht vielmehr darin, eine komplexere Position zu finden, um die Bedingungen dieser politischen Interaktion verändern zu können.

Die kritische Rechtsforscherin Kim Crenshaw hat den Begriff der ›Intersektionalität‹ ins Leben gerufen, um die methodologische Herangehensweise zu beschreiben, Differenzen als ein Bündel gleichzeitiger, aber dennoch verschiedener Achsen der Subjektivierung zu definieren und diese im Wechselspiel zu analysieren. Es handelt sich dabei um einen Versuch, die mannigfaltigen Identitätsgrundlagen in einer Diskussion über Machtverhältnisse zusammenzufassen. Dieser steht auch mit den poststrukturalistischen Erkenntnissen über die vielschichtige Identitätsstruktur eines jeden einzelnen Subjekts im Einklang. Crenshaw betont, dass die nichteinheitliche Struktur des Subjekts seit Foucault die Grundlagen für mögliche politische Allianzen nicht untergräbt, sondern im Gegenteil die Möglichkeit bietet, Koalitionen mit vielschichtigen Kräften zu bilden. Crenshaw zufolge ist Intersektionalität »a provisional concept linking contemporary politics with postmodern theory« (Crenshaw 1989: 180). Ihrer Ansicht nach sind alle Achsen der Differenzierung nach Rassenvorurteilen, Sexualisierung und Naturalisierung auf komplexe Weise in sich selbst differenziert. Zudem verdienen die Bewegungen und Bewegungsabläufe des Werdens mehr Aufmerksamkeit als die jeweils spezifischen Identitätsbildungen, die sie verursachen.

Diese Behauptung wird jedoch durch die Tatsache erschwert, dass die politische Ökonomie des globalen Kapitalismus die traditionelle dialektische Beziehung zwischen dem empirischen Referenten der Andersheit – Frauen, Urbevölkerung sowie Tier- oder Erdandere – und den diskursiven Entwicklungsprozessen von *genderisation/racialisation/naturalisation* effektiv gesprengt hat. Ist diese dialektische Verbindung erst einmal aus den Angeln gehoben, erscheint der fortgeschrittene Kapitalismus wie ein System, das Feminismus ohne Frauen fördert, Rassismus ohne Rassen, Naturgesetze ohne Natur, Reproduktion ohne Sex,

Sexualität ohne Gender, Multikulturalismus ohne die Abschaffung von Rassismus, Wirtschaftswachstum ohne Entwicklung und Kapitalfluss ohne Geld. Willkommen im Kapitalismus als Schizophrenie!

Methodologische Nebeneffekte

Die Konvergenz der neuen Medien-, Kommunikations- und Biotechnologien treibt eine Geisterwirtschaft (*spectral economy*) voran, die ungehemmt mit dem *branding* von Gender, *queer*, multikulturell, genetisch und posthuman handelt. Daraus resultiert eine universale Verbreitung globaler Ikonen wie die weiße Göttin/Prinzessin Diana oder der schwarze Athlet Michael Jordan, der allgegenwärtige Pandabär, der kosmische Delphin oder das blaue Symbol des Planeten Erde (Bryld/Lykke 1999). Der Umlauf dieser ikonischen Waren unterstützt den Weltmarkt der Gleichheit. Es handelt sich um einen Fall von quantitativem Pluralismus im Gegensatz zu qualitativer Vielfalt (Braidotti 2002) in einer Wirtschaft der ewigen Wiederkehr, die den gesellschaftlichen Raum mit einem Überfluss von Bildern und Repräsentationen übersättigt.

Ich behaupte, dass eine philosophische Herangehensweise, die auf einem neomaterialistischen Vitalismus basiert, der effektivste Weg ist, diese Widersprüche anzusprechen und auf eine materialistische Kultur der kritischen Affirmation hinzuarbeiten. Eine radikale Immanenz und eine zukunftsfähige Ethik sind Strategien, um uns vom affektiven Binärsystem Euphorie – Melancholie und unsere Sinne vom Dunst der prothetischen Verheißungen von Perfektionierbarkeit, die uns die neoliberalen Technologien verkaufen, zu befreien. Mein Projekt eines nomadischen Subjekts verfolgt dieselbe Machtkritik wie postkoloniale Theorien, nicht obwohl, sondern gerade weil es anderwärts verortet ist. Es geht mir um eine vielfach-verortete, nicht-einheitliche Subjektposition und eine rhizomatische Politik der Beziehungen. Der philosophische Nomadismus stellt sowohl kritisch als auch kreativ die Rolle des früheren ›Zentrums‹ durch seine Neudefinition von Machtverhältnissen in Frage. Meine Haltung ist ebenso resistent gegenüber einer Identifizierung des Mittelpunkts mit Massenträgheit und Selbstperpetuierung, wie sie sich auch der aporetischen Wiederholung von Gleichheit widersetzt. Die Aufgabe besteht darin, dogmatische, hegemoniale, ausschließende Machtstrukturen im Kern der Identitätsstrukturen der vorherrschenden Subjektposition durch rhizomatische Interventionen zu destabilisieren. Es geht nicht nur um Dekonstruktion, sondern um die Verlagerung von Identitäten auf neue Grundlagen unter Berücksichtigung mehrfacher Zugehörigkeiten. Mit anderen Worten, es geht um eine nicht-einheitliche Vision des Subjekts. Um dieser gerecht zu werden, müssen wir die inneren Bewegungsformen untersuchen, die das Prozesshafte der Essentialisierung und die Transformationen erneuten Identitätseinforderungen vorziehen. Die soziologischen Variablen (Gender, Klasse, Rasse und Ethnizität, Alter, Gesundheit) müssen durch eine Theorie des Subjekts ergänzt werden, die die inneren Fasern des Selbst in Frage stellt. Diese Fasern umfassen das Begehren, die Befähigung und den Mut, mehrfache Zugehörigkeiten in einem Kontext aufrechtzuerhalten, der Gleichheit und einseitige Denkweisen feiert und belohnt.

Radikale Immanenz oder die Politik des Lebens als *Bios/Zoë*

Bisher habe ich argumentiert, dass eine posthumane Verkörperung im Zentrum der heutigen Subjektivität zum Vorschein kommt. Die Verwaltung des Lebens in posthumaner Form steht im Mittelpunkt der politischen Ökonomie des fortgeschrittenen Kapitalismus. Das bedeutet die Zunahme wissenschaftlicher und sozialer Praktiken, die sich auf ›das Leben selbst‹, auch auf das nicht-menschliche Leben, konzentrieren. Aktuelle Genetik und Biotechnologien bilden den Hauptgrund für die Verlagerung hin zu posthumanen Ideen über ›Leben‹ oder ›Zoë‹ einschließlich dem Nicht-Menschlichen. Die gegenseitige Abhängigkeit von Körpern und Technologien schafft eine neue symbiotische Beziehung zwischen beiden. Cyborgs oder Technokörper als Hybridverbindungen von Fleisch und Metall, Natur und Kultur, Mensch und ›Anders-als-Mensch‹ sind das Subjekt unserer prothetischen Kultur in einem Netz aus Dynamik und technologisch vermittelten sozialen Verhältnissen. Bio-Politik weist daher eine ökophilosophische Dimension der Reflektion auf und eröffnet alternative Ökologien sowohl in Verwandtschaftssystemen als auch in Formen sozialer und politischer Teilnahme.

Ich möchte gerne die Möglichkeiten, die diese ›hybriden‹ sozialen Identitäten und die vielfältigen Zughörigkeiten, die sie generieren, erforschen. Diese ›hybriden‹ sozialen Identitäten ebnen den Weg für eine ethische Neufundierung gesellschaftlicher Teilhabe und Gemeinschaftsbildung. Es handelt sich hierbei um eine radikale Kritik am Anthropozentrismus; eine Kritik, die für die Verknüpfung materieller, biokultureller und symbolischer Kräfte innerhalb der Entstehung des Subjekts plädiert. Eine Art bio-bezogener Egalitarismus, der, wie Keith Ansell Pearson (1997) vorschlägt, ein Überdenken des Subjekt-Konzepts im Sinne von Lebenskräften erzwingt und das Auftauchen der

Erde als einen planetarischen politischen Agenten markiert. Mit anderen Worten, was mit der ›Rückkehr des Lebens an sich‹ und der ›wahrhaftigen Körper‹ am Ende der Postmoderne unter dem Einfluss fortgeschrittener Technologien wiederkehrt, sind nicht nur die ›Anderen‹ in Form des klassischen Motivs der Moderne: Frau/Ureinwohner/Natur. Was heute zurückkehrt ist ›der/das Andere‹ des lebendigen Körpers in seiner humanistischen Definition: das andere Gesicht von *Bios* oder vielmehr *Zoë*, die Fortpflanzungskraft des nicht-menschlichen, prämenschlichen oder des tierischen Lebens.

Das Leben ist halb Tier, nicht-menschlich (*Zoë*) und halb politisch, diskursiv (*Bios*). *Zoë* ist die bedauernswerte Hälfte einer Dualität, bei der *Bios* als intelligente Hälfte im Vordergrund steht. Das Verhältnis zwischen ihnen konstituiert eine dieser qualitativen Distinktionen, auf denen die westliche Kultur ihr diskursives Imperium aufgebaut hat. Der Tradition nach ist die selbstreflexive Kontrolle über das Leben dem Menschen vorbehalten, während die bloße Entfaltung biologischer Abläufe dem Nicht-Menschlichen zugerechnet wird. *Zoë* steht für die vernunftlose Vitalität des Lebens, die unabhängig von und ungeachtet rationaler Kontrolle passiert. Dies ist das zweifelhafte Privileg, das dem Nicht-Menschlichen zugesprochen wird, während *Bios* sich auf den spezifisch sozialen Nexus der Menschen bezieht. Die Tatsache, dass diese beiden konkurrierenden Vorstellungen von ›Leben‹ im menschlichen Körper zusammentreffen, verwandelt die Frage der Verkörperung in einen umkämpften Raum und in eine politische Arena. Historisch betrachtet fungierte der Geist-Körper-Dualismus als Verknappung dieser Frage, indem er ein Kriterium zur Unterscheidung einführte, das sexualisiert, naturalisiert und rassistisch war. Da das Konzept ›Mensch‹ durch den Phallogozentrismus kolonisiert war, wurde es mit männlichen, weißen, heterosexuellen, christlichen Bürgern identifiziert, die materiellen Besitz vorweisen konnten und die Normsprache sprachen. Trotz der Bemühungen der Evolutionstheorie, eine neue Beziehung zum Nicht-Menschlichen aufzubauen, kennzeichnet *Zoë* die Außenseite dieser Subjektvision. Zeitgenössische wissenschaftliche Praktiken haben uns dazu gezwungen, den Ursprung spezifischer Nicht-Humanität neu zu überdenken. Vor dem Hintergrund der genetischen Revolution können wir allgemein von einem ›Inframensch(lich)-Werden‹ des *Bios* sprechen.

Heute sind wir Zeuge einer rasanten Vermehrung von Diskursen, die das ›Leben‹ als Subjekt und nicht als Objekt sozialer und diskursiver Praktiken begreifen. Die Diskussion über Biopolitik und Biomacht kann in vielen Bereichen als zentral angesehen werden: in Sozial- und Politiktheorien, im Gesundheitswesen und in der Verwaltung, in der Gesetzgebung, im juristischen Diskurs und der kritischen Rechtswissenschaft, in den interdisziplinären Gesellschaftsanalysen wie den *Cultural Studies*, in den feministischen Theorien und den Technowissenschaften. In seinem unvollendeten Werk *Sexualität und Wahrheit* unternimmt Foucault (1983) eine Analyse dieser ›Biomacht‹. Dabei verweist er auf die Tatsache, dass die Regime moderner Regierungskunst unter dem Druck stehen, die biologischen, zeugungsfähigen, lebenden Kräfte des Volkes (*Demos*), welche die Gesellschaftssphäre (*Polis*) demokratischer Regime ausmachen, gleichzeitig ein- und auszuschließen. Foucault zufolge zielte die politische Macht seit der Moderne darauf ab, das Individuum als Repräsentant der Spezies zu kontrollieren und somit zu regulieren. Das zeigt sich in verhältnismäßig jungen Phänomenen wie etwa den Bevölkerungsstatistiken über die geistige und körperliche Volksgesundheit und der allmählichen Abnahme von Anomalien, Defekten und Fehlfunktionen. Es entstand eine politische Methode zur Disziplinierung der Körper der Bevölkerung: Eine Methode, die das Individuum als Vertretung für den Erhalt der Spezies heranzog. Foucault zufolge haben die Regimes der ›Biomacht‹ das Ziel, die lebendigen Kräfte als vollständig kontrollierte Elemente zu vereinnahmen, die sich jedoch per Definition politischer Kontrolle entziehen. In der Ära technologischer Konvergenz ist die ›Biomacht‹ zum etablierten Management genetischer und molekularer Politik geworden (Rose 2001). Foucault führte uns nicht nur die konstruierte Struktur dessen, was wir ›menschliche Natur‹ nennen, vor Augen, er demonstrierte auch das relativ junge Erscheinen auf dem historischen Schauplatz der ›menschlichen Existenz‹, wodurch diese mit Formen sozialer Kontrolle und Disziplinierung immer schon deckungsgleich ist.

Wir müssen daher den Schwerpunkt vom klassischen und formalisierten *Bios* auf *Zoë* verlagern. Ich stelle *Zoë* als vitales, prähumanes und fruchtbares Leben dem *Bios* als diskursivem und politischem Diskurs über das Leben entgegen. Dies ist eine nicht-essentialistische Form des materialistischen Vitalismus oder des ›Lebens‹ in einer post-anthropozentrischen Weise. Deleuze behauptet, dass die Repräsentation verkörperter Subjekte weder visuell im postplatonischen Sinne des Simulacrums noch psychoanalytisch spiegelnd, im Sinne eines dialektischen Entwurfs gegenseitiger Anerkennung von ›Selbst‹ und/als ›Anderen‹ zu begreifen ist. Vielmehr ist die Repräsentation schizoid oder absichtlich zusammenhanglos geworden. Heutige Gesellschaften sind einer Logik der grenzenlosen Zirkulierung verpflichtet und stecken jenseits des Zyklus von Leben und Tod in einer humanistischen Vision des ›Selbst‹ fest. Es ist daher notwendig, die verkörperten Subjekte unserer Zeit hinsichtlich ihres Werteüberschusses als visuelle Güter zu berücksichtigen, die im globalen Kreislauf des Kapitalflusses, der ›Informationsgesellschaft‹, zirkulieren. Die meisten dieser Informationen sind nicht wissensmotiviert, sondern von den Medien aufgebläht und von bloßer Unterhaltung nicht zu unterscheiden. Das Kapital von heute ist geisterhaft (Derrida 1995). Es gibt ein Paradoxon, welches dem Vitalismus eingeschrieben ist. Das Paradox biopolitischer Regime führt unweigerlich zur Frage nach dem Tod als Eliminierung, Ausschließung und Ausrottung. Die Politik der Biomacht beeinflusst diejenigen, die überleben genauso wie diejenigen, die dem Untergang geweiht sind. Es handelt sich hier um das brutale Regime einer alles durchdringenden Selektion in Form von Zuteilung und Kontrolle der Ansprüche auf ›Leben‹ als Überleben und Fortbestehen: eine sanfte Art von Eugenik. Man kann sich nicht angemessen mit den sozialen und politischen Folgen der Biopolitik auseinandersetzen, ohne nach dem Tod und den Arten des Sterbens zu fragen. Biomacht produziert eine Nekropolitik.

Der Schwerpunkt und somit das Stigma der ›Differenz‹ fällt nun auf den Anderen des lebenden Körpers und erhält demzufolge seine humanistische Definition als Thanatos: Der tote Körper, die Leiche oder der spektrale Andere. Wir erleben eine forensische Wende im sozialen Imaginären und der Subjektivität.

Das Elend der Pflanzen und Tiere

Die Frage nach Macht und Machtverhältnissen ist von großer Bedeutung für die posthumane Notsituation. Die Vorstellung des ›Lebens an sich‹ bildet den Kern des biogenetischen Kapitalismus als Schauplatz finanzieller Investitionen und potenzieller Profite. Technologische Eingriffe heben die gesellschaftlichen Relationen der Ausschließung und Einschließung weder auf, noch verbessern sie automatisch die Relationen, die entlang der Achsen zwischen Klassen- und Sozialwirtschaft sowie entlang der sexualisierten und an Rassenvorurteilen orientierten klassifikatorischen Abgrenzungslinien der Andersheit begründet wurden. Unter anderem als »Bio-Piraterie« (Shiva 1997) verurteilt, verschärft die permanente technologische Revolution die Muster traditioneller Diskriminierung und Ausbeutung. Wir sind Subjekte der Biomacht, aber wir unterscheiden uns deutlich im Grad und Modus der Umsetzung dieser Macht.

Die Orientierung hin zu einer biozentristischen Perspektive beeinträchtigt jede Faser und jede Struktur sozialer Subjekte. Die neuen Biotechnologien des ›Lebens‹ (sowohl als *Bios* als auch als *Zoë*) breiten sich schnell aus: Sie strukturieren das Erwerbsleben und die Produktionsformen. Agrarindustrie (Getreide und Saatkorn), Lebensmittelherstellung und Tierzüchtung, das weit verbreitete Phänomen des Organhandels, die wachsende Industrie der Genmanipulation und der Anbau von organischem Gewebe und Zellen sind Teil dieses Phänomens. Die neuen Technologien haben eine direkte Auswirkung auf die intimsten Aspekte der Existenz in der ›fortschrittlichen Welt‹, von technologisch unterstützter Fortpflanzung bis zum Konsumdenken und der kommerziellen Ausnutzung von genetischem Datenmaterial für die heutige Kriegsführung.

Unsere posthumane historische Kondition ist voller Widersprüche. Während den Menschen in von Kriegen zerrütteten Ländern wie Afghanistan nichts anderes übrig bleibt als Gras zu essen, um zu überleben,[1] sind die ehemals Pflanzen fressenden Horntiere des Vereinigten Königreiches und anderer Teile der Europäischen Union zu Fleischfressern geworden. Durch die Mästung von Kühen, Schafen und Hühnern mit tierischem Futter hat der landwirtschaftliche, biotechnologische Sektor eine unerwartete Wendung genommen. Tiere (wie Schafe, Ziegen, Rinder, Schweine, Hasen, Vögel, Geflügel, Katzen und Mäuse) werden in der industriellen Landwirtschaft gezüchtet, eingesperrt in Batteriekäfige, die an Folterkammern erinnern. Paradoxerweise jedoch genießen immer mehr Tiere auch eigenartige Privilegien, gerade weil sie ein wesentlicher Teil des biotechnologischen, industriellen Komplexes sind. So wird die Viehzucht in der Europäischen Union mit 803 US-Dollar pro Kuh subventioniert. Was nicht unbedingt bemerkenswert ist, vergleicht man die Summe mit den 1.057 US-Dollar, die jeder amerikanischen Kuh gewährt werden und den 2.555 US-Dollar, mit der jede Kuh in Japan unterstützt wird. Diese Zahlen sehen allerdings um einiges anders aus, werden sie mit dem Bruttonationaleinkommen pro Kopf in Ländern wie Äthiopien (120 US-Dollar), Bangladesch (360 US-Dollar), Angola (660 US-Dollar) oder Honduras (920 US-Dollar) verglichen.[2]

Tiere sind lebendiges Material für wissenschaftliche Experimente. Sie werden manipuliert, misshandelt, gefoltert und genetisch mit anderen Arten neu kombiniert, die für unsere biotechnologische Landwirtschaft, die Kosmetikindustrie, die Drogen- und Arzneimittelindustrie sowie für andere Wirtschaftssektoren ertragreich sind. Die Überwachungsgruppe *Gene Watch Outs* veranschlagt ihre Zahlen auf eine halbe Million pro Jahr. Andere Tiere, wie zum Beispiel Schweine, werden genetisch modifiziert, um Organe für Menschen in Xenotrans-

---

1 The Guardian Weekly, vom 3.–5.1.2002, 2.
2 The Guardian Weekly, vom 11.–17.9.2003, 5.

plantationsexperimenten zu produzieren.³ Die Kategorie ›Klasse‹ wird dementsprechend in einem globalen Modus posthumaner Ausbeutung mit handelbaren Wegwerfkörpern aller Kategorien und Spezies verknüpft. Tiere werden auch als exotische Güter verkauft und machen heute den drittgrößten illegalen Handel der Welt aus: Nach Drogen- und Waffenhandel ist der Tierhandel dem Frauenhandel immer noch voraus. Brasilien stellt den Großteil der importierten Tiere, die aus den immer schneller verschwindenden Regenwäldern des Amazonas erbeutet werden. Der Mariatee-Schmetterling, die Amazonasschildkröte, der Schwarzhandtamarin (ein winziger Primat, kleiner als eine Handfläche) und der rosafarbene Flussdelphin gehören zu den gefragtesten Gütern, die Preise von 4.000 bis zu 70.000 US Dollar erzielen. RENTCAS, das portugiesische Akronym für das *National Network to Fight Traffic in Wild Animals* schätzt den Gewinn der Industrie auf 15 Milliarden US-Dollar pro Jahr.⁴

Das Klonen von Tieren ist inzwischen ein etabliertes Verfahren: Oncomaus und Schaf Dolly sind bereits Geschichte. Das erste geklonte Pferd wurde am 28. Mai 2003 in Italien geboren. Man brauchte mehr als 800 Embryonen und neun sogenannte Ersatzmutterstuten, um ein einziges Fohlen zu produzieren.⁵ Diese Entwicklungen verlaufen im Einklang mit der komplexen und dynamischen Logik der heutigen Genetik. Sie konfrontieren uns auf eine Weise, die nicht hinreichend als dialektischer Gegensatz definiert werden kann, sondern besser als nichtlineare Transposition bezeichnet werden muss. Globalisierung bedeutet die Vermarktung des Planeten Erde in all seinen Formen durch eine Kette zusammenhängender Aneignungsmethoden. Haraway zufolge handelt es sich hierbei um die technomilitärische Verbreitung von Mikrokonflikten in einem globalen Ausmaß, um die hyperkapitalistische Anhäufung von Vermögen, um die Verwandlung des Ökosystems in einen universalen Produktionsapparat und um die globale *Infotainment*-Maschinerie der neuen Multimedia-Umwelt.

Eine der Erscheinungsformen der Verlagerung auf das, was man genetisches Sozialimaginäres nennen könnte, sind die sich wandelnden Funktionen und Repräsentationen des menschlichen Körpers (Franklin/Lury/Stacey 2000). Man nehme beispielsweise die Visualisierungen des Lebens der Gene in medizinischen Verfahren, in der Populärkultur, im Kino und in der Werbung. Ein weiterer Aspekt dieser Forschung ist der Einsatz von Genetik in politischen Debatten über Rasse, Ethnizität und

---

3 The Guardian Weekly, vom 23.–29. 5.2002, 10.
4 The Guardian Weekly, vom 27.12.2001–2.1.2002, 2.
5 The Guardian Weekly, vom 14.–20.8.2003, 2.

Immigration. Ein weiteres Beispiel ist die Rhetorik des ›Lebens‹ oder der lebenden Materie in öffentlichen Debatten über Abtreibung und Stammzellenforschung, bis hin zu den neuen Verwandtschaftsverhältnissen und Familienstrukturen.

Auf dem Weg zu einem neuen Vitalismus?

Zoë bezieht sich auf die endlose Dynamik des Lebens als einem kontinuierlichen Werden. Guattari und Simondon bezeichnen diesen Prozess als transversale Form der Subjektivität oder ›Trans-Individualität‹. Dieser Modus der diffusen und doch erdgebundenen Subjektposition erreicht ein zweifaches Ziel: Erstens kann damit der Individualismus kritisiert und zweitens eine Vorstellung von Subjektivität als einer qualitativen, transversalen und gruppenorientierten Handlungsfähigkeit unterstützt werden. Damit diese Form der Subjektivität nicht als epistemologische Anarchie missverstanden wird, möchte ich eine Reihe von Merkmalen seiner Kartographie hervorheben, die Leben als einen Gegenstand politischer Diskurse interpretiert.

Der erste wichtige Punkt besagt, dass der techno-logische Körper in Wahrheit eine öko-logische Einheit ist. Dieser *Zoë*-Technokörper wird von der Wechselbeziehung mit seiner Umwelt, durch in beide Richtungen verlaufende Strömungen und Datentransfers markiert, die man sich am besten als virale Ansteckung (Pearson 1997) oder als intensive Vernetzung vorstellt. Diese nomadische Öko-Philosophie des Werdens ist komplex und vielschichtig.

Zweitens ist das an der Umwelt orientierte Subjekt ein kollektives Gebilde, das sich außerhalb der Parameter des klassischen Humanismus und Anthropozentrismus bewegt. Der menschliche Organismus ist ein ›Dazwischen‹, der sowohl an eine Vielfalt möglicher Ursprünge und Kräfte angeschlossen als auch mit diesen verbunden ist. Aus diesem Grund ist es sinnvoll, dieses Subjekt als Maschine zu definieren, was nicht bedeutet, dass es sich hier um einen Apparat mit einem speziell utilitaristischen Zweck handelt, sondern vielmehr um etwas, das zur selben Zeit abstrakt und materiell eingebettet ist. Die minimalistische Definition einer Körper-Maschine ist die eines verkörperten affektiven und intelligenten Gefüges, das Energien und Kräfte einfängt, aufarbeitet und transformiert. Da es an der Umwelt orientiert ist und auf Territorien gründet, ernährt sich ein verkörpertes Gefüge fortwährend von seinem (natürlichen, sozialen, menschlichen oder technologischen) Umfeld, während es seine Umwelt gleichzeitig aufnimmt und transformiert. Auf diese High-Tech-ökologische Art verkörpert zu sein bedeutet, in Felder fortwährender Strömungen und Transformationen einzutauchen. Natürlich sind nicht alle Strömungen positiv, obwohl dies in einem dynamischen System nicht *a priori* beurteilt werden kann.

Drittens wirft ein Subjekt der Bios-Zoë-Macht Fragen von ethischer Dringlichkeit auf. Wie können wir angesichts der beschleunigten Wandlungsprozesse die Unterschiede zwischen den verschiedenen Strömungen von Veränderung und Transformation erkennen? Um diese Fragen zu beantworten, habe ich in *Transpositions* (Braidotti 2006) das Modell einer tragfähigen Kategorie nomadischer Ethik entwickelt. Der Ausgangspunkt ist die unerbittliche Fortpflanzungskraft von *Bios-Zoë* und die besondere Art eines speziesübergreifenden Egalitarismus, den *Bios* und *Zoë* mit dem Menschen etablieren. Die ökologische Dimension eines philosophischen Nomadismus wird somit greifbar und mit ihm seine potentielle ethische Auswirkung.

Viertens muss die besondere Zeitlichkeit des Subjekts neu gedacht werden. Das Subjekt ist ein evolutionärer Motor, ausgestattet mit einer ihm eigenen verkörperten Zeitlichkeit, eine bestimmte Zeit des genetischen Codes sowie die genealogische Zeit individualisierter Erinnerungen. Ist das verkörperte Subjekt der Biomacht ein komplexer, molekularer Organismus, eine biochemische Fabrik fester und springender Gene, eine evolutionäre Einheit, ausgestattet mit ihren eigenen Navigationswerkzeugen und einer eingebauten Zeitlichkeit, dann brauchen wir eine Form ethischer Werte und politischer Aktionen, die diesen hohen Grad an Flexibilität widerspiegelt.

Fünftens kann diese ethische Herangehensweise sich nicht von einer Betrachtung der Macht distanzieren. Die *Bios-Zoë*-zentristische Vision des technologisch vermittelten Subjekts der Postmoderne oder des fortgeschrittenen Kapitalismus ist voller innerer Widersprüche. Es ist die kartographische Aufgabe einer kritischen Theorie, diese und die Implikationen für die historische Situierung der Vision des Subjekts zu berücksichtigen (Braidotti 2002). Der *Bios-Zoë*-zentristische Egalitarismus, der potenziell durch die Strömung technologischer Transformationen transportiert wird, hat schlimme Folgen für eine humanistische Vision des Subjekts. Die Stärke von *Bios-Zoë* löst die phallogo–zentrische Vorstellung von Bewusstsein ab, die von der Souveränität eines ›Ich‹ abhängig ist. Wir können nicht mehr mit eindeutiger Sicherheit annehmen, dass Bewusstsein und Subjektivität zusammenfallen, auch können wir nicht ohne weiteres voraussetzen, dass eines von beiden für den Verlauf historischer Ereignisse verantwortlich ist. Sowohl der liberale Individualismus als auch der klassische Humanismus sind durch die sozialen und symbolischen Transformationen, die unsere historische Lage eingeleitet haben, in ihren Grundfesten erschüttert. Diese Situation konfrontiert uns mit einer beachtlichen Anzahl neuer Möglichkeiten. Konzeptionelle Kreativität und eine große Portion gesellschaftlicher Vorstellungskraft sind nötig, um sich dieser Herausforderung zu stellen. Der klassische Humanismus mit seinen rationalistischen und anthropozentrischen Annahmen ist in diesem Prozess mehr Hindernis als Hilfe. Deshalb schlage ich als eine mögliche Antwort auf diese Herausforderung eine posthumanistische Dimension eines nicht-anthropozentrischen Vitalismus oder eine transformative nomadische Politik vor.

Aus dem Englischen übersetzt von Kathrin Tordasi

Literatur

Agamben, Giorgio (2002): Die souveräne Macht und das nackte Leben, Frankfurt a. M.: Suhrkamp Verlag.

Alexander, Jacqui M./Mohanty, Chandra (Hg.) (1997): Feminist Genealogies, Colonial Legacies, Democratic Futures, New York/London: Routledge.

Balibar, Etienne (2006): Der Schauplatz des Anderen. Formen der Gewalt und Grenzen der Zivilität, Hamburg: Hamburger Edition.

Barad, Karen (1999): »Agential Realism. Feminist Interventions in Understanding Scientific Practices«. In: Mario Biagioli (Hg.), The Science Studies Reader, New York/London: Routledge, S. 1-11.

Beauvoir, Simone de (1992): Das andere Geschlecht. Sitte und Sexus der Frau, Hamburg: Rowohlt.

Benhabib, Seyla (2002): The Claims of Culture. Equality and Diversity in the Global Era, Princeton/Oxford: Princeton University Press.

Brah, Avtar (1996): Cartographies of Diaspora – Contesting Identities, New York/London: Routledge.

Braidotti, Rosi (1994): Nomadic Subjects. Embodiment and Sexual Difference in Contemporary Feminist Theory, New York: Columbia University Press.

Braidotti, Rosi (2002): Metamorphoses. Towards a Materialist Theory of Becoming, Cambridge/Malden: Polity Press/Blackwell Publishers Ltd.

Braidotti, Rosi (2006): Transpositions: On Nomadic Subjects, Cambridge/Malden: Blackwell.

Bryld, Matte/Lykke, Nina (1999): Cosmodolphins. Feminist Cultural Studies of Technologies, Animals and the Sacred, London: Zed Books.

Buchanan, Ian/Colebrook, Claire (Hg.) (2000): Deleuze and Feminist Theory, Edinburgh: Edinburgh University Press.

Butler, Judith (2004): Undoing Gender, London/New York: Routledge.

Clifford, James (1994): »Diasporas«. Cultural Anthropology, Bd. 9, Nr. 3, S. 302-338.

Cohen, Robin (1997): Global Diasporas, an Introduction, London: University College London.

Crenshaw, Kimberle (1989): Demarginalizing the Intersection of Race and Sex: A Black Feminist Critique of Antidiscrimination Doctrine, Feminist Theory and Antiracist Politics, Chicago: University of Chicago Legal Forum.

Deleuze, Gilles (1993): Logik des Sinns, Frankfurt a. M.: Suhrkamp Verlag.

Deleuze, Gilles (1997): Differenz und Wiederholung, München: Fink.

Deleuze, Gilles/Guattari, Félix (1992): Tausend Plateaus, Berlin: Merve.

Derrida, Jacques (1995): Marx' Gespenster, Frankfurt a. M.: Suhrkamp Verlag.

Foucault, Michel (1983) [1976]: Sexualität und Wahrheit, Bd. 1, Frankfurt a. M.: Suhrkamp Verlag.

Fox-Keller, Evelyn (1992): Secrets of Life, Secrets of Death: Essays on Language, Gender and Science, New York/London: Routledge.

Franklin, Sarah/Lury, Celia/Stacey, Jackie (2000): Global Nature, Global Culture, London: Sage.

Gatens, Moira/Lloyd, Genevieve (1999): Collective Imaginings: Spinoza, Past and Present, London/New York: Routledge.

Gatens, Moira (1997): Imaginary Bodies: Ethics, Power and Corporeality, London: Routledge.

Gilroy, Paul (2000): Against Race. Imaging Political Culture Beyond the Colour Line, Cambridge: Harvard University Press.

Grewal, Inderpal/Kaplan, Caren (Hg.) (1994): Scattered Hegemonies: Postmodernity and Transnational Feminist Practices, Minneapolis: University of Minnesota Press.

Grosz, Elizabeth (Hg.) (1999): Becomings. Explorations in Time, Memory and Futures, Ithaca/New York: Cornell University Press.

Grosz, Elizabeth (2004): The Nick of Time, Durham: Duke University Press.

Guattari, Félix (1995): Chaosmosis. An Ethico-aesthetic Paradigm, Sydney: Power Publications.

Haraway, Donna (2002) [1997]: »Anspruchsloser Zeuge@Zweites Jahrtausend. FrauMann© trifft OncoMouse™.« In: Scheich, Elvira (Hg.), Vermittelte Weiblichkeit. Feministische Wissenschafts- und Gesellschaftstheorie, Kirchlichteln: Hoffmann & Hoyer, S. 347-389.

Harding, Sandra (1991): Whose Science? Whose Knowledge?, Ithaca/ New York: Cornell University Press.
Hardt, Michael/Negri, Antonio (2002): Empire. Die neue Weltordnung, Frankfurt a. M./New York: Campus.
Hayles, N. Katherine (1999): How we Became Posthuman. Virtual Bodies in Cybernetics, Literature and Informatics, Chicago: The University of Chicago Press.
hooks, bell (1990): Yearning: Race, Gender, and Cultural Politics, Boston: South End Press.
Huntington, Samuel (1998): Kampf der Kulturen – Die Neugestaltung der Weltpolitik im 21. Jahrhundert, München: Goldmann.
Irigaray, Luce (1989): Speculum. Spiegel des anderen Geschlechts, Frankfurt a. M.: Suhrkamp Verlag.
Klein, Naomi (2005): No Logo! Der Kampf der Global Player um Marktmacht. Ein Spiel mit vielen Verlierern und wenigen Gewinnern, München: Goldmann.
Lloyd, Genevieve (1985): Das Patriarchat der Vernunft. ›Männlich‹ und ›weiblich‹ in der westlichen Philosophie, Bielefeld: Daedalus Verlag.
Lury, Celia (2000): »The United Colors of Diversity. Essential and Inessential Culture«. In: Sarah Franklin/Celia Lury/Jackie Stacey (Hg.), Global Nature, Global Culture, London: Sage, S. 146-187.
MacCormack, Patricia (2000): Pleasure, Perversion and Death: Three Lines of Flight for the Viewing Body, PhD Dissertation, Melbourne: Monash University.
Margulis, Lynn/Sagan, Dorion (1995): What is Life?, Berkeley/Los Angeles: University of California Press.
Olkowski, Dorothea (1999): Gilles Deleuze and the Ruin of Representation, Berkeley/Los Angeles: University of California Press.
Pearson, Ansell Keith (1997): Viroid Life. Perspectives on Nietzsche and the Transhuman Condition, London/New York: Routledge.
Outlaw, Lucius (1996): On Race and Philosophy, London/New York: Routledge.
Rabinow, Paul (2004): Anthropologie der Vernunft. Studien zu Wissenschaft und Lebensführung, Frankfurt a. M.: Suhrkamp Verlag.
Rose, Hilary (2001): »Nine Decades, Nine Women, Ten Nobel Prizes: Gender Politics on the Apex of Science«. In: Mary Wyer/Mary Barbercheck/Donna Geisman/Hatice Orun Otzurk/Marta Wayne (Hg.), Women, Science and Technology. A Reading in Feminist Science Studies, New York/London: Routledge.
Sassen, Saskia (1996): Losing Control? Sovereignty in an Age of Globalization, New York: Columbia University Press.

Shiva, Vandana (1997): Biopiracy. The Plunder of Nature and Knowledge, Boston: South End Press.

Wilson, Elizabeth A. (1998): Neural Geographies. Feminism and the Microstructure of Cognition, New York/London: Routledge.

Woolf, Virginia (2001): Ein Eigenes Zimmer/Drei Guineen. Zwei Essays, Frankfurt a. M.: Fischer.

Zoontologien: Companion Species und Ribofunk als theoretische und literarische Beiträge zu einem kritisch-posthumanistischen Feminismus

MANUELA ROSSINI

Gender – eine ›naturalisierte‹ Analysekategorie?

Feministische Arbeiten in den Literatur- und Kulturwissenschaften zeichnen sich fast ausschließlich durch einen radikalen Konstruktivismus aus, der sich konsequenterweise auch hauptsächlich der Analysekategorie Gender bedient und Fragestellungen rund um das biologische Geschlecht außer Acht lässt. (Auch die deutsche Bezeichnung »Geschlecht«, die ja sowohl *sex* als auch *gender* bedeutet, meint in der analytischen Praxis meistens nur die soziale, diskursive, kulturelle und psychische Konstruktion von Geschlechtsidentitäten.) Diese generelle Ablehnung einer Auseinandersetzung mit der Materialität von Körpern, mit ihren physiologischen, biochemischen oder mikrobiologischen Details und Formungen ist Ausdruck einer anti-essentialistischen Position, die, historisch gesehen, sehr verständlich ist und auch notwendig war. Denn seit Jahrhunderten wird in der Politik, der Wissenschaft und in vielen anderen Gesellschaftsbereichen auf ›natürliche‹, biologische Unterschiede rekurriert, um soziale Diskriminierung, Unterdrückung und Ungerechtigkeiten zwischen den Geschlechtern (und zwischen Menschen verschiedener Klassen und ›Rassen‹) zu erklären und zu rechtfertigen. Unterdessen hat sich die desavouierende Haltung gegenüber den

Naturwissenschaften und empirischer Forschung aber selbst ›naturalisiert‹; d. h. diskursive und sozialkonstruktivistische Ansätze sind in der feministischen Kritik dermaßen Routine und *de rigeur* geworden, dass sie jegliche Theoriebildung in nicht minder reduktionistischer Art determinieren wie biologistisch-deterministische Perspektiven. (Vgl. Sedgwick/Frank 1995: 1)

Indem zum Beispiel für die feministische Genderforschung zentrale Fragen der sexuellen Differenz in Relation zu Hirnunterschieden bei Frauen und Männern der Neurologie überlassen und dadurch eher einseitig mit in diesem Feld gängigen Deutungsmustern beantwortet werden, läuft ein sich nur auf erzieherische oder kulturelle Beeinflussung beschränkender Feminismus Gefahr, einer regressiven Politik in die Hände zu spielen. Die unter poststrukturalistischen Geistes- und Kulturwissenschaftlerinnen weit verbreitete, anti-biologistische und anti-neurologistische Haltung gilt es daher nach der Psychologin Elizabeth Wilson – die ich hier stellvertretend für eine zunehmende Anzahl von Vertreterinnen eines neuen, feministischen Materialismus,[1] zitiere – gerade im Interesse einer progressiven und differenzierten feministischen Theorie zu überwinden:

»If our critical habits and procedures can be redirected so that biology and neurology are not the natural enemies of politics – that is, if we defer gender theory from the start – then we will find a greater critical productivity in biology than theories of gender would lead us to believe.« (Wilson 1998: 62)

Mit ihrem Aufruf möchte Wilson Feministinnen vor allem dazu anleiten, in den Naturwissenschaften *selbst* kritisches Potenzial zur Infragestellung und Dekonstruktion der vermeintlichen Stabilität von materiellen Strukturen und der durch diese legitimierten Unveränderbarkeit von Gegebenem aufzuspüren. So ist ihr Buch *Neural Geographies* auch eine Einladung an Feministinnen »to envisage the possibility that neurology may already enact and disseminate the malleability, politics, and difference that they ascribe only to non-neurological forces« (Wilson 1998: 17). Dies bedeutet auch, dass in den Gender Studies Themen diskutiert werden und Begriffe zur Anwendung kommen, die auf den ersten Blick nichts mit Gender oder der Frauenfrage zu tun haben, wohl aber die

---

1 Die Liste der mir bekannten und auf den englischen Sprachraum begrenzten neo-materialistischen Feministinnen umfasst, neben Wilson, folgende Wissenschaftlerinnen: Stacy Alaimo, Karen Barad, Rosi Braidotti, Anne Fausto-Sterling, Donna Haraway, Lynn Margulis (obwohl diese nicht explizit feministisch argumentiert), Moira Gatens, Elizabeth Grosz, Myra Hird, Vicky Kirby, Luciana Parisi and Nancy Tuana.

feministische Theoriebildung bereichern und die Argumentation sämtlicher emanzipatorischer Bewegungen schärfen könnten. Zu diesen Themen gehört für mich ganz klar die so genannte ›Tierfrage‹, auf die ich später noch eingehender zu sprechen komme. Wilsons allgemeine Aufforderung, sich auch als Soziologin, als Künstlerin oder eben als Literaturwissenschaftlerin den Life Sciences gegenüber nicht zu verschließen – to go life auch in diesem Sinne –, möchte ich im vorliegenden Aufsatz Folge leisten und insbesondere für eine Revision dominanter posthumanistischer Paradigmen nutzen; denn ein Feminismus, der sich ausschließlich der sozio-kulturellen Konstruktion von Geschlecht und Geschlechterrollen verschreibt, ist meiner Meinung nach ebenso ›auf den Hund gekommen‹ wie ein Posthumanismus, der die Hybridität menschlicher Existenz nur als Cyborg figurieren kann und in uralter Manier bestrebt ist, den immateriellen Geist vom materiellen Körper zwecks Erlangen von heroischer Unverletzbarkeit, Perfektion und Unsterblichkeit zu trennen.[2] Nach meiner Kritik des in der Forschung als »kybernetisch« oder »populär« bezeichneten Posthumanismus werde ich im Verlauf der nächsten beiden theoretischen Teile die anti-speziezistischen, an Jacques Derrida anschließenden Ansätze des Literaturwissenschaftlers Cary Wolfe sowie kurz das Companion Species-Manifest der Biologin und Wissenschaftshistorikerin Donna Haraway vorstellen, bevor ich anschließend die unzähligen Symbiosen und escherschen Verwandlungsprozesse im Ribofunk-Roman *A Mouthful of Tongue: Her Totipotent Tropicanalia* des US-amerikanischen SF-Autors Paul Di Filippo ins Zentrum meiner feministisch-posthumanistischen Lektüre stelle.

Der Posthumanismus
ist auf den Hund gekommen

Meine Behauptung – der Posthumanismus ist ›auf den Hund gekommen‹[3] – ist in verschiedener Hinsicht sowohl richtig als auch falsch. Als Teil postmoderner anti-humanistischer Denkbewegungen und post-

---

2   Der theoretische Teil des Beitrags ist teilweise bereits online und auf Englisch erschienen. Vgl. Rossini 2006.
3   Der ursprüngliche Kontext der Redewendung ist folgender: »Als die Leute ihre Habseligkeiten noch in Truhen aufbewahrten […] waren auf dem Boden der Truhen oft Schutzsymbole eingraviert, darunter oft auch ein Hund. Wenn jemand alles verloren hatte, was normalerweise in der Truhe liegen sollte, war er auf den Hund gekommen«, http://www.etymologie.info/~e/d_/de-zitate.html vom 13. März 2008.

strukturalistischer Theorien trat der Posthumanismus erstmals in den späten 1960er Jahren auf die Bühne, zunächst hauptsächlich in literaturwissenschaftlichen Instituten Nordamerikas. Seine philosophischen Wurzeln sind aber schon bei Friedrich Nietzsche und Martin Heidegger zu finden. Nachdem Nietzsche 1882 in seiner Schrift *Die fröhliche Wissenschaft* den Tod Gottes proklamiert hatte, kann insbesondere Heideggers *Brief über den Humanismus*, erstmals 1947 publiziert, als Initiator der (Post-)Humanismusdebatte angesehen werden, welche mit Michel Foucaults im Schlusssatz seines Buches *Die Ordnung der Dinge* (1971) formulierten Wette, dass »der Mensch verschwindet wie am Meeresufer ein Gesicht im Sand« (Foucault 1971: 462), einen neuen, kräftigen Anstoß und auch Stein des Anstoßes erhielt. Das Phänomen »Posthumanismus« wurde anfangs mit einer gewissen »Hilflosigkeit«[4] zur Kenntnis genommen und mit heftigen Buhrufen begleitet, erntete aber zunehmend größeren Applaus für seine radikale Humanismus- und Zivilisationskritik. Heute sind es Versuche wie die des Politologen Francis Fukuyama, eine essentialistische menschliche Natur heraufzubeschwören (Fukuyama 2002), die als »hilflose« und nostalgische Reaktionen auf die Krise der Moderne erscheinen, und die auch vielerorts – nicht zu Unrecht – als reaktionäre Beiträge zur (Post-)Humanismusdebatte eingestuft werden. Posthumanistisches Denken, posthumanistische Kunst und posthumanistische Körper gelten dagegen als progressiv, cool und sexy. Der Posthumanismus ist also alles andere als am Ende; d. h. noch *nicht* auf den Hund gekommen.

Und doch scheint mir der Posthumanismus arm dran zu sein: Seine Formel ist zu einem Klischee verkommen und beißt sich ständig in den eigenen Schwanz. Mit der posthumanistischen Formel meine ich die »große Erzählung« des technischen und kulturellen Fortschritts, dessen Kurs von den hierarchischen Differenzierungen eines stark mit der Aufklärung assoziierten Humanismus wegführt, hin zur Möglichkeit und »aktiven Utopie« von nicht-hierarchisch geordneten Unterschiedlichkeiten im Posthumanismus. Mein Unbehagen an diesem Narrativ gründet weniger in der banalen Feststellung, dass die androzentrischen, ethnozentrischen und anthropozentrischen Prämissen des traditionellen Humanismus noch nicht gänzlich tot sind, sondern darin, dass diese

---

4   1977 schrieb der Literaturwissenschafter Ihab Hassan: »We need first to understand that the human form – including human desire and all its external representations – may be changing radically, and thus must be revisioned. We need to understand that five hundred years of humanism may be coming to an end as humanism transforms itself into something that we must *helplessly* call post-humanism«. (Hassan 1977: 843, Hervorhebung Rossini)

weiterhin auch in vordergründig anti- und/oder posthumanistischen Erzählungen (in der Literatur, im Film, in der Kunst, etc.) herumgeistern. Etwas schematisch ausgedrückt: Posthumanistische Texte sind oft nur allzu humanistisch (vgl. Rossini 2005).

Doch auch damit sage ich nichts Neues. Schon N. Katherine Hayles zeigt in ihrer Genealogie des Posthumanen, dass die posthumanistische Sicht auf den Menschen, genauer gesagt, die Sicht des sogenannten »cybernetic posthumanism«, nicht zufälligerweise während und nach dem Zweiten Weltkrieg ›ins Leben geschrieben‹ wurde: in Zeiten starker, allgemeiner – aber vor allem *männlicher* – Verunsicherung, wollten Norbert Wiener und andere mit ihren an den *Macy Conferences on Cybernetics* zwischen 1943 und 1954 vorgestellten Visionen dem sich in der Krise befindenden humanistischen Subjekt eine Position der Herrschaft und Kontrolle garantieren sowie mittels einer stark auf dem Prinzip der Homöostase[5] beruhenden Informationstheorie Ordnung und Stabilität ins Chaos bringen. (Vgl. Hayles 1999: Kapitel 3) Hayles definiert das in dieser Zeitperiode entwickelte und in den nachfolgenden Jahrzehnten radikalisierte posthumanistische Paradigma als eine Art Weltsicht, der vier Hauptannahmen zu Grunde liegen: 1. »Leben« ist nicht unweigerlich von der Einbettung (*embodiment*) in einem biologischen Substrat abhängig; d. h. Information triumphiert über Materialität. 2. (Selbst-)Bewusstsein ist ein sehr junges Phänomen in der Evolutionsgeschichte des Menschen und nur ein unbedeutender Nebenschauplatz im Bezug auf die menschliche ›Natur‹ und Identität. 3. Der Körper ist eine Prothese und somit im Prinzip endlos erweiter- und ersetzbar. 4. Intelligente Maschinen sind ›natürliche‹ Nachkommen des *homo sapiens* (vgl. Hayles 1999: 2-3). Der letzte Punkt wird vor allem durch Hans Moravec betont, in dessen Familiengeschichte Roboter als die »mind children« der Menschen figurieren, »built in our image and likeness, ourselves in more potent form«.[6] Auch hier zeigt sich das für den kybernetischen Posthumanismus typische Begehren, den Menschen modular zu maximieren und zu perfektionieren. Zwar dekonstruiert, dezentriert und fragmentiert der kybernetische Posthumanismus implizit aufklärerische Vorstellungen eines einheitlichen und autonomen Subjektes, aber letztendlich handelt es sich bei der Heraufbeschwörung einer entkörperten, postbiologischen Zukunft nur um die Fort- und Fest-

---

5 Homöostase bezeichnet die linear geregelte Konstanz von physiologischen Prozessen – etwas völlig Realitätsfremdes; denn ›Leben‹ bedeutet nicht Stase, sondern ständige Transformation.
6 Zitiert nach der Zusammenfassung seines 1998 erschienenen Buches *Mere Machine to Transcendent Mind* auf Moravecs Homepage, http://www.frc.ri.cmu.edu/~hpm/book97/index.html, vom 16. März 2008.

schreibung der cartesianischen Denktradition in neuem diskursiven Gewand.

Dieser Version des Posthumanismus, die in der Kulturkritik auch »popular posthumanism« (vgl. *Cultural Critique* 53/2003) genannt wird, möchten eine wachsende Anzahl von TheoretikerInnen einen, wie zuletzt von Stefan Herbrechter und Ivan Callus vorgeschlagen, »critical posthumanism« oder »metaposthumanism« entgegenstellen, wobei »meta-« eine kritisch-distanzierte Haltung signalisiert und nicht etwa einen totalisierenden Standpunkt. »[T]heory's disposition to step back from the general breathless excitement over the digital, the cybernetic, and the technologically prosthetic to cast a sober eye over posthumanist orthodoxy.« (Herbrechter/Callus 2003)[7]

Ernüchternd ist aber auch die Tatsache, dass metaposthumanistische KritikerInnen (und die Humanities ganz allgemein) den epistemologischen Bruch mit dem liberalen Humanismus ebenfalls nicht wirklich schaffen, insofern sich auch bei ihnen ein unhinterfragter »Speziezismus« (*speciesism*) feststellen lässt; d. h. in der Definition des Bioethikers Peter Singer, »eine Haltung der Voreingenommenheit zugunsten der Interessen der Mitglieder der eigenen Spezies und gegen die Interessen der Mitglieder anderer Spezies« (Singer 1996: 35). Eine Gemeinsamkeit postkolonialistischer, feministischer und *queerer* Theorien sowie Diskussionen zu Subjektivität, Identität und Differenz ist, dass sie, wie die neuen sozialen Bewegungen für die Einforderung des Rechts auf Freiheit, auf einen aufklärerischen Subjektbegriff rekurrieren. Dessen *conditio sine qua non* besteht aber in der absoluten Kontrolle über das Leben nicht-menschlicher Anderer. Die rhetorische Strategie der radikalen Abgrenzung von nicht-weißen, nicht-männlichen, nicht-heterosexuellen Menschen von Tieren zwecks Zuerkennung des Status eines Subjekts war und ist zwar erfolgreich und angesichts der Tatsache, dass der rassistische, sexistische und homophobe Diskurs der Animalität oder einer animalischen ›Natur‹ bisher dem Ausschluss dieser Menschengruppen von vielen Privilegien gedient hat, auch legitim, aber die speziezistische Logik der Vorherrschaft des Menschen über Tiere ist jeweils unangetastet geblieben. Wenn feministische TheoretikerInnen gegen Rassismus und (Hetero-)Sexismus sind, weil sie die Diskriminierung aufgrund bestimmter identifizierbarer Erkennungsmerkmale wie ›schwarz‹, ›Frau‹ oder ›lesbisch‹ für falsch und ungerecht erklären, dann müssten sie mit gleicher Vehemenz dagegen sein, dass Tiere aufgrund ihrer Spezies ausgebeutet, geschlachtet und gegessen werden. Mehr

---

7 Vgl. auch die Rodopi Buchreihe *Critical Posthumanisms* der beiden Autoren.

noch, sie müssten sich als KulturwissenschaftlerInnen, die in der Lehre und Forschung der Diversität menschlicher Erfahrungen und Lebensweisen gerecht werden wollen und sich marginalisierten Anderen gegenüber verpflichtet fühlen, ernsthaft mit der von Cary Wolfe gestellten Frage auseinandersetzen, »how must our work itself change when the other to which it tries to do justice is no longer human?« (Wolfe 2003b: 7)

Wolfe vertritt aber kein tierrechtlerisches Anliegen – zumindest nicht primär, weshalb sein Buch eben den sprachspielerischen Titel *Animal Rites* trägt: Seine Intervention ist die des anti-speziezistischen Kulturkritikers, der die Rituale analysiert, die Menschen um die Figuren von Tieren herum gestalten, einschließlich der literarischen und filmischen Erzählungen über Kannibalismus, Monstrosität und Normativität. Diese Inszenierungen fasst Wolfe unter dem Begriff »the discourse of species« zusammen, wobei er »Diskurs« im Sinne Michel Foucaults nicht nur als Rhetorik versteht, sondern vor allem als die in Institutionen materiell verankerten Bedingungen der Produktion von Bedeutungssystemen und Wissensordnungen.[8] Außerdem geht es Wolfe darum, unser Bewusstsein dafür zu schärfen, dass eine speziezistische Metaphysik sich ebenfalls tödlich auf menschliche Tiere auswirkt, vor allem deshalb, weil der Speziezismus im juridischen Staatsapparat verankert ist: »[T]he full transcendence of the ›human‹ requires the sacrifice of the ›animal‹ and the animalistic, which in turn makes possible a symbolic economy in which we engage in what Derrida [calls] a ›noncriminal putting to death‹ of other *humans* as well by marking *them* as animal.« (Wolfe 2003b: 6)

Der Hund liegt im Singular begraben: »The animal – what a word!«, entgeistert sich Derrida; »[t]he animal is a word, it is an appellation that men have instituted, a name they have given themselves the right and authority to give to another living creature [*à l'autre vivant*].« (Derrida 2004: 118)[9] Derrida kreiert in der Folge den Neologismus *l'animot*, mit dem er u. a. Folgendes beabsichtigt:

---

8 Vgl. Thomas Machos Begriff »Zoologiken«: »die Wissensordnungen und Typologien, mit deren Hilfe die ›Lebewesen‹ – Menschen und Tiere – kategorial systematisiert werden« (Macho 2000).
9 Der französische Titel lautet: »L'animal que donc je suis (à suivre)«. Derrida spielt hier natürlich mit Descartes berühmtem Axiom *cogito, ergo sum*, welches nicht nur in den Dualismus zwischen Körper und Geist mündet, sondern Bewusstsein als die Haupteigenschaft des Menschen definiert, die diesen sowohl von Maschinen wie auch von Tieren unterscheidet.

»I would like to have the plural of animals heard in the singular. […] We have to envisage the existence of ›living creatures‹ whose plurality cannot be assembled within the single figure of an animality that is simply opposed to humanity. […] The suffix *mot* in *l'animot* should bring us back to the word […]. It opens onto the referential experience of the thing as such, as what it is in its being, and therefore to the reference point by means of which one has always sought to draw the limit, the unique and indivisible limit held to separate man from animal.« (Derrida 2004: 125)

Wie ich im Folgenden vorschlagen möchte, könnte diese klar definierte Zäsur der »anthropologischen Maschine«, welche nach Giorgio Agamben bereits durch die alten Griechen und messianischen Denker angekurbelt wurde, und durch die wissenschaftlichen Taxonomien und die Geburt der Anthropologie so richtig in Schwung kam (vgl. Agamben 2003: Kapitel 9), mittels kritisch-posthumanistischer Zoontologien wieder aufgehoben werden.

Kritisch-posthumanistische Zoontologien

»I am not an animal! I am a human being!
I ... am ... a man!«

Der Schrei von Joseph Carey Merrick (im Film *The Elephant Man*, 1980) nach Anerkennung seiner menschlichen Identität, mit der er Anspruch auf gesellschaftliche Integration und persönliche Integrität erhebt, ist verständlich und schmerzt, aber es kommt auch hier die Armut des Humanismus zum Ausdruck, eine Armut, die darin besteht, eine menschliche Essenz nur über die rigide Abgrenzung zu Animalität sichern zu können. Auch wird durch das emphatische »I am a man« der Mann als Norm des Menschseins und Maß aller Dinge definiert, bleibt aber gleichzeitig (und gerade deshalb) das unmarkierte, nicht durch seine biologischen Merkmale bestimmte Geschlecht. Genau diese (Un-)Markierung und Festschreibung von getrennten Speziesidentitäten nämlich scheint mir z. B. die Misshandlungen im Militärgefängnis von Abu Ghraib zu legitimieren, wie ich mit den folgenden Auszügen aus Opfer- und Zeugenberichten hoffe, zeigen zu können:

»Some of the things they did was make me sit down like a dog, […] and […] bark like a dog and they were laughing at me. […] One of the police was telling me to crawl. […] A few days before [this], […] the guy who wears glasses, he put red woman's underwear over my head […] pissing on me and laughing on me […] he put a part of his stick […] inside my ass […] she was playing with my dick. [...] And they were taking pictures of me during all these instances. [...] [Another prisoner] was forced to insert a finger into his anus and lick it. He was also forced to lick and chew a shoe. [...] He was then told to insert his finger in his nose during questioning [...] his other arm in the air. The Arab interpreter told him he looked like an elephant. [They were] given badges with the letter ›C‹ on it.«[10]

Moralisch widerwärtig am Verhalten der US-Soldaten und -Soldatinnen ist (unter anderem), dass die Gefangenen wie Tiere auf ihre Körperlichkeit reduziert werden und dieses »bloße Leben«[11] dann verspottet wird. Statt sich auf die eigene Verletzbarkeit und Sterblichkeit zu besinnen, die sie mit ihren Opfern und mit Tieren teilen, benutzen die Folterer die »systematische Bestialisierung« (Balibar 1991: 57) der Gefangenen dazu, sich in ihrem Menschsein, ihrer Freiheit und Autonomie zu bestärken und den misshandelten Irakern das Recht auf Schutz nach dem in den Genfer Konventionen festgelegten humanitären Völkerrecht abzusprechen, weil diese Kreaturen ja schließlich – als bellende Hunde, kriechendes Ungeziefer und *elephant men* – auf den Namen, das Wort, die Anrufung ›Mensch‹ gar nicht antworten können.

Durch die impliziten und expliziten Verknüpfungen zwischen Rassismus, Sexismus, Homophobie und Antisemitismus, welche die vorhin beschriebenen Foltermethoden begleiten, bestätigt sich, dass die Wirkungsmächtigkeit des »discourse of species« auf menschliche Andere von einer vorgängigen Akzeptanz der Institution »speciesism« abhängt; d. h. von der Selbstverständlichkeit, dass das Töten von nichtmenschlichen Tieren durch menschliche Tiere kein krimineller Akt, sondern legal ist. Derrida spricht in dieser Hinsicht auch vom »carnophallogocentrism« der westlichen Metaphysik (Derrida 1991: 113). Hier schließt sich der Kreis für Wolfe:

»[Since] the humanist discourse of species will always be available for use by some humans against other humans as well, to countenance violence against the social other of *whatever species* – or gender, or race, or class, or sexual difference –, [...] we need to understand that the ethical and philosophical urgency of confronting the institution of speciecism and crafting a posthumanist theory of the subject *has nothing to do with whether you like animals*. We all, human and nonhuman alike, have a stake in the discourse and institution of speciecism; it is by no means limited to its overwhelmingly direct and disproportionate effects on animals.« (Wolfe 2003b: 8-7)

---

10 The New York Review, 24. Juni 2004, S. 70-71.
11 Agambens Begriff *la nuda vita* (dt. das nackte oder bloße Leben) bezeichnet »das Leben des *homo sacer*, der getötet werden kann, aber nicht geopfert werden darf« (Agamben 2002: 18).

Als Analysekategorie für seine anti-speziezistische Art des posthumanistischen Denkens verwendet er den Begriff »zoontologies«, ein Begriff, der dekonstruktiv wirkt und sich zugleich selbst dekonstruiert: Erstens insistiert der Begriff mit seiner Qualifikation darauf, dass es sich bei Ontologie nicht ausschließlich um die Ontologie menschlicher Wesen handelt, sondern dass eben Tiere (*zoon* = gr.: Tier) einer ontologischen Erfragung wert/würdig sind. In dieser Hinsicht ist »Zoontologie« unweigerlich Teil des kritisch-posthumanistischen Vokabulars. Zweitens aber verdeutlicht der Begriff, dass eine ernste Auseinandersetzung mit der Tierfrage den Kern der Ontologie (d. h. die Ontologie der Ontologie) in Frage stellt.[12] Als ein grundsätzlich humanistischer Ansatz entlarvt, scheint ein ontologischer Ansatz für eine anti-speziezistische posthumanistische Theorie, die auch verschiedenen ›Arten‹ von Menschen gerecht werden soll, nicht (mehr) besonders geeignet. Vor diesem Hintergrund plädiert Wolfe für eine intensivere philosophische Auseinandersetzung mit der Materialität, mit dem unhintergehbaren *embodiment* und der Mannigfaltigkeit des Subjektes, und weniger mit anthro-ontologischen Fragen nach der Natur oder Identität des Menschen. (Vgl. Wolfe 2003b: 9) Diese Refokussierung wäre auch eine Neueröffnung der Frage über Ethik und Humanismus (und Posthumanismus), bei der im Zentrum steht, was Derrida »the living in general«[13] nannte, und die Frage von Tierrechten in den Humanities zu grundsätzlichen, nicht nur auf Tiere bezogenen Diskussionen über Gleichheit und Differenz führt. Dieses kritisch-posthumanistische Anliegen teilt Wolfe mit Donna Haraways *The Companion Species Manifesto*, mit dem Haraway wortwörtlich auf den Hund gekommen ist.

Revision eines feministischen Slogans: Von *Cyborgs for earthly survival!* zu *Run fast; bite hard!*

Die Hauptfrage in der neuen Schrift der insbesondere durch ihr Cyborg-Manifest in unterschiedlichen Disziplinen bekannten, feministischen Autorin Donna Haraway lautet folgendermaßen: »[H]ow might an ethics and politics committed to the flourishing of significant otherness be

---

12 *Zoontologies* ist der Titel einer von ihm herausgegebenen Aufsatzsammlung (vgl. Wolfe 2003a). Ich danke Wolfe für die Begriffserläuterung in einem privaten Gespräch.

13 Derrida befasst sich in verschiedenen Texten mit »the living in general«, aber am eingehendsten in seinem Aufsatz »The Animal That Therefore I am (More to Follow)« (Derrida 2004).

learned from taking dog-human relationships seriously.« (Haraway 2003a: 3) Cyborgs sind in dieser Hinsicht keine guten LehrmeisterInnen mehr: »I appropriated cyborgs to do feminist work in Reagan's Star Wars times of the mid-1980s. By the end of the millenium, cyborgs could no longer do the work of a proper herding dog to gather up the threads needed for critical inquiry.« (Ebd.: 4)

Haraways »dog writing« beginnt – wie viele ihrer Geschichten – mit einem persönlichen, ziemlich intimen Bekenntnis:

»*Ms Cayenne Pepper continues to colonize all my cells – a sure case of what the biologist Lynn Margulis calls symbiogenesis. [...] I'm sure our genomes are more alike than they should be. There must be some molecular record of our touch in the codes of living that will leave traces in the world, no matter that we are each reproductively silenced females, one by age, one by surgery. Her red merle Australian Shepherd's quick and lithe tongue has swabbed the tissues of my tonsils, with all their eager immune system receptors. Who knows where my chemical receptors carried her message, or what she took from my cellular system for distinguishing her self from other and binding outside to inside?*
We have had forbidden conversation; we have had oral intercourse; [...] We are training each other in acts of communication we barely understand. We are, constitutively, companion species. We make each other up, in the flesh.« (Haraway 2003a: 2-3; kursiv im Original)

Der hier beschriebene Austausch von organischem Material sowie die diesem Manifest zugrunde liegende Annahme der Ko-Evolution von Menschen und Hunden ist in der Tat ein sehr gutes Beispiel für die zuletzt in dem gemeinsam mit ihrem Sohn Dorion Sagan geschriebenen Buch *Acquiring Genomes* vertretene These von Lynn Margulis, dass »we people are really walking assemblages, beings who have integrated various other kinds of organisms« (Margulis/Sagan 2002: 19). Als Organismen, denen immer schon ›fremdes‹ Material in Fleisch und Blut übergegangen ist, sind wir nicht die autonomen, sich selbst gestaltenden und von anderen Lebewesen abgetrennten Subjekte der Moderne. Die einfache Tatsache, dass Menschen vor allem organische und sterbliche Körper sind, sowie die Feststellung, dass »multidirectional gene flow – multidirectional flows of bodies and values – is and has always been the name of the game of life on earth« (Haraway 2003b), war für Haraway ein weiterer Grund, sich von ihrer Doppelgängerin, der Cyborg-Figur, zu entfremden und ihre LeserInnen davon zu überzeugen, dass Hunde sie besser durch das Dickicht der heutigen Technobiopolitiken führen könnten.

Wie Haraway in ihrem Anfang des Jahres 2008 erschienenen Buch *When Species Meet* weiter ausführt, sind es diese sehr direkten Begegnungen und Berührungen mit Tieren, welche die analytischen Werkzeuge von feministischen (und anderen) WissenschaftlerInnen schärfen könnten, um den so hartnäckigen Körper-Geist-Dualismus zu durchschneiden (vgl. Haraway 2008: 72). Diese Leistung ist offenbar der Figur des/der Cyborg nicht gelungen – auch nicht den Cyberfeministinnen. Als Alternative schlägt Haraway den Begriff *companion species* vor, wobei es sich nicht nur um eine weitere materiell-semiotische Figur in Ergänzung zum/zur Cyborg handelt, sondern auch um einen neuen Orientierungspunkt für das Erfassen von Relationalität und Ko-Präsenz mit signifikanten Anderen unterschiedlichster Art(en) in den ›Naturkulturen‹ des 21. Jahrhunderts.[14]

Da ich etwas frustriert darüber bin, dass Cyborgs überwiegend als männliche (bisweilen auch weibliche) Kampfmaschinen figuriert werden und nur höchst selten als eine Mischung von Mensch und Tier, habe ich mich kürzlich von dieser Ikone des Posthumanismus mehr oder weniger verabschiedet und parallel dazu nach sowohl in der Biologie beheimateten Theorien wie auch nach mit biologischen Paradigmen und Metaphern operierenden philosophischen und literarischen Texten gesucht, in denen sich transgenetische *Posthumans* und Tier-Mensch-Hybride tummeln, und/oder es zu intensiven Begegnungen zwischen menschlichen und nicht-menschlichen Tieren kommt. Fündig geworden bin ich im Bereich der Literatur bei Paul Di Filippo, der ebenfalls ein ironisches Manifest geschrieben hat: *Ribofunk. The Manifesto*. Ribofunk, eine Kombination von Ribosom und Funk, ist die Alternative zum für Di Filippo ziemlich auf den Hund gekommenen Cyberpunk (eine durch William Gibsons *Neuromancer* berühmt gewordene Gattung der SF-Literatur) und ebenfalls Produkt einer Unzufriedenheit mit Cyborg-Konfigurationen:

»[T]he ›cyber‹ prefix has been irreparably debased by overuse, in vehicles ranging from comic books to bad movies. The tag now stands for nothing in the public mind but computer hacking and fanciful cyborgs such as Robocop.« (Di Filippo 1998)

In Di Filippos Beschreibung des neuerfundenen Genres wird deutlich, dass biologische Prozesse, in der Interaktion mit Technik, für die Neu-

---

14 Nicht-organische Aktanten wie Computer, Kameras, Laborinstrumente, Rollstühle, etc. sind aber ebenso *companion species* wie Menschen und Tiere.

definition des Humanen und die Emergenz neuer Lebensformen entscheidender sein werden als rein kybernetische Interventionen:

»Ribofunk is speculative fiction which acknowledges, is informed by and illustrates the tenet that the next revolution – the only one that really matters – will be in the field of biology. [...] Ribofunk must be as sensual as sex, as unsparing in sweat, cum, bile and lymph as the body is prolific in these substances.« (Di Filippo 1998)

Dies sind auch die Stoffe, aus denen die Träume seines 2002 erschienenen, erotisch-pornographischen SF-Romans *A Mouthful of Tongues: Her Totipotent Tropicanalia* gemacht sind.

Metamorphosen und Symbiogenese in Paul Di Filippos *A Mouthful of Tongues: Her Totipotent Tropicanalia (AmoT)*

Mit *AmoT* führt uns Di Filippo in einen urbanen Dschungel irgendwo in Nordamerika, in eine Zukunft, die nur ein paar Jahre von heute entfernt liegt. Die Protagonistin heißt Kerry Hackett[15] und arbeitet als Sekretärin in einem biotechnologischen Betrieb. Der Text beginnt mit einem in mehrerer Hinsicht feuchten Traum: Kerry sieht sich in einem paradiesischen Tropenwald, wo sie tierisch guten Sex mit einem Jaguar hat. Nach einem gleichzeitigen Orgasmus verwandelt sich die Frau ebenfalls in eine Jaguarin. Die Realität dagegen ist ein Albtraum: Innerhalb von wenigen Stunden wird Kerry sowohl von ihrem eigenen Mann, ihrem Chef und einem patrouillierenden Soldaten vergewaltigt. Völlig verstört, beschließt sie, sich in den *benthic* zu stürzen, wie die in ihrem Labor gentechnisch hergestellte Masse aus totipotenten Zellen genannt wird.[16] Orgastisch mit diesem hypervitalen Organismus verschmelzend, erlebt Kerry eine radikale Transformation, d. h. das männlich-codierte Benthos absorbiert Kerrys Körper und mit ihm auch ihre Persönlichkeit, ihre Erinnerungen und Erfahrungen und erscheint dadurch in alter Hülle mit neuem Inhalt. Durch den osmotischen Prozess entsteht eine neue Lebensform, die mehr ist als die Summe der alten Kerry-Teile:

---

15 Der Name ist ein Anagramm für die 1997 an Krebs verstorbene Autorin Kathy Acker, der das Buch gewidmet ist.
16 Als Benthos oder benthische Gemeinschaft wird auch eine Aggregation von Organismen (Pflanzen, Tieren, Bakterien) bezeichnet, die auf einer Wasseroberfläche oder am/im Boden eines Gewässers lebt.

»Now begins Kerry Hackett's transubstantiation, a conversion of flesh to more than flesh, a sea change of self. [...] imploding, her facial features vanish inward, as do her breasts. [...] Arms merge into torso, legs fuse, as the forked stick of her humanity backward eggs. [...] The next step of totipotent-directed evolution manifests first as fractally distributed ripples, as if a complex net beneath the grub's epidermis were shaken from multiple points. Then, reprogramming and redefinition: from distal loci, perfect digits emerge, tender pink toes and fingers with nails already tinted a unique scarab green. [...] Hair rethatches skull, ears appear, and the Kerry-physiognomy, that unique assemblage of cartilage, jelly, muscle and bone, pushes out from inside like an image formed from behind in a toy composed of a million floating microscopic pins.
Perfect from toenails to teeth, breathing deeply, the nude Kerry Hackett lies on the cold tiles. [...] Wrapped in virginal white [...] radiating a kind of abnormal, seductive vitality. [...] [T]he pitcher-plant perfection of her reworked body. [...] [S]quirms as if in heat. [...] [H]er drupleted strawberry tongue [...] plainly autonomous and impossibly severed from its roots, poising there like a miniscule predator, toad or lizard.« (Di Filippo 2002: 37)

Di Filippo beschreibt diese säkulare Transsubstantiation als »directed evolution« und »reprogramming«, was das Vorhandensein von Informationen oder Codes in den Zellen eines Organismus suggeriert, mittels denen sich die in kleinste Partikel aufgelöste Masse wieder zu 100% und als exakte Kopie des Originals in einem anderen System reproduzieren lässt. Im weiteren Verlauf der Handlung wird jedoch deutlich, dass diese als Genfetischismus oder biologischer Determinismus bezeichnete Haltung abgelehnt wird. Auch werden Einflüsse der Umgebung auf das System nicht privilegiert, wie wenn es sich bei einem Organismus um eine *tabula rasa* handeln würde. Vielmehr geht es darum, wie auch in der von Susan Oyama geprägten *Developmental Systems Theory* (DTS), dass (Re-)Kombinationen von Genen innerhalb eines Systems einerseits und Einflüsse der Umwelt auf dieses System andererseits interagieren, wodurch ein einzigartiges und vor allem ein in jedem Sinne unberechenbares Resultat entsteht. Dieser Ansatz ermöglicht auch ein Denken außerhalb der Sackgasse Natur-versus-Kultur oder *nature-versus-nurture*, bei dem das interpretative Paradigma der Konstruiertheit beibehalten werden kann. Denn biologische Wesen sind in der Tat ›konstruiert‹, wie Susan Oyama bemerkt, aber

»[N]ot only in the sense that they are actively and discursively construed by themselves and others, but also in the sense that they are, at every moment, products of, and participants in, their own and others' developmental processes. They are not self-determining in any simple sense but they affect and ›select‹ influences on themselves by attending to and interpreting stimuli, by seeking environments and companions, by being susceptible to various factors, by evoking reactions from others.« (Oyama 2000: 180/181)

Das in politischer und ethischer Hinsicht relevante Potenzial der DST besteht im Argument, dass System und Umgebung sich gegenseitig bedingen: Macht, Kontrolle und Handlungsfähigkeit (*agency*) liegen also weder auf der einen noch auf der anderen Seite, weder beim Selbst/Subjekt noch beim Anderen/Objekt, sondern erweisen sich als vielfältig und verteilt. Im gleichen Zuge richtet sich *DST* auch gegen die vor allem in der Artificial Life- und der Artificial Intelligence-Forschung verbreitete Definition von Information als einem aus Einsen und Nullen bestehenden binären Code, als Blaupause, fixes Programm oder stabile Repräsentation, das/die etwas oder jemand unausweichlich und in alle Ewigkeit *ist*. So kommt es auch in *AmoT* sofort nach der Symbiose mit dem *benthic* erneut zu einer Osmose: Die neue Kerry morpht mit einer gewissen Senhora Yemana und entschwindet nach Bahia, wo sie ihrem Traumjaguar zu begegnen hofft. Im brasilianischen Dschungel gibt sie sich polymorph pervers. Sie hat (fast ausschließlich von ihr initiierten) Sex mit Männern und Frauen, mit Jung und Alt, nicht nur mit Jaguaren, sondern auch mit einem Kentauren, mal hart, mal sanft, vaginal, anal, oral, in allen möglichen und unmöglichen Stellungen, stundenlang, mit scheinbar unersättlicher Lust.

Im lustvollen sexuellen Akt zeigt sich wortwörtlich das Tier im Menschen (jeglichen Gechlechts), wie Alphonso Lingis bemerkt:»When we [...] *make* love with someone of our own species, we also make love with the horse and the calf, the kitten and cockatoo, the powdery moths and the lustful crickets.« Im Moment des Orgasmus,»[o]ur impulses, our passions, are returned to animal irresponsibility.« (Lingis 2003: 171) Lingis' Sicht steht einer humanistischen, an Freud orientierten Lektüre diametral gegenüber. Dieser Zweig der Psychoanalyse würde Kerrys Traum – Sex mit einem Jaguar – als Manifestation ihres ›perversen‹ Begehrens einer Grenzverwischung zwischen Mensch und Tier interpretieren, dem mit der Zähmung der animalischen Seite der Frau, der Reinigung von dem, was eben nicht ›rein‹ menschlich ist, therapeutisch beizukommen ist. Die Philosophin und Deleuze-Expertin Rosi Braidotti trifft mit ihrer Kritik der freudschen Psychoanalyse den Kern dieser Form des Speziezismus:»non-human drives for multiple encounters, wild bodily motives, heightened sensory perception and unbridled sexual activity, have to be assimilated or incorporated into a well-organized and functioning organism and by analogy, into well-regulated and normal orgasms.« (Braidotti 2002: 140)

Bei den hier beschriebenen Züchtigungen und wissenschaftlichen Normalisierungszwängen handelt es sich um die von Foucault in seiner Geschichte der Sexualität zu Beginn der Moderne in westlichen Gesellschaften identifizierte Spaltung zwischen einer *ars erotica* einerseits und einer *scientia sexualis* andererseits. Erstere wird in *AmoT* unübersehbar und ungeniert zelebriert; der kreativen Gestaltung erotischer und sexueller Aktivitäten wird freier Lauf gelassen. Auf den ersten Blick scheint es sich bei solchen Beschreibungen allerdings weniger um die Affirmation der weiblichen Libido zu handeln als um die stereotypen Ergüsse eines sexistischen Autors über weibliche Sexualität als animalisch und gefährlich für den Mann – zudem die Protagonistin den Rufnamen »She-Beast« bekommt. Im persönlichen Gespräch mit Di Filippo konnte ich mich aber davon überzeugen, dass es dem Autor vielmehr darum geht, die destabilisierenden, grenzen- und kategorienüberschreitenden Effekte und Affekte des Geschlechtsaktes für alle Beteiligten zu betonen. Außerdem bemüht sich Di Filippo mit seinem »most ›transgressive‹ and posthumanist and gender-conscious book« (wie er *AmoT* in einer E-mail an mich beschrieb), eine binäre und essentialistische Geschlechterordnung zurückzuweisen. So gibt die metamorphende Senhora Yemana dann auch auf die ihr verwundert gestellte Frage: »Your womanly essence – how can this develop into my male parts?« eine noch wundersamere Antwort: »I am neither man nor woman... I am both and neither.« (Di Filippo 2002: 117) Obwohl sie also in einer weiblichen Körperhülle auftritt, repräsentiert die Figur dennoch – analog zum *Boy-Actor* auf der Elizabethanischen Bühne – eine tertiäre Logik. Dadurch nimmt »She-Beast« im Roman die Rolle ein, die Kelly Hurley dem/der Alien in den Alien-Filmen zuschreibt, nämlich die einer posthumanistischen Figur, die die Leserschaft dazu auffordert, »to imagine other (alien) systems of reproduction, other (alien) logics of identity«, welche nicht in der Dichotomie Penis/kein Penis gründet, und (ver)führt uns sogar in Richtung einer anderen, »(alien) logic of ›the human‹, one predicated only occasionally and incidentally on categories of sexual difference.« (Hurley 1995: 211)

Di Filippo praktiziert hier nicht nur die *ars erotica* zwischen Menschen, sondern eine Kunst der Panerotik, weshalb ich den Roman auch als Verkörperung der posthumanistischen, anti-speziezistischen Idee betrachte, dass es das Tier *in* uns ist, das uns ›allzu menschlich‹ macht. Nietzsches Postulat, wie Diana Fuss argumentiert, »syntactically locates at the center of the human some unnamed surplus – some residue, overabundance, or excess«. Dieser Überschuss, wie Fuss hinzufügt, »may be internal to the very definition of the human, an exteriority embedded inside the human as its own condition of possibility.« (Fuss 1996: 4)

Dieses Potenzial äußert sich in *AmoT* darin, dass Senhora Yemana alias
»She-Beast« alias Kerry mit ihren totipotenten Zellen Zungen, Geschlechtsteile und anderes Körpermaterial generieren kann, wodurch sie
nicht nur ihre Geschlechtsidentität und Körpergestalt modifiziert, sondern auch die ihrer menschlichen und tierischen SexpartnerInnen. Die
Metamorphosen der Figuren schildert uns Di Filippo aber nicht als eine
lineare Entwicklung, sondern als einen konstanten Transformationsprozess. So verliert die totipotente Masse in der Haut von Kerry im Verlaufe der Geschichte zunehmend ihre menschliche Erscheinung und wird
Seite um Seite mehr zu einer fremden Lebensform. Durch die an den
magischen Realismus eines Gabriel García Márquez erinnernde, mystische Intervention eines Schamanen wird die Metamorphose zwar wieder
umgedreht, d. h. die Transsubstantiation wird wieder in ihr ursprüngliches, benthisches Stadium zurückverwandelt – allerdings nur, um erneut
die Osmose eines ganzen indianischen Stammes zu beginnen: »Flesh
lost its boundaries, neighbor melting into neighbor [...] like an immense
stranded jellyfish, the entire tribe now resided in a featureless limp of
living matter. [...] Then the agglomeration began to change«, wieder in
einen gigantischen Jaguar »some hundred bodies large« (Di Filippo
2002: 156-157). Auch anderswo auf der Welt verwandeln sich Menschen in Tiere. Ein menschliches Individuum wird demnach nicht nur
einfach zu einem tierischen Individuum, sondern evolviert zu einer Art
Schwarm: Kerrys Ehemann, zum Beispiel, löst sich »butterfly by butterfly« (ebd.: 211) auf, eine andere menschliche Gestalt »bird by bird«
(ebd.: 213).

Die unzähligen Beschreibungen von Verschmelzungen und osmotischen Fusionen sowie das Verschwinden von Körpern in anderen Körpern erinnern sehr an die Herkunftsgeschichte eukariotischer Zellen der
bereits erwähnten Mikrobiologin Margulis (vgl. 1997; 2002). Mit ihrer
unter dem Begriff der Endosymbiose oder Symbiogenese bekannten
Theorie stellt sich Margulis gegen die darwinistische Idee der sogenannten »modernen Synthese«, welche Biodiversität und die Entstehung neuer Spezies im Verlaufe der Evolution mit der natürlichen Auslese
zufälliger Genmutationen begründet. Auch die militaristische und kapitalistische Rhetorik von *survival of the fittest* ablehnend, vertritt
Margulis seit Jahrzehnten die Hypothese, dass eukariotische Zellen
(Pflanzen- und Tierzellen) ihren Ursprung kernlosen Bakterien verdanken, die sich im Benthos des Ozeans vor Millionen von Jahren gegenseitig ›verschluckten‹. Zunächst also durch die gemeinsame parasitäre Kohabitation von bakteriellen Zellen und dann durch den
Austausch von genetischem Material zwischen unterschiedlichen Lebewesen entstanden neue Zellsorten, neue Organe und sogar neue Arten.

Biologische Neuheit und zunehmende Komplexität entsteht also durch die Aufnahme von systemfremden Genen, die dann permanent im Genom der neuen Lebensform vorhanden sind. Wie bereits deutlich aus Darwins *The Origin of Species* hervorgeht, lassen sich in der ›Natur‹ keine vorgegebenen Formen oder Funktionen finden. Vielmehr entstehen Identitäten und Differenzen, die wir als Individuen und Arten erkennen oder kennzeichnen, ausschließlich durch Mutation und Interkonnektivität.

Mikroben als Vorfahren des Menschen untergraben außerdem anthropologisches (anthropozentrisches) Wissen über die Evolutionsgeschichte des *homo sapiens* und bestätigen Darwins These, dass nichtmenschliche Lebewesen am Anfang der Genealogie des Menschen stehen; sie helfen uns somit, die Grenzen zwischen dem menschlichen Ich und dem nicht-menschlichen Anderen zu überdenken. Mehr noch, die von Margulis Bakterien zugesprochene Hauptrolle bei der nicht-linearen Entstehung von neuen Spezies dient meiner Absicht im vorliegenden Beitrag, Biologie nicht nur als ein Feld für feministische Wissenschaftskritik zu benutzen, sondern vor allem auch als Inspirationsquelle für ein theoretisch und politisch relevantes Verständnis von Subjektivität, Identität und *embodiment*. (Vgl. Wilson 2002: 285) Bakterien, wie zuletzt die Soziologin Myra Hird gezeigt hat, lassen sich für die Denaturalisierung des Sex/Gender-Systems, für die *Queer Theory* und eine Ethik der Differenz einspannen. Denn Bakterien »recognize and avidly embrace diversity, they do not discriminate on the basis of ›gender‹ differences at all. The bacteria that move freely into and within our bodies are already infinitely ›gender‹ diverse, as are most of the species on this planet.« (Hird 2002: 104)[17] In den Worten von Greg Bear, einem SF-Schriftsteller, der explizit mit den Thesen von Margulis arbeitet: »[W]e're all different sexes, *inside*«. (Bear 2002; Hervorhebung Rossini)[18] Es lässt sich somit behaupten, dass der menschliche Körper – zumindest auf der *materiellen* Ebene – keinen sexuellen Dimorphismus aufweist und auch nie rein menschlich war/ist, sondern eher als ein durch heterogenen Austausch mit seiner Umgebung entstandenes, intersexuelles, instabiles und unfertiges Resultat verstanden werden sollte.

Wenn wir am Ende der Geschichte von Di Filippo lesen, dass sich eine chimärische Kreatur, halb-Jaguar-halb-Kerry, sowie ihre afroamerikanische, ehemalige Bürokollegin Oreesha durch Kerry-Beasts totipotente Zunge beim oralen Sex in Jaguare verwandeln, und beide dann in

---

17 Auch Hird rekurriert auf die von Margulis und Sagan publizierten Thesen – hier insbesondere auf das Buch *What is Sex?*
18 Siehe Einleitung (ohne Seitenangabe).

den Dschungel hinauslaufen, scheint eine gewisse ontologische Stabilität erreicht zu sein. Aber es liegt in der ›Natur‹ von lebendiger Materie, sich nomadisch (vgl. Braidotti 1994 und 2006) zu verhalten – »to move on«, wie es in *AmoT* heißt. Sein und Leben bedeuten immer auch ein Werden. An der Fiktion einer ›sesshaften‹, festen und binären Spezies-Identität (einschließlich der Spezies ›Mann‹ und ›Frau‹) lässt sich nur dann festhalten, wenn biologische Untersuchungen, wie die von Margulis, ignoriert werden und Materialität nur ›oberflächlich‹ betrachtet wird. Aus diesem Grund plädiere ich für eine Ontologie und feministische Theorie, die sich weniger mit Merkmalen an der Oberfläche von Körpern abgibt, sondern sich in einem ›tieferen‹ Sinn mit unserer materiellen Konstituiertheit beschäftigt und ›Leben‹ als *zoë* versteht – kurz: für eine kritisch-posthumanistische Zoontologie, die auch eine posthuman(n)ozentrische wäre.

Literatur

Agamben, Giorgio (2002): Homo Sacer. Die souveräne Macht und das nackte Leben, Frankfurt a. M.: Suhrkamp Verlag.

Agamben, Giorgio (2003): Das Offene. Der Mensch und das Tier, Frankfurt a. M.: Suhrkamp Verlag.

Balibar, Étienne (1991):»Racism and Nationalism«. In: Étienne Balibar/ Immanuel Wallerstein (Hg.), Race, Nation, Class: Ambiguous Identities, London: Verso, S. 37-67.

Bear, Greg (2002): W3. Women in Deep Time, New York: ibooks.

Braidotti, Rosi (1994): Nomadic Subjects: Embodiment and Sexual Difference in Contemporary Feminist Theory, New York: Columbia University Press.

Braidotti, Rosi (2002): Metamorphoses. Towards a Materialist Theory of Becoming, Cambridge: Polity Press.

Braidotti, Rosi (2006): Transpositions: On Nomadic Ethics, Cambridge: Polity Press.

Derrida, Jacques (1991):»Eating Well‹, or the Calculation of the Subject: An Interview with Jacques Derrida«. In: Eduardo Cadava/Peter Connor/Jean-Luc Nancy (Hg.), Who Comes after the Subject?, New York: Routledge, S. 96-119.

Derrida, Jacques (2004):»The Animal That Therefore I am (More to Follow)«. In: Peter Atterton/Matthew Calarco (Hg.), Animal Philosophy, London: Continuum, S. 113-128.

Di Filippo, Paul (2002): A Mouthful of Tongues. Her Totipotent Tropicanalia, Canton: Cosmos Books.

Di Filippo, Paul (1998): Ribofunk: The Manifesto, http://www.streettech.com/bcp/BCPgraf/Manifestos/Ribofunk.html, vom 16. März 2008.

Foucault, Michel (1971): Die Ordnung der Dinge. Eine Archäologie der Humanwissenschaften, Frankfurt a. M.: Suhrkamp Verlag.

Fukuyama, Francis (2002): Our Posthuman Future. Consequences of Biotechnology Revolution, New York: Farrar, Strauss, and Giroux.

Fuss, Diana (1996): »Introduction: Human, All Too Human«. In: Diana Fuss (Hg.), Human, All Too Human, New York: Routledge, S. 1-7.

Haraway, Donna (2003a): The Companion Species Manifesto. Dogs, People, and Significant Otherness, Chicago: Prickly Paradigm Press.

Haraway, Donna (2003b): »From Cyborgs to Companion Species: Dogs, People, and Technoculture«, Vortrag an der University of Berkley, 16. September 2003,http://webcast.berkeley.edu/events/archive.html, vom 16. März 2008.

Haraway, Donna (2008): When Species Meet, Minneapolis: The University of Minnesota Press.

Hardt, Michael/Negri, Antonio (2004): Multitude. Krieg und Demokratie im Empire, Frankfurt a. M./New York: Campus Verlag.

Hassan, Ihab (1977): »Prometheus as Performer: Toward a Posthumanist Culture? A University Masque in Five Scenes«. Georgia Review 31.4, S. 830-850.

Hayles, N. Katherine (1999): How We Became Posthuman. Virtual Bodies in Cybernetics, Literature, and Informatics, Chicago: The University of Chicago Press.

Herbrechter, Stefan/Callus, Ivan (2003): »What's Wrong with Posthumanism?«. Rhizomes 7, http://www.rhizomes.net/issue7/callus.htm, vom 13. März 2008.

Hird, Myra (2002): »Re(pro)ducing Sexual Difference«. Parallax 8.4., S. 94-107.

Hurley, Kelly (1995): »Reading Like an Alien«. In: Judith Halberstam/Ira Livingston (Hg.), Posthuman Bodies, Bloomington: Indiana University Press, S. 203-224.

Lingis, Alphonso (2003): »Animal Body, Inhuman Face«. In: Cary Wolfe (Hg.), Zoontologies. The Question of the Animal, Minneapolis: The University of Minnesota Press, S. 165-182.

Lyotard, Jean-François (2004): »Scriptures: Diffracted Traces«. Theory, Culture & Society 21.1, S. 101-107.

Macho, Thomas (2000): »Zoologiken. Tierpark, Zirkus und Freakshow«, Vortrag am IFK Wien, 12. Oktober, http://www.culture.hu-berlin.de/tm/?node=77, vom 16. März 2008.

Margulis, Lynn/Sagan, Dorion (1997): What Is Sex?, New York: Simon and Schuster.

Margulis, Lynn/Sagan, Dorion (2002): Acquiring Genomes. A Theory of the Origins of Species, New York: Basic Books.

Moravec, Hans: Mere Machine to Transcendent Mind, http://www.frc.ri.cmu.edu/~hpm/book97/index.html, vom 16. März 2008.

Oyama, Susan (2000): Evolution's Eye. A System's View of the Biology-Culture Divide, Durham: Duke University Press.

Rossini, Manuela (2005): »Figurations of Posthumanity in Contemporary Science/Fiction – all too Human(ist)?«. Revista canaria de estudios ingleses 50, S. 21-36.

Rossini, Manuela (2006): »To the Dogs: Companion Speciesism and the New Materialist Feminism«. Kritikos 3, http://intertheory.org/rossini, vom 13. März 2008.

Sedgwick, Eve Kosofsky/Frank, Adam (1995): »Shame and the Cybernetic Fold«. In: Eve Kosofsky Sedgwick/Adam Frank (Hg.), Shame and Its Sisters. A Silvan Tomkins Reader, Durham: Duke University Press, S. 1-28.

Singer, Peter (1996): Animal Liberation – Die Befreiung der Tiere, Reinbek bei Hamburg: Rowohlt.

Wilson, Elizabeth (1998): Neural Geographies. Feminism and the Microstructure of Cognition, New York: Routledge.

Wilson, Elizabeth (2002): »Biologically Inspired Feminism: response to Helen Keane and Marsha Rosengarten, ›On the Biology of Sexed Subjects‹«. Australian Feminist Studies 17, Nr. 39, S. 283-285.

Wolfe, Cary (Hg.) (2003a): Zoontologies. The Question of the Animal, Minneapolis: The University of Minnesota Press.

Wolfe, Cary (2003b): Animal Rites. American Culture, the Discourse of Species, and Posthumanist Theory, Chicago: The University of Chicago Press.

Die Nanogestaltung des Begehrens

LUCIANA PARISI

Affektive Beziehungen

Wie entwickelt sich die Biologie der Geschlechterdifferenz in den Nachwehen von Biotechnologie und deren immanenter (virtuell präsenter) Tendenz, die Materie neu zu kombinieren? Ich werde zeigen, wie durch den nanomimetischen Versuch, Natur von Grund auf zu imitieren, die Nanogestaltung von Materie virtuell verändert, was wir für das Körpergeschlecht halten. Die elementare Manipulation des Materienstaubes, so meine These, weist vornehmlich nicht auf einen metaphysischen Zustand der Unsicherheit gegenüber der Bio-Logik der Geschlechterdifferenz, auf eine Art postmoderne Klage über den Verlust sexueller Identität im derzeitig technokulturellen Klima des kybernetischen Kapitalismus hin. Stattdessen behaupte ich, dass der technowissenschaftliche Fokus auf den Staub der Materie, den atomaren und subatomaren Aufbau von Materie vielmehr eine Neugewichtung der metaphysischen Aktivität von Materie impliziert: Die Affirmation a-humaner (nicht biologischer) Nanodimensionen des Körpergeschlechts liefert einen produktiven Ausgangspunkt für eine Neukonzeptualisierung von Geschlechterdifferenz und Sexualität fernab der Sackgasse von Essentialismus-Konstruktivismus zwischen Sex und Gender.

Bevor wir damit beginnen, die Auswirkung von Bio- und Nanotechnologien[1] auf die Neukonzeptualisierung von sexueller Differenz und Sexualität zu diskutieren, möchte ich Folgendes festhalten: Der vorlie-

---

1 Zum Thema Nanotechnologie vgl. Scientific American 2002; Gross 2001; Turton 1995; Regis 1995.

gende Artikel befasst sich nicht mit Aspekten biologischer Essenz oder diskursiven Konstruktionen von Geschlecht, sondern mit dem Umdenken von Körper, Sex und Sexualität in Bezug auf Affekte, Empfindungen und Ökologien des Begehrens. Vor diesem Hintergrund beschäftige ich mich mit der Frage, wie Technowissenschaft (Biotechnologie und Nanotechnologie) das Verständnis von sexueller Differenz beeinflusst. Dabei geht es mir nicht um den Entwurf neuer wissenschaftlicher Diskurse, sondern um den Versuch, eine neue Form der Metaphysik des Geschlechts darzulegen. Ziel meiner Forschung ist der Entwurf einer Metaphysik der sexuellen Differenz unabhängig von einer Ontologie der Essenz, von semiotischen Strukturen, von Identität und Signifikation.

Im Bereich feministischer *Science Studies* wurden bemerkenswerte Versuche unternommen, Vorstellungen von Sexualität und sexueller Differenz aus der Ontologie einer festgelegten Essenz zu lösen. Insbesondere die Beobachtung, dass sich das Körpergeschlecht unter der Auswirkung von Umwelteinflüssen mit der Zeit verändert, stellte die Idee des aristotelischen Typus als Kern der Metaphysik in Frage. Das kritische Aufgebot der Naturwissenschaften gegen die Metaphysik fixer Essenzen hat die Begriffe der Sexualität und sexuellen Differenz gegenüber evolutionären Unvorhersehbarkeiten geöffnet.[2] Die erneute Festmachung von sexueller Differenz am Konzept der Evolution diente allerdings auch als wissenschaftlicher Ausgangspunkt, um die Essenz des Sexes entsprechend geschichtlicher Voraussetzungen neu zu bestimmen. Das wandelnde Verständnis von sexueller Differenz und Sexualität erstellt demnach gemäß historischer Verschiebungen innerhalb diskursiver Ordnungen eine neue Reihe von Korrespondenzen zwischen Sex und Gender, dem Natürlichen und Kulturellen, dem Biologischen und Sozialen.

Feministinnen in den *Science Studies* haben maßgeblich darauf hingewiesen, dass ein solches System der Korrespondenz auf einer ideologischen Verdinglichung von Natur als der letzten Wahrheitsquelle menschlicher Kultur basiert. Es wurde daher viel Arbeit darauf verwendet, einerseits Gender von Sex zu lösen, und andererseits die materiellsemiotischen Konstruktionen des biologischen Geschlechts und der sexuellen Differenz aufzudecken. Gender sollte so, unabhängig von

---

2 Elisabeth Grosz etwa hat vor kurzem Darwins Evolutionstheorien unter Berücksichtigung von Bergson und Nietzsches Philosophie der Differenz neu bearbeitet. Grosz behauptet, dass Geschlechterdifferenz als Kern jeder Evolution überdacht werden und als Vorgang der Differenzierung oder der Gabelung von einem Geschlecht in zwei Geschlechter verstanden werden muss. Vgl. Grosz 2004.

seinem biologischen Ursprung, neu formuliert werden. Der Feministin Judith Butler etwa gelingt eine neue Herangehensweise an die Geschlechter, indem sie Sexualität als Performativität betrachtet. Butler betont hierbei das »doing« und »undoing« von Gender. Die biologische Zugehörigkeit zu diesem oder jenem Geschlecht tritt hier in den Hintergrund. Um also die Falle des naiven Essentialismus oder Biologismus von Sexualität zu vermeiden, argumentieren kritische Stimmen nach Butler mit den (semiotischen) Strategien der Gender-Performativität. Dies hat zur Folge, dass Gender-Performanzen in gegenwärtigen Verfahren als wichtiger Ansatz für die Konzeptualisierung von sexueller Differenz angesehen werden.[3]

In diesem Zusammenhang sind Biotechnologien oder Cyborg-Technologien der Kommunikation und Erweiterung des Körpers ein beliebtes Instrument geworden, um mit radikalen Kritiken gegen das Natürliche anzugehen. Seit der Veröffentlichung von Donna Haraways *Ein Manifest für Cyborgs. Feminismus im Streit mit den Technowissenschaften* (Haraway: 1995) hat die zunehmende Kritik gegenüber dem Natürlichen die Debatte über Sexualität, sexuelle Differenz und *Queer Sex* um die Frage nach der Künstlichkeit des Körpers erweitert. Besonders Haraways Text ermöglicht es uns, zu behaupten, dass wir trotz des Vormarschs von kybernetischen Technologien, Genmanipulation, Gentransfer und anderen, in einem bestimmten historischen Kontext vergleichbarer Wissenschaften schon immer Cyborgs gewesen sind. Diese These legt nicht zuletzt nahe, dass die Natur nie eine ultimative Essenz hatte. Vielmehr scheint es sich so zu verhalten, dass das, was wir Natur nennen, niemals unabhängig von den kulturellen Artefakten existieren kann, mit deren Hilfe wir leben, Erfahrungen sammeln und das Natürliche beeinflussen. In feministischen *Science Studies* hat das Konzept des Cyborg dabei geholfen, die Ausprägung des Körpergeschlechts in der Verkettung von Geschichte, Kultur, Ethnie, Gender und Gesellschaftsschichten neu zu verhandeln und zu spezifizieren. In diesem Sinne ist der/die Cyborg zu unserer Ontologie geworden. Die Verschmelzung des Technologischen mit dem Biologischen hat letztlich gezeigt, dass das Natürliche immer schon künstlich gewesen ist. Der technische Aspekt des Körpergeschlechts, eingegliedert in unser etabliertes Wissen über wissenschaftliche, gesellschaftliche, kulturelle, historische, geographische, kommunale oder technologische Produktion, widersetzt sich jedem Versuch, der wandelbaren Erfahrung von Geschlecht eine Metaphysik oder eine abstrakte Ebene zuzuordnen. Darüber hinaus bietet die

---

3 Unter den zahlreichen Theorien, die sich einer solch kritischen Aufgabe im Bereich der *Queer Studies* stellen, vgl. Sullivan 2003.

Gestaltung von Gender nach dem Vorbild des/der Cyborg einen Ausweg aus dem Relativismus einer Machtstruktur, in der alle Relationen in einem System von Repräsentation und ideologischer Kodierung des Körpers angeordnet sind. Bei dieser Machtstruktur handelt es sich um nichts Geringeres als um das abstrakte geometrisch-mathematische Raster von Positionen, die der gelebten Erfahrung aufgezwungen werden. Tatsächlich untergraben die »flickering signifiers« von Gender im Alltag eine systematische Ordnung durch unbeständige Gender-Performanzen und eröffnen die Möglichkeit, das Körpergeschlecht in wechselnden Erzählungen neu zu entwerfen.

Diese zentrale Relevanz der an der Cyborg-Performanz orientierten Vorstellung von Geschlecht in den Theorien über sexuelle Differenz sowie der *Queer Theories* basiert jedoch auf einer höchst problematischen Annahme. Wenn die natürliche Ordnung der Schauplatz ist, an dem Macht Unterschiede in einem vorgegebenen System erstarren lässt, dann, so wird hier angenommen, ist unsere Kultur der Ort, an dem der Unterdrückung durch Determinierung Widerstand geleistet werden kann. Insofern ist es die historisch gelebte Erfahrung von Gender, die Veränderungen auslöst, die natürliche Ordnung der Dinge untergräbt und neue Wege für eine feministische Befreiungspolitik bereitet. Es bleibt jedoch die Annahme einer historisierten Natur bestehen: Einer auf den Menschen konzentrierten Materialität, einer verdinglichten Vorstellung von Geschlecht, die das Konkrete vom Immateriellen, das Gelebte vom Erdachten trennt.

Neue technowissenschaftliche Paradigmen der Wissenschaft – von der Thermodynamik über die Quantenmechanik bis hin zur Chaos- und Komplexitätstheorie – wurden dazu verwendet, Natur im Sinne einer linearen Ordnung radikal in Frage zu stellen. Und dennoch hält die Bindung an die nichtkausalen Praktiken der Gender-Performanz eine Metaphysik der Natur aufrecht.

In letzter Zeit allerdings gibt es eine Verschiebung in den feministischen *Science Studies* zu verzeichnen. Feministische Forschungen setzen sich nämlich mit einem kausalen oder metaphysischen Naturkonzept auseinander, indem sie eine neue Herangehensweise an die Technowissenschaften unter ontologischen Gesichtspunkten entwickeln.

Unglücklicherweise hat der Fokus auf Gender-Performanz in den Theorien über sexuelle Differenz und *Queer Sexuality* eine unzureichende Lesart des Körpergeschlechts als passivem Gefäß für soziokulturelle Modifizierungsmethoden hinterlassen. Durch die Umarbeitung des Performativitätkonzepts in Richtung einer ontologischen Vorstellung von Materialität, argumentieren nun Theoretikerinnen wie Karen Barad für eine posthumanistische Performativitätsidee in den

Queer Studies.[4] In Anlehnung an Niels Bohrs Quantenmechanik zur Theoretisierung des Atoms schafft Barad ideale Voraussetzungen für eine performative Metaphysik, welche die Trennung zwischen dem Beobachter und dem Beobachteten hinterfragt. Ihre Neubearbeitung des Begriffs der Intra-Aktion zwischen bestimmten physikalischen Anordnungen dient dazu, die ontologische Unzertrennlichkeit verschiedener Agenten zu überdenken. Kurz gesagt, Quantenmechanik ermöglicht Barad eine Neukonzeptualisierung von Kausalität als etwas, das in die Praktiken spezifischer Agenten eingebaut ist. Barads Auffassung von Kausalität gründet sich in Intra-Aktionen und Performanzen, die sich dem Versuch, Materie vom Diskurs zu trennen, widersetzen und so eine materiell-physikalische Dynamik bei der Herstellung von Bedeutung ermöglichen. Indem sie Butlers »performing bodies« überarbeitet, schlägt Barad ein Konzept der Performanz jenseits ihrer anthropomorphen Einschränkungen vor. Sie entscheidet sich dafür, nichtmenschliche, materielle Reaktionen mit einzubeziehen, die an der Entwicklung einer nicht nur diskursiven, sondern aktiven Materialisation des Körpergeschlechts beteiligt sind. Materie ist so weder auf linguistische oder diskursive Akte noch auf eine Vorstellung des organischen Körpers begrenzt, die sich allein auf den Menschen konzentriert. Das Körpergeschlecht wird hier für einen empirischen Materialisationsprozess geöffnet, der die atomaren, unsichtbaren Mikrowelten der Materie mit einschließt.

Barad zwingt der Materialität keine menschliche Geschichte auf. Indem sie der Materie ihre Historizität zurückgibt, kann sie feststellen: »[R]eality is not composed of things-in-themselves or things behind phenomena, but ›things-to-phenomena‹«. (Barad 2005: 202) Barads Argumentation weist darauf hin, dass spezifische Intra-Aktionen ein wechselhaftes Wesen produzieren, darstellen und repräsentieren. Hier wird eine sich stetig verändernde Materialität aus den Intra-Aktionen ihrer grundlegenden Komponenten untereinander abgeleitet. Aus diesem Grund ist das Diskursive bei Barad immer bereits eine materielle Intra-Produktion von Phänomenen. Barad definiert diese als »agential intraactions«, die Apparate konstituieren, das heißt physikalische Anord-

---

4 Barad demonstriert, dass das von Judith Butler umgearbeitete Konzept der Performativität von J. L. Austins Ergebnissen über Sprechakte und dem Zusammenhang zwischen Sprechen und Handeln abgeleitet wurde. Tatsächlich schlägt Butler mit ihrer Gender-Performativität eine Auseinandersetzung mit Gender im Sinne von »Handeln« anstelle von »Sein« vor, wenn sie, wie Barad erläutert, die Verbindung zwischen Gender-Performativität und der Materialisierung des vergeschlechtlichten Körpers in Worte fasst. Vgl. Barad 2005: 193; Sedgwick 2005; Butler 1991; 1995.

nungen, die bestimmten Konzepten im Gegensatz zu anderen Bedeutung zuweisen (ebd.: 204). Es handelt sich bei diesen Apparaten, die Spuren der foucaultschen Diskursmethoden aufweisen ohne direkt mit ihnen identisch zu sein, um materielle Neukonfigurationen, die materielle Phänomene produzieren. Es geht mit anderen Worten um eine dynamische Relationalität, die durch spezifische, kausale Intra-Aktionen in einem bestimmten Phänomen verortet werden (vgl. ebd.: 205). Barad überarbeitet also unter dem Gesichtspunkt der Quantenphysik das materielldiskursive Verfahren der Gender-Performanz als einen Vorgang, der bestimmte iterative Einsetzungen, das heißt Intra-Aktionen zwischen Agenten verursacht, mit deren Hilfe Materie unterschiedlich dargestellt werden kann (vgl. ebd.: 207).

Indem sie weder der Materialität noch der Diskursivität Priorität einräumt, zeigt Barad, auf welche Weise Intra-Aktionen Vorgänge hemmen, die, anstatt die Zukunft zu bestimmen, gerade aufgrund der Intra-Aktivitäten von Phänomenen ungewiss bleiben. Barad spricht hier speziell von Intra-Aktionen, die menschliche, nicht-menschliche, Cyborgartige *agencies*, Ausführungen oder Handlungen hervorrufen. Damit kommt Barad zu dem Schluss, dass eine posthumanistische, materialistische Darstellung von Performativität die Annahme von Natur als passiv oder als Endprodukt kultureller Abläufe anzweifelt und sich so über den Glauben an einen ultimativen externen Blickpunkt hinwegsetzt. Performativität wird nicht auf Interaktionen zwischen Mensch und Mensch in der Welt begrenzt. Sie umschließt vielmehr die mit menschlichen und nichtmenschlichen Intra-Aktionen ausgestatteten, kausalen Rollen der Welt in ihren dynamischen Differenzierungsprozessen (vgl. ebd.: 213).

Barads Arbeit betont die Materialität der Performativität und manövriert so die Vorstellung von *Queer Sexuality* und sexueller Differenz weg von einem diskursiven System hin zu einer physikalischdiskursiven Erzeugung von Sex, wobei sie die Relevanz technowissenschaftlicher Empfehlungen für ein Umdenken der Natur verdeutlicht. Trotz Barads wichtigem Ansatz muss an dieser Stelle die Frage nach der Intra-Aktion zwischen Natur und Kultur, dem Materiellen und dem Diskursiven, dem Metaphysischen und dem Physischen eingehender untersucht werden. Wenn der Einfluss der Technowissenschaften auf die Ontologie der sexuellen Differenz sowie der *Queer Sexuality* ernst genommen, d. h. sich jenseits der Text-Effekte auswirkend aufgefasst werden soll, dann brauchen wir ein philosophisches Konzept der Relationalität, das sich nicht aus den Technowissenschaften ableitet, sondern sich auf spekulative Weise mit technowissenschaftlichen

Materieexperimenten beschäftigt.[5] So betrachtet kann die materiell-semiotische Achse der Performativität nicht nur im Hinblick auf die Intra-Aktionen zwischen biophysischen und diskursiven Komponenten überdacht werden (gemeint sind hier speziell Intra-Aktionen, denen Relationen a posteriori angehängt werden und als Aktivitäten weiterhin den Eindruck vermitteln, dass Relationen durch einen externen Antrieb in Bewegung gesetzt werden). Mein Ziel ist vielmehr, eine Auseinandersetzung mit den *abstrakten Akten von Relationalität*, der konkreten Körperlosigkeit von Beziehungen, die »Zonen der Ununterscheidbarkeit« (Deleuze/Guattari 2000) zwischen Denken und Handeln, philosophischen Konzepten und technowissenschaftlichen Funktionen offen zu legen. Eine Auseinandersetzung mit diesen Aspekten kann uns dabei helfen, die Ontologie von Sexualität und sexueller Differenz im derzeitigen Hiatus technowissenschaftlicher Experimentierfreudigkeit zu überdenken, und als eine Ontogenese des Begehrens verstehen zu lernen.

Um dies zu ermöglichen, müssen wir uns der Philosophie der virtuell-aktualen Relationalität zuwenden, wie sie Deleuze und Guattari in ihren Theorien entwickelt haben. Ebenfalls von Interesse sind die von Deleuze und Guattari erarbeiteten Adaptionen der Naturphilosophie von Bergson, Whitehead und Spinoza. An dieser Stelle soll der Beitrag der Philosophie von Deleuze und Guattari zu einer materialistischen Metaphysik der sexuellen Differenz und der *Queer Sexuality* kurz erläutert werden.

Deleuze' und Guattaris Vorstellung eines Körpers als maschinische Ökologie muss ernst genommen werden, möchte man die verschiedenen Vernetzungsebenen untersuchen, die einen Körper aus intensiven Affinitätsgraden, das heißt in nicht-exakten Maßstäben anstelle von gegebenen Kategorien zusammensetzen. Diese Affinitäten sind geistig, sozial, tech-

---

5 Die Idee der Spekulation ist hier von Whiteheads spekulativer Philosophie abgeleitet. Whiteheads Philosophie versteht die Relation zwischen philosophischem Begriff und technowissenschaftlicher Funktion als eine des Experimentierens und des Auslotens. Whitehead untersuchte vor allem, inwiefern Natur auf der Materie-Ebene dazu fähig ist, Kultur zu werden. Spekulative Philosophie hat nicht die Absicht, vom Standpunkt vergangener Begebenheiten aus eine idealistische Vision der Zukunft zu vertreten. Spekulative Philosophie beschäftigt sich mit einer Art des Denkens, das die Infra-Zeitmäßigkeiten von Vergangenheit und Zukunft als Antrieb der Gegenwart weiterentwickelt. Spekulative Philosophie beinhaltet nicht die Vorhersage der Zukunft gemäß der progressiven Technowissenschaftserzählung. Sie beschäftigt sich vielmehr mit den unvorhersehbaren Zeitmäßigkeiten der Gegenwart. Whitehead zufolge richtet sich spekulative Philosophie an das, was als Teil eines kosmischen Abenteuers existiert, während sich die Wissenschaften mit der Ordnung der Natur beschäftigen. Vgl. Whitehead 1998.

nologisch, biologisch, auf das Begehren bezogen, physikalisch, intuitiv und perzeptuell abhängig von unserer Wahrnehmung. Sie operieren unterhalb und quer durch die Makroanhäufung von Positionen wie Gender, Gesellschaftsschichten, Ethnie, wie auch von Mensch, Tier und Maschine. Deshalb erzeugt ein Körper immer Beziehungen zwischen verschiedenen Milieus (im Sinne von Deleuze und Guattari), die wiederum durch intensive, amodale oder virtuelle Gelenke verbunden sind. Solche Bindeglieder sind im Einklang mit den Geschwindigkeiten der Zusammensetzungen, der Schnelligkeit und Langsamkeit der Konjunktionen und Disjunktionen sowie der affektiven Reibungen angeordnet. Dies hat zur Folge, dass die unemotionalen, doch gefühlten Aktivitäten zwischen den Körpern Zustands- und Beschaffenheitsveränderungen jeder Zusammenstellung auslösen. Da diese Art von Ökologie einen grundlegenden Prozess der relationalen Erfindung beinhaltet, gibt es hier keine inhärente Natürlichkeit. Eine so beschriebene Relationalität bestimmt allerdings nicht nur die Art und Weise, in der verschiedene Komponenten gemeinsam einen Körper konstituieren. Auch hat diese Konzeption bei weitem nicht nur Auswirkungen darauf, wie materielle Relationalität in den Begriffen der historischen Formierung des Körpergeschlechts gefasst wird. Relationalität ist hier in erster Linie maschinisch gemeint und bringt somit die übrigen Inhalte jeder Intra-Aktion zwischen Komponenten dazu, Teil einer neuen Komposition zu werden. Sie veranlasst die Komposition kraft der in den Einzelteilen enthaltenen Möglichkeitsspektren zu mutieren, um aktuale Welten mit einer Konstellation virtueller Welten zu verbinden.

Eine maschinische Relationalität beschreibt also die wechselseitigen Differenzierungsvorgänge zwischen abstrakten und konkreten Dimensionen von Materie, die sich nicht ohne weiteres auf eine Reihe von Intra-Aktionen zwischen vorgegebenen Komponenten reduzieren lassen. Hier erhält Materialität eine neue Bedeutung. Sie wird zur virtuellen Materialität einer amodalen Relationalität, die sich von der aktualen Intra-Aktion zwischen elementaren Komponenten nicht trennen lässt. Relationen sind daher niemals Relationen zwischen Teilen, die zusammengefasst wurden, um ein unverändertes Ganzes zu formen. Stattdessen produziert maschinische Relationalität eine grundlegende Erfindung des Neuen aus den unvereinbaren Verbindungen zwischen den abstrakten und konkreten Welten des Körpers. Deleuze' und Guattaris Definition des Maschinischen führt somit zu einem Verständnis der Natur als Maschine. Die so entwickelte Vorstellung verweist darauf, dass die ausweglose Situation von Natur und Kultur sowie die Artikulation der Relationen zwischen dem Geistigen und dem Physischen eines radikalen Umdenkens bedarf: Wir sollten nicht länger danach fragen, was Materie ist, sondern was sie tun kann und zu welchen Veränderungen sie fähig ist. Dies ist die entscheidende Überarbeitung von Spinozas Ethik-Ethologie der Natur in den Arbeiten von Deleuze und Guattari (1992).

So gesehen kann nur eine überarbeitete Naturontologie unter Berücksichtigung von Virtualität, Potenzialität und der Fähigkeit ›zu werden‹ aus den aktualen Intra-Aktionen zwischen den Komponenten eine relationale Metaphysik gewinnen, welche die empirische Summe der Einzelteile übersteigt. Hier ist in der Tat ein neuer Empirismus am Werk. William James (2006) nennt dies einen radikalen Empirismus, der sich weniger mit dem intra-aktiven Verhalten der Dinge innerhalb von Phänomenen befasst, die durch sensorische Beobachtungsmethoden erzeugt werden, sondern vielmehr mit den abstrakten Dimensionen von Affektivität, mit der Fähigkeit des Körpers, Abstraktes zu erfahren und virtuelle Verbindungen zu erfassen.

Spinoza geht davon aus, dass alle affektiven Beziehungen, das heißt jede Art der Begegnung zwischen Körpern von Affekten durchdrungen sind, die eine noch nicht umgesetzte Fähigkeit, eine unvorhersehbare Veränderung in den affektbetonten Körpern erzeugen. Affektive Relationen verursachen daher nicht nur eine Aktion des Körpers auf eine andere Aktion und umgekehrt. Vielmehr haben sie wechselseitigen Anteil an der abstrakten Fähigkeit, Affekte auszulösen. Affektive Relationen entwickeln so eine Metaphysik des Noch-Nicht-Aktualisierten, eine Metaphysik, die alle aktualen Intra-Aktionen umgehend begleitet, während sie ihnen gleichzeitig vorausgeht und sie überschreitet. Nur in diesem Sinn kann ein Körper als Bestätigung suspendierter Welten im raumzeitlichen Intervall zwischen hier und dort, jetzt und zuvor, erneut und aufs Neue definiert werden. Gerade die abstrakte – oder auch virtuelle – Relationalität ermöglicht die Frage, wozu ein Körpergeschlecht fähig ist.[6]

Diese Frage bleibt für eine Neugestaltung von sexueller Differenz und *Queer Sexuality* von großer Bedeutung, da sie explizit auf die Unabhängigkeit affektiver Relationen von einem biologisch und diskursiv organisierten Körpergeschlecht hinweist. Die Fragestellung öffnet die Natur für einen ontogenetischen Prozess, der insbesondere all jene

---

6 Deleuze' und Guattaris Beitrag zu einer Philosophie der sexuellen Differenz ist in den Bereichen der *Feminist Studies* und *Science Studies* ausgiebig diskutiert worden. Für die Aneignung einer materialistischen Differenzphilosophie in Verbindung mit der Philosophie der Geschlechterdifferenz, entwickelt durch Luce Irigaray, sind bisher besonders die Arbeiten von Elisabeth Grosz, Moira Gatens, Sadie Plant und Rosi Braidotti ausschlaggebend gewesen.

Fähigkeiten der Natur mit einbezieht, die ihr dabei helfen, sich selbst zu modifizieren, zu erzeugen und durch Relationen erzeugt zu werden. In begrifflicher Hinsicht auf eine genealogische Formierung verschiedener Komponenten in Raum und Zeit durch materielle Intra-Aktionen bezogen, kann dies durchaus als historische Vorstellung von Natur verstanden werden. Und doch kann eine solche Sichtweise weder die nichtlineare Umkehrbarkeit von Ursache und Wirkung erklären, noch die aufgehobene Trennung zwischen aktualen Intra-Aktionen und der virtuellen Relationalität. Tatsächlich führt eine maschinische Natur zu einer viralen Ansteckung zwischen Technologie und Biologie, zu einer Mutation zwischen natürlichen Genen und genmanipulierten Genomen, zu Mikro-Affizierungen zwischen Atomen und nano-atomaren Maschinen. Letztere können Aufschluss darüber geben, wie die Mikrosozialitäten unsichtbarer Relationen auf das einwirken, was wir als Körpergeschlecht wahrnehmen und erleben.

Genau an diesem Punkt möchte ich die Auswirkungen der Nanotechnologie verorten. Diese Auswirkungen betreffen nicht etwa die atomare Konstitution des Körpergeschlechts, sondern vielmehr die abstrakten Aktivitäten atomarer Geschlechter als Teil des materiellen Erlebens von Sexualität. Der Einfluss von Nanotechnologie verursacht keine einfache Dematerialisierung des Körpergeschlechts oder die schlichte Zersetzung von sexueller Differenz und sexuellem Begehren in digitale Komponenten, als wären sie die ultimativen Einheiten von Berechenbarkeit oder ein Kalkül des Geschlechts. Ganz im Gegenteil, ich behaupte, dass die Auswirkungen nur gefühlt werden können. Es handelt sich hierbei um eine Berührung auf Distanz, ein Verbundensein innerhalb der Materie, das dem sensorischen Kontakt vorausgeht. Dieses Gefühl kann in der Tat nicht mittels sensorischer Wahrnehmung oder geistiger Erkenntnis übersetzt werden. Es geht hier nicht um die Empfindung aktueller Phänomene oder um eine transparente Intra-Aktion zwischen Phänomenen, die bereit sind, ihre jeweilige Existenz wahrzunehmen. Es geht hier vielmehr um eine affektive Einbindung in das Virtuelle, in die physikalischen Resonanzen der abstrakten Materie, die durch alle möglichen Körper hindurch vibrieren.

Whitehead weist darauf hin, dass Gefühle Vektoren sind, »denn sie erspüren, was dort ist und verwandeln es in etwas, das *hier* ist« (Whitehead 1998: 173). Die Auswirkung von Nanotechnologie besteht darin, dass sie das Körpergeschlecht aus seinen aktuellen Bedingungen hinaustreibt, um das, was dort ist, in das, was hier ist, zu transformieren. Unter Auswirkung verstehen wir hauptsächlich den mit affektiven Relationen umhüllten Affekt oder auch eine Weitergabe zwischen verschiedenen Phasen von Materie. Der Affekt an sich ist dabei unabhängig von emotionaler und kognitiver Bewusstheit (vgl. Massumi 2002: 30f.). Er besteht vornehmlich aus Intensität oder Vibrationen, die durch den Körper wandern, um so erweiterte Einzelteile durch abstrakte (virtuelle) Dimensionen zu verbinden. Die Auswirkung von Nanotechnologie ist daher virtuell. Sie ist an die Fähigkeit des Körpers gebunden, vom Affekt erregt zu werden, ebenso wie an seine Fähigkeit, sich gegenüber seiner eigenen, unmittelbaren Wandlungsfähigkeit zu öffnen.

Atomare Geschlechter

Viele Feministinnen behaupten, dass Biotechnologien wie Genmanipulation und Klonen die Konzeption der sexuellen Differenz von einem biologischen Imperativ der sexuellen Fortpflanzung wegführen, der auf genetischer Essenz basiert. Damit stellen sie jedoch die Formbarkeit von Genomen und die genetische Ambivalenz zwischen Tieren und Menschen heraus. Wenn dies zutrifft, ist es ebenso möglich, dass Nanotechnologie die Unbestimmtheit des ganzen biotischen Mutationfeldes sogar noch steigert. Unser Wissen über sexuelle Differenz vor der Entwicklung der Nanotechnologie gehört immer noch zu einem biosphärischen Bereich des organischen Lebens, der in Einklang mit der kulturellen Bio-Ordnung steht. Selbst in einem Zustand biotechnologischer Neugestaltung behält die sexuelle Differenz immer noch, wenn auch reduziert auf elementare Komponenten wie Chromosome, Eizellen, Mitochondrien oder eine künstliche Gebärmutter, ihre Stabilität durch gesellschaftliche Relationen. Adoption, künstliche Befruchtung, Leihmutterschaft und variable Abstammung haben dazu beigetragen, die gefestigten Normen kultureller Fortpflanzung sowie die Familienstrukturen innerhalb der Gesellschaft zu modifizieren, doch all dies bezieht sich immer noch auf eine komplexe biologische Ordnung des organischen Lebens.

Die Auswirkung der Nanotechnologie ist jedoch von anderer Natur. Hier geht es nicht länger um die biotechnische Manipulation genetischer Netzwerke, sondern um das anorganische Nanodesign einer ganzen Biosphäre, das heißt der gesamten Biologie der Sexualität. Nanotechnologie bewegt sich weit unterhalb des Lebens auf Kohlenstoffbasis, beeinflusst die schwankenden Bewegungen der Atome und dringt in die kleinste Größenordnung des anorganischen Staubes vor, um Lebensformen neu zu gestalten. (Vgl. Chaitin 2005: 56-85)

Die Umgestaltung von Atomen und Molekülen von Grund auf bedeutet eine Neuformung der genetischen und neuronalen Muster des Körpergeschlechts. Nichtsdestotrotz und entgegen aller Bemühungen bleibt das Nanodesign strukturell für die Schwankungen und Zufälligkeiten molekularer und atomarer Relationen offen. Nanodesign wird durch die Begegnungen zwischen den Elementen gelenkt, deren Potenzialitäten sich nicht vorhersagen lassen. Hierbei geht es nicht um eine einfache Neuprogrammierung des Körpergeschlechts als Widerhall der digitalen Logik der Informationstheorien. Die Atome der Nanotechnologie decken sich nicht mit den Nullen und Einsen digitaler Berechnungen eines Computers, da bereits die Mathematik digitaler Kalkulation nicht mit exakten Gleichungen übereinstimmt. Die Forderung der ersten Welle der Kybernetik hat durch den Bau von Blöcken aus Elementareinheiten, Atomen und Codes, aus denen man ganze Universen berechnen zu können meinte, zu einer Reduzierung der komplexen Verhältnisse geführt. Mittlerweile hat sich die Forschung neu ausgerichtet. Der neue Schwerpunkt liegt auf nichtlinearer Komplexität, Zufälligkeiten, *fuzziness*, ungenauen Gleichungen, Differenzkalkül und nicht berechenbaren Quantitäten, die, wie oft argumentiert wird, seit vorsokratischen Zeiten bei mathematischen Untersuchungen zur Berechenbarkeit problematisch waren. (Vgl. Chaitin 2005: 56-85) Ein beträchtlicher Korpus kritischer Arbeiten hat sich mittlerweile der Entlarvung des Reduktionismus digitaler Berechnungen verschrieben, indem aufgezeigt wird, wie Computer und Netzwerkkultur fortlaufend *sociabilities* (z. B. gesellschaftlich akzeptierte und orientierte Kunst, Politik und Gemeinschaft) produzieren. In Abgrenzung dazu beschäftigt sich die vorliegende Argumentation strikt mit der Art und Weise, in der atomare und subatomare *sociabilities* durch Nanotechnologien beeinflusst und in neue Erfahrungen von Sexualität mit einbezogen werden. Das der Nanotechnologie zu Grunde liegende ›Graue-Masse-Szenario‹ verweist in der Tat auf eine Mathematik der Unschärfe, die nicht aus dem Bau elementarer Blöcke, sondern aus einer verworrenen Komplexität besteht. Anorganische Elemente, die eine neue Verbindung mit der organischen Ordnung der Materie eingehen, durchdringen diese Mathematik.

Bill Joy, der Mitgründer von *Sun Microsystems*, warnt uns vor den unvorhersehbaren Gefahren durch *Nanobots*, die aus den eigenartigen, neuen Kom-binationen von Genomforschung und Robotertechnik entstehen. Die unmittelbare Bedrohung durch *Nanobots*, nicht nur für die Natur der Menschheit, sondern insbesondere für alle biotischen Schichten des Lebens, scheint darin zu bestehen, dass *Nanobots* die Gestalt gefährlicher, selbsterzeugender Apparate annehmen, die sich katastrophal, weil unkontrolliert, verbreiten können. 1986 verwies Kim Eric Drexler auf die Kehrseite der nanotechnischen Medaille, deren Schatten seiner Meinung nach die perfekte Nanogestaltung der Materie wie ein Gespenst verfolge. Drexler nennt diese Schattenseite das ›*grey-goo scenario*‹ (›Graue-Masse-Szenario‹). Er bezeichnet damit das Phänomen nicht-biotischer Maschinen, die autonome Charakterzüge, Verhaltensmuster, Intelligenz und Mobilität entwickeln, die letztlich die Leistung von Kontrollapparaten überbieten können. Das ›Graue-Masse-Szenario‹ beschreibt also den Augenblick, in dem Maschinen ein Eigenleben entwickeln. Heute thematisiert die Nanokontrolle molekularer Muster die Bedrohung des biotischen Lebens durch unbelebte Materie aufs Neue. Die anorganische Neu-gestaltung der organischen Schichten wird hier kritisch bedacht. Indem sie sich unterhalb des Lebens auf Kohlenstoffbasis (definiert durch den Gebrauch von Proteinen, um neue Proteine herzustellen) bewegt, zielt die Nanotechnologie darauf ab, den Körper mittels kontrollierbarer abiotischer *Nanobots* neu zu fabrizieren. Allerdings bleibt die Frage nach dem Ausmaß der Eigenleistung unbeantwortet: Inwieweit sind *Nanobots* anorganische Instrumente, die sich im Rahmen der Neugestaltung eines biotischen Systems selbst kontrollieren? *Nanobots* beachten weder Asimovs Gesetze der Robotik (die Mensch-Roboter-Differenz) noch die bioinformatischen Regeln des Cyborg (des Mensch-Maschine-Hybrid). *Nanobots* lösen eine anorganische Neugestaltung des organischen Aufbaus der Materie insgesamt aus. Indem sie die Genmanipulation biotischen Lebens umgehen, zwingen *Nanobots* das Leben dazu, seine Quantenbeschaffenheit weitab jeder ausgeglichenen Dynamik zu konfrontieren. In dieser Funktion aktualisiert Nanotechnologie neue Nanomaschinen auf Quantenbasis, indem sie den Einfluss atomarer Geschlechter auf alle Ebenen der Evolution ausdehnt.

Maschinische Ausdehnung

Bedeutet die Ausdehnung anorganischer *Nanobots* die Rückkehr zu einem anorganischen Zustand der Materie, wie sie vor der Entstehung der Biosphäre, dem organischen Leben und dem biologischen Geschlecht existierte? Was genau sind die Folgen einer Verbindung zwischen anorganischer Materie (den atomaren und subatomaren Bestandteilen von Materie) und Nanotechnologie (den anorganischen Maschinen, die dazu gemacht sind, organische Materie auf atomarer Ebene neu zu gestalten)? Und was verrät uns diese Verbindung über die abstrakten Verbindungen zwischen der Natur und Kultur von Geschlecht?

Nennen wir diese Verbindung die erweiterte Erfahrung des Körpergeschlechts. Dehnen wir die tatsächliche Gegenwart zurück in eine virtuelle Vergangenheit und erweitern sie dann in eine virtuelle Zukunft.

Führen wir dann die Zukunft zurück in die Vergangenheit und somit in die Richtung der aktuellen Gegenwart. Nennen wir diese erweiterte Erfahrung dann schließlich Dauer.[7] Das Körpergeschlecht ist hier gefangen in der topologischen Ausdehnung von Ereignissen, in denen die Unbestimmtheit einer Zukunfts-Vergangenheit in den unsichtbaren Geschwindigkeiten der Gegenwart am Werk ist. Demnach ist auch die Materialität des Körpergeschlechts in die Ereignisse der Zukunfts-Vergangenheit eingebettet.

Henri Bergson bestätigt, dass Zeit sich im Sinne der Evolution in der Dauer gründet, durch die Vergangenheit und Zukunft auf die Gegenwart wirken. Bergsons Dauer beschreibt eine elastische Zeitlichkeit, »welche die Vergangenheit streift und die Zukunft eröffnet« (Bergson o. J.: 52). Hier sind Vergangenheit und Zukunft in der Gegenwart am Werk. So entsteht jede gegenwärtige Erfahrung aus dem Einfluss virtueller Vorgänge in der Vergangenheit und der Zukunft. Allerdings beschreiben diese Vorgänge keine psychologischen Erinnerungen, die die Gegenwart heimsuchen. Für Bergson geht es hier um eine ontologische Vergangenheit, die mit jedem gegenwärtigen und künftigen Moment verbunden ist. Die virtuelle Gegenwart liegt nicht in uns, im Gegenteil: Wir befinden uns in ihr. Die virtuellen Auswirkungen der Vergangenheit auf die Gegenwart drängen die Gegenwart aus sich selbst heraus und hin zu einem ontologischen Zustand der Zeit (jenseits der menschlichen Empfindung). Innerhalb der Dauer bleibt sowohl die Vergangenheit als auch die Zukunft virtuell und unbestimmt in der noch zu erlebenden Gegenwart, die soeben vorübergeht.

Die Vergangenheit wird in diesem Kontext nicht einfach von der Gegenwart verdrängt. Sie entwickelt sich zu einem offenen Feld, auf dem eine gegenwärtige Zukunft erfunden wird, was wiederum den umgekehrten Eintritt der Veränderung in die Gegenwarts-Vergangenheit nach sich zieht. Nanotechnologie greift tief in die Körper-Netzwerke der

---

7   Der Begriff ›Dauer‹ wird hier durch Bergson und Whitehead inspiriert. Bergson zufolge ist Dauer ein »ununterbrochenes Fortschreiten der Vergangenheit, die an der Zukunft nagt und im Vorrücken anschwillt« (Bergson o. J.: 52). Laut Whitehead ist Dauer »ein konkretes Stück Natur, eingeschränkt durch Gleichzeitigkeit, die ihrerseits ein wichtiger Faktor innerhalb der Sinneswahrnehmung ist« (Whitehead 1990: 77). Dauer kennzeichnet hier keine kontinuierliche und unteilbare Erfahrung von Zeit. Dauer bewirkt, dass Ereignisse entstehen und zugrunde gehen. Ereignisse verschmelzen und geben Teile von sich an das nächste Ereignis weiter. Dieser Prozess lässt sich mit der Abfolge verschiedener Kameraeinstellungen im Film vergleichen. Für eine Vertiefung der unterschiedlichen Begriffe von ›Dauer‹ vgl. Whitehead 1980: 192, 193; Stengers 2002a: 71-73.

Dauer ein und verbindet so die abiotische Sphäre der Materie mit den virtuellen Vorgängen einer Zukunfts-Vergangenheit. Indem sie die anorganische Zusammenstellung biotischer Materie neu gestaltet, setzt Nanotechnologie lebende Systeme einer neuen Verdichtung von Atomen aus. Damit öffnet Nanotechnologie die anorganische Vergangenheit der Biosphäre für eine neue Gegenwartszukunft. Nennen wir diese abstrakte Zeitlichkeit, die die unumkehrbaren Abläufe der Evolution neu gestaltet, ein »maschinisches Phylum« (vgl. Deleuze/Guattari 1992: 458).

Ein maschinisches Phylum kann weder durch eine biologische Dynamik noch durch technologische Maschinen bestimmt werden. Es verläuft unter der (und quer durch die) Biosphäre und Technosphäre und übergreift die organische Natur und Kultur. Auf diese Weise unterstreicht das maschinische Phylum die abstrakte Relationalität in der erweiterten Erfahrung des Körpergeschlechts. Damit dehnt sich das Phylum auch topologisch über die erlangten, angeeigneten Formen kontinuierlicher Modulation der Materie hinaus aus. In gewissem Sinn ist Nanotechnologie gerade in die maschinischen, bereichsübergreifenden Verbindungen eingelagert, wo sie in den Berührungspunkten unterschiedlicher Ebenen der Dauer in der Materie von Natur und Kultur einen Moment der Flexion, eine kräuselnde Linie oder Falte erwirkt.

Eine Kultur der Mutation

An dieser Stelle ist es wichtig, die Bedeutung von Technowissenschaften und insbesondere von Nanotechnologie für eine neue Metaphysik des Geschlechts näher zu erörtern. Dabei möchte ich anmerken, dass sich eine neue Metaphysik nicht aus der Technowissenschaft ableitet, wie etwa im Fall der Cyborg-Ontologie bei Haraway. Es verhält sich vielmehr so, wie bereits bei Deleuze und Guattari angedeutet: Die Metaphysik, von der wir hier sprechen, wird durch die konzeptuellen und funktionalen Anstrengungen von Philosophie und Technowissenschaft hergestellt, die sich eine *Sensibilia* für die unbekannten Möglichkeiten der Materie teilen. Wissenschaft und Philosophie lassen sich dahingehend als symbiotische Tätigkeiten verstehen, als sie in wechselseitiger Komplizenschaft mit den Formen des ›Werdens‹ der Natur stehen. Beide Disziplinen sind durch eine »Dynamik der Infizierung«, wie Whitehead es nennt, verbunden (vgl. Stengers 2002a: 182–190). Nach ihm befinden sich Wissenschaft und Philosophie in einer wechselseitig ansteckenden Beziehung, die die Naturvariationen nicht überschreiten kann.

Begehren und Zukunftsorientierung

Wenn Nanotechnologie zwischen einer anorganischen Vergangenheit und Zukunft zu lokalisieren ist, wie kann sie uns dann dabei helfen, eine neue Metaphysik der sexuellen Differenz zu entwickeln? Wenn ein Körpergeschlecht nicht nur genmanipuliert, sondern in seinen atomaren neurogenetischen Faktoren nach Belieben umgestaltet werden kann, was heißt dann überhaupt noch sexuelle Differenz? Bedeutet dies, dass sexuelle Differenz im Sinne von Irigarays Vorstellung von weiblichem Begehren (abgelenkt durch das Heterosexualitätsgebot, das auf einer phallischen Organisation des Körpergeschlechts basiert) ganz allgemein keine Bedeutung mehr besitzt? Hier lässt sich eine noch weit schwierigere Frage anfügen: Wie können wir Abweichungen in den Begehrensformen oder der geschlechtlichen Erfahrung berücksichtigen, ohne uns an einer organischen Essenz oder an diskursiven Strukturen des Geschlechts festzuhalten? Wie können wir die materielle Veränderung sexueller Erfahrung überhaupt begründen?

Whitehead deutet an, dass Erfahrung den lebenden Körper als Ganzes umfasst (Whitehead 1998: 131, 153f.). Jede Erfahrung hat ihren Ursprung in den physischen Aktivitäten eines Körpers, also in Aktivitäten, die sich verändern, sobald irgendein Teil der Natur sich verändert. Somit dehnt sich Erfahrung über das Lebendige in der gesamten Natur aus, wobei sie die kleinsten Einzelteile, Atome oder Elektronen mit einbezieht. Differenz innerhalb der Erfahrung kann aus dem, was mit allen Partikeln des Körpers passiert, nicht entwirrt werden. Ebenso sind die Partikel des Körpers in all das verwickelt, was in jedem Bereich und in jedem Größenverhältnis der Materie vor sich geht. Erfahrung ist daher immer ausgedehnt, erweitert und drängt das Lebende aus seiner biophysischen Architektur hinaus, damit es sich in den wandelnden Verbindungsökologien neu zusammensetzen kann.

Für Whitehead bestehen die grundlegenden Elemente der Erfahrung zum einen aus dem Erfassen wirklicher Einzelwesen und zum anderen aus dem ›Nexus‹ oder dem System von Beziehungen, das Entwicklung und Funktionen aller wirklichen Entitäten (oder wirklichen Ereignisse) verbindet (Whitehead 1998: 57-61). Der Prozess des Erfassens, der letztendlich auf Erkenntnis hinsteuert, verweist auf eine konkrete Analyse der Welt. Etwas zu erfassen bedeutet, eine konkrete Vorstellung oder Idee von einem bestimmten Gegenstand zu haben. Allerdings ist Erkenntnis nicht bloß eine Form des Denkens. Erfassen ist der materielle Vorgang, in dem ein Subjekt sich ein Element einer aktuellen Entität oder ein Element, das von einer aktuellen Entität hergeleitet wird, aneignet. Das Erfassen eines Objekts oder eines Objektelements verändert die innerliche (geistige) Verfassung des erfassenden Subjekts. Veränderung in der Erfahrung beinhaltet somit das Ansammeln von Partikel-Gedanken auf einem Natur-Kultur-Kontinuum, gewonnen durch materielle Erkenntnis. Hier korrespondiert die Passage von Naturereignissen mit dem doppelten Eintritt in die Kultur: Das Ereignis verbreitet sich virenartig über die Empfindungsregionen (körperliche und begriffliche Gefühle) in allen Bereichen der atomaren, molekularen, organischen, technischen, affektiven und geistigen *sociabilities*. Auch während dieses Prozesses hört das Ereignis nie auf, seine Zusammensetzung zu verändern. Natur und Kultur werden nicht durch ein und dasselbe Ereignis verbunden. Durch Virtualität oder abstrakte Relationalität verhält sich das Ereignis so als wäre es der gemeinsame Nenner einer erweiterten Erfahrung. Auf diese Weise verbindet es Natur erneut mit ihren Formen des Werdens und Kultur mit ihrer Evolution.

Die Nanogestaltung der Materie überkreuzt sich mit der Virtualität der Erfahrung auf einer Natur-Kultur-Ebene, die kontinuierliche Variation erfährt. Sexuelle Differenz spielt hier eine Rolle, wenn auch in einem neuen Sachverhalt. Es ist nicht die Erfahrung der Biologie, durch die die sexuelle Differenz ihre Unab-hängigkeit von der kulturellen Organisation des Begehrens in zwei binäre Geschlechter erlangt. Ebensowenig liegt die Differenz des weiblichen Geschlechts vom männlichen beziehungsweise seine wechselseitige Bezogenheit auf dieses in der komplexen Biologie des Geschlechts begründet. Mit anderen Worten, nur die bloße biologische Mehrdeutigkeit von Sex allein kann nicht erklären, wie Geschlechtlichkeit mit der virtuellen Relationalität zwischen anorganischer und organischer Materie, zwischen der konkreten und abstrakten Erfahrung von Sex in einem Natur-Kultur-Kontinuum zusammenhängt.

Bei der sexuellen Differenz zählt, auf welche Weise sich Erfahrung über die Natur hinweg ausweitet. Wir müssen untersuchen, inwiefern Erfahrung an allen Formen von Geschlecht beteiligt ist und so die Position der beiden Geschlechter für molekulare Affektionen öffnet, die auf einer subatomaren Ebene (von Ausdehnung und Gedanken) des Körpergeschlechts operieren. Entscheidend ist also die Art, wie sexuelle Differenz im Nano-Begreifen der Vorgänge in der Welt und damit dem Erleben neuer Gefühlsgedanken über Geschlecht involviert ist. Kurz gesagt sind wir in unserer Vorstellung von sexueller Differenz aufgefordert zu erklären, wie sich Sexualität als heterogenes Milieu der Anziehung zwischen anorganischer und organischer Materie in abstraktem Sinn verhält. Auch muss geklärt werden, wie eine solche Abstraktion zum

Ausdruck eines gelebten Geschlechts im Natur-Kultur-Kontinuum werden kann.

Nanotechnologie führt zu einer neuen Ebene der Abstraktion subatomarer Materie und initiiert die virtuellen Auswirkungen auf die Fähigkeit der Natur, Kultur zu werden. Dies betrifft insbesondere die Fähigkeit der anorganischen subatomaren Materie, nanotechnologisch zu werden. Ebenso betrifft es die Fähigkeit der Nanotechnologie, in subatomare Welten eingehüllt zu werden. Hier sind wir mit der Erfahrung abstrakter Relationen oder Übergänge zwischen anorganischer und organischer Natur-Kultur konfrontiert, die wiederum damit zusammenfallen, wie die Zusammensetzung der Materie aus Quanten erfasst wird. Ich möchte diese neue Erfahrungsebene »Nanotechnologie des Begehrens« nennen. Es ist eine Ebene, die noch nie da gewesene Schlussfolgerungen darüber ermöglicht, wie wir sexuelle Differenz erfahren und denken.

Deleuze und Guattari zufolge hören Begehrensmengen nie damit auf, neue Formen der Körpererfahrung beziehungsweise neue Natur-Kultur-Modifizierungen zu produzieren. Dennoch ist es offensichtlich, dass diese Mengen nicht durch Objekte, Ziele, Quellen, Identität oder Essenz bestimmt werden können (Deleuze/Guattari 1992: 7-15). In diesem Kontext muss Begehren in Bezug auf kollektive Körper, turbulente Netzwerke und virusartige Transmutationen definiert werden. Zugleich muss man jegliche Logik des Mangels, des Überlebens, des unterdrückten Unbewusstseins und der Andersartigkeit aufgeben.[8] Begehrensmengen werden nicht durch Intentionalität gesteuert, sondern durch die Bewegung der Partikel-Kräfte, die unter einem bestimmten Druck, bei bestimmten Neigungswinkeln oder an Biegungspunkten eine neue Konstellation eingehen.

Indem sie die Bewegung molekularer Quanten nanogestaltet, wirkt Nanotechnologie auf die Bewegung der Begehrensmengen ein, wobei die nicht berechenbaren Schwankungen der allerkleinsten Geschlechter in den großen Anhäufungen organischer, sexueller Differenz nachklingen. Als solches gebraucht Nanotechnologie Sexualität als ein Aktionsfeld, auf dem Begehrensmengen umgebildet werden. Die Nanogestaltung der Materie zwingt die biotischen Eigenschaften der Sexualität, sich neuen ontoevolutionären Auswirkungen zu stellen: Die atomare Neugestaltung von Materie greift in die geistigen, affektiven, gesellschaftlichen, technischen, ethischen und kulturellen Affinitäten des Begehrens ein. Sie beeinträchtigt diese so, dass gegenwärtige Zustände der

---

8   Zum Thema Begehrensmengen, Weiblichkeit, sexuelle Differenz und *queer bodies* vgl. Grosz 1994: 187-210; 2004: 244-260; Flieger 2000: 38-63; Driscoll 2000: 64-85; Colebrook 2000: 110-127; Kaufman 2000: 128-143.

Erfahrung mit einer uralten anorganischen Vergangenheit und dem Anfang einer heraufkommenden Nanozukunft neu kombiniert werden. In einer solchen Umkehrung kausaler Relationen kann sexuelle Differenz nicht mehr länger in der Bio-Logik des organischen Sexes verhaftet bleiben. Der Unterschied zwischen den Geschlechtern sollte nicht mehr durch eine Ontoevolution definiert werden, in der organische Sexualität über die zwei Geschlechter bestimmt ist. Erst kürzlich behauptete Elisabeth Grosz (2004: 67-70), dass sexuelle Differenz mit der einzigartigen Unterscheidung aller Spezies in zwei Geschlechter in Einklang steht, wonach Sexualität vom Überleben unabhängig ist. Wenn dem so ist, dann ist genauso wahr, dass Geschlecht die biotische Unterscheidung der Geschlechter überschreitet, ebenso wie auch die Natur dem Leben auf Kohlenstoffbasis nicht nur vorangeht, sondern es auch übersteigt. Wenn die Ontologie der sexuellen Differenz immer schon verkörpert ist, dann muss auch klar sein, dass kein Körper jenseits des Verlaufs der Natur definiert werden kann, wenn sich die Begehrensmengen über alle Subebenen der anorganischen Materie ausdehnen.

Die möglichen Auswirkungen der Nanotechnologie werfen daher viele Fragen auf, was sexuelle Differenz sein kann, wenn sie die genetischen Variationen des biologischen Körpergeschlechts – *trans-sex*, *xeno-sex* und so weiter – um die anorganische Ebene atomarer Geschlechter ergänzt und so die Biosphäre organischer Geschlechter neu gestaltet. Während sie atomare Mengen von bio-physischen Objekten abstrahiert, dringt Nanotechnologie in unsichtbare Begehrensmengen ein. Das bedeutet nicht das Verschwinden von sexueller Differenz, sondern die Erweiterung der Sexualität auf den atomaren Bereich der Materie, mit anderen Worten, auf den Bereich anorganischer Nanogeschlechter, die auf die organische Architektur zweier Geschlechter in der Biokultur rückwirken.

Obwohl wir uns darauf konzentrieren, wie sich die Existenz der Nanotechnologie auf unsere Auffassung von sexueller Differenz und Sexualität auswirkt, müssen wir uns an diesem Punkt ins Gedächtnis rufen, dass es hier nicht nur um die Bevorzugung nanotechnischer Möglichkeiten bei der Neugestaltung von Sex und Gender, der genetischen und neuronalen Muster von Sexualität, der Mehrwertigkeit oder Neutralisation von Sex/Gender geht. Bei dem vorliegenden Aufsatz handelt es sich um eine spekulative philosophische Geste, die das Konzept der abstrakten Sexualität als gelebte Erfahrung in einer prozessualen Natur-Kultur auslotet, die sich aus Ereignissen zusammensetzt. Die präbiotische Vergangenheit mit einer nanobiotischen Zukunft wird hier in den Ereignissen einer Gegenwart verbunden, in die Technowissenschaften eingreifen, um die biologische Basis unserer Natur-Kultur in

Frage zu stellen. Diese Einmischung öffnet das Körpergeschlecht für die Dauer einer präorganischen Vergangenheit in Konfrontation mit einer neuen Gegenwartszukunft. Es geht also nicht darum, die biologischen Mehrdeutigkeiten von Sexualität zu privilegieren, jene nichtlineare Basis, die über ideologische, diskursive, technologische Strukturen der Kultur hinausreicht. Im Gegenteil, die hier erarbeitete philosophische Geste weist darauf hin, wie wichtig es ist, Natur und Kultur der materiellen Erfahrung abstrakter Relationen zu öffnen. Erst durch die Erfahrung abstrakter Relationen wird Sexualität in die unmerklichen Bewegungen der Begehrensmengen mit einbezogen. Es vollzieht sich hier nicht nur eine Querbefruchtung von Einzelteilen, sondern deren kollektive Beteiligung an der Herstellung einer neuen Konstellation von Universen, die sich über unseren Kosmos hinaus erstrecken. Die abstrakte Erfahrung einer unklaren, unscharfen Menge atomarer Materie transformiert die Gefühlsgedanken des Geschlechts jenseits des Biologischen in eine Virtualität von Sexualität, die bereits gefühlt wird und dennoch erst im Werden begriffen ist.

Es geht hier nicht um die Frage nach einer Technoevolution der Sexualität, sondern um einen Weg, die Bio-Logik des Sexes, der organischen Ordnung der Natur-Kultur anzufechten. Die Nanogestaltung des Begehrens bedingt hier keine Mechanisierung der Sexualität (d. h. ein *queering* der Zukunft durch ein nanobiotisches Geschlecht), im Gegenteil: Eine derartige Nanogestaltung ist nur insofern wichtig, da sie der Zukünftigkeit des Begehrens implizit ist. Wir behandeln eine nichtchronologische Dauer: eine Umkehrung der Kausalität zwischen Natur und Kultur, die in den abstrakten Stoff der Sexualität eingebettet ist. Unvorhergesehene Reichweiten des Sexes können sich von den anorganischen Mengen an *Nanobots* her ausbreiten. Es wäre dies eine Nanokultur des Geschlechts, die dahingehend agiert, die Natur-Kultur organischer Sexualität aufs Neue zu *queeren*.

Der Eintritt wissenschaftlicher Objekte in den Verlauf der Natur bewirkt eine unmittelbare Berührung von physikalischen und Wahrnehmungsobjekten in der Abstraktion. Ein Ereignis ist hier als etwas zu verstehen, das eben gerade nicht in der Welt passiert, als wäre es deren Repräsentation. Vielmehr widerfährt der Welt ein Ereignis, genauso wie Technowissenschaft an ihren Veränderungen teilhat. Weder das Wesen der Dinge noch die geistige Konstruktion der Dinge bestimmt die Relation zwischen Natur und Kultur. Bestimmung erfolgt allein durch die materielle Erfahrung von Ununterscheidbarkeitszonen zwischen Natur und Kultur. Gerade diese affektiven Relationen erschaffen eine Kultur, die sich weiterentwickelt und immer wieder neu entfaltet. In Wahrheit reduzieren wissenschaftliche Objekte physikalische Objekte nicht auf bloße Fakten oder kulturelle Normen. Eher sind »[a]ll bare facts [...] born factoid« (Massumi 2002: 214). Wissenschaft ist immer in eine bestimmte Virtualität eingebettet, die ihrerseits eine begrenzte Anzahl von Fakten unter Ausschluss von anderen herstellt. Technowissenschaft muss daher nicht zwangsläufig auf eine Interpretation von Natur hinaus laufen. Vielmehr kann sie die Natur um ihr eigenes Wissen erweitern und in relationale Virtualitäten falten.

Indem sie sich auf Whitehead bezieht, hinterfragt Isabelle Stengers das paradigmatische Verständnis von Wissenschaft (Stengers 1998: 7-27). Wissenschaft ist ihrer Ansicht nach nur bedingt eine Institution, die vorherrschendes Wissen, Hegemonien und Diskurse reproduziert. Ebenso kann ihre Einzigartigkeit nicht darauf reduziert werden, eine »privileged expression of a rationality that would be set against illusion, ideology, opinion« zu sein (Stengers 1997: 134/135). Laut Stengers ist Wissenschaft selbst dem »Zufalls-Ereignis« unterworfen. Dieses durch nicht-wissenschaftliche Vorgänge charakterisierte Ereignis definiert die Wissenschaftsgeschichte und das durch sie erlangte Wissen als ein vorläufiges: Wissen wird sozusagen im Dazwischen von Zeitspannen produziert. Anstatt also wissenschaftliche Ereignisse als etwas zu disqualifizieren, das immer aus den Herrschaftsstrukturen abgeleitet wird, plädiert Stengers für die »Ökologie der Praktiken«, die wissenschaftliche Fakten produzieren. Indem sie das Paradigmatische ablehnt, vertritt Stengers eine affektive Methode, um Natur und Kultur, Wissenschaft und humanitäre Disziplinen zu verbinden. Das wissenschaftliche Objekt ist laut Stengers ein riskantes Unterfangen, ein erfahrenes, erlebtes Abenteuer, das mit den natureigenen Veränderungen zusammentrifft.[9] Ihrer Ansicht nach versuchen wissenschaftliche Hypothesen immerzu, das Gegebene in eine unendliche Reihe von Möglichkeiten einzugliedern. Stengers behauptet, diese Aufreihungen könnten in den

---

9 In Whiteheads Neudefinition der Erfahrung in metaphysischer Hinsicht werden Zweifel an einer Kritik formuliert, die der Wissenschaft und dem wissenschaftlichen Wissen vorwirft, Sachverhalte zu reduzieren. Das Gegebene in der Erfahrung gehört weder zu einem menschlichen Subjekt, das Absichten hat, noch gehört es in die gelebte Welt. Genau wie Bergson ist auch Whitehead an der Erfahrung des Kosmos interessiert. Mit anderen Worten, Whitehead reizt genau das, was die subjektive Welt übersteigt. Bergson benutzt das Konzept der Dauer, um menschliche Erfahrung nach außen hin zu erweitern, doch gleichzeitig kritisiert er die moderne Technowissenschaft, weil sie seiner Meinung nach den *élan vital* der Zeit nicht erfassen kann. Whitehead dagegen begrüßt die Wissenschaft, um die welteigenen Vorgänge durch deren Teilhabe am Fortschreiten der Natur abzubilden. Vgl. Latour 2003.

meisten Fällen mit der Frage »Und was wäre, wenn?« begonnen werden (Stengers 1997: 136/137).

Zu fragen »Was wäre, wenn?« ist ein Weg, das gemeinhin Normale aufs Spiel zu setzen. »›And if?‹ Is the starting point of a problem imposed on the collective by any innovative fiction, and through which the sciences invent their histories« (Stengers 1997: 138/139). Wissenschaftliches Wissen fällt somit mit der Konstruktion neuer Körpergeschlechtsfiktionen zusammen. Allerdings kann diese Konstruktion nicht ohne Abstrahierung ablaufen. Sie benötigt eine unsichtbare Relationalität, die den unterschiedlichen Phasen der Materie immanent ist, eine fortlaufende Erfindung also, die durch stetig vorübergehende Ereignisse ausgelöst wird.

Nichtsdestotrotz müssen wir eines weiterhin bedenken: Ist nicht die Frage »und was wäre, wenn?« in der Nanotechnologie ein weiterer Versuch, gegebene Erzählungen über die Ontologie des Körpergeschlechts zu bevorzugen? Wie verhält es sich beispielsweise mit der grundlegenden Neugestaltung der Materie auf atomarer Basis? Postuliert Nanotechnologie hier nicht eine neue Funktion von Materie, welche die Virtualität erweiterter Erfahrungen in eine Reihe von möglichen, bereits aktualisierten und somit leicht zu programmierenden Normen von Geschlecht, Sexualität und sexueller Differenz einschließt?

Will man sich diesen Fragen stellen, dürfen die Wissenschaften nicht als Quelle neuer Ontologien redefiniert werden, wie dies bei der Cyborg-Ontologie tendenziell der Fall ist. Vielmehr müssen Wissenschaften als Disziplinen umdefiniert werden, die auf einer Referenzebene operieren, die sie befähigt, das Virtuelle zu aktualisieren (vgl. Deleuze/ Guattari 2000: 155). Nur dann ist Wissenschaft abhängig vom Momentanzustand der Dinge oder der geformten Materie. Nur dann werden die auf der Immanenzebene (des Virtuellen) angesiedelten Grenzen deutlich. Jede Wissenschaft neigt dazu, den Bereich der Relationalität zwischen Objekten zu begrenzen, indem sie verschiedene Variablen zusammenbringt. Obwohl sich alle Wissenschaften auf produktive Weise an Virtualität spekulativ abarbeiten, binden sie das Ereignis weiterhin an Funktionen und aktualisieren es in einem spezifischen Ding, auf das referiert werden kann. Wissenschaftliches Wissen zwingt seinen äußeren Grenzen ein erkennbares Gesicht auf und verwandelt Virtualität so in Wahrscheinlichkeiten. Im Gegenzug dazu behaupten Deleuze und Guattari, dass philosophische Begriffe Ontologien kartographieren, indem sie den Momentzuständen der Dinge ihre abstrakte Verbindung entnehmen. In der Philosophie wird die Beschaffenheit des Ereignisses aus den Objekten extrahiert: Eine Beschaffenheit, die amodale oder virtuelle Verbindungspunkte mit sich bringt und einen Zusammenhalt potenzieller

Situationen bedingt. Anstatt sich Wahrscheinlichkeiten anzueignen, geben philosophische Konzepte »dem Virtuellen eine Beständigkeit, die ihm eigen ist« (ebd.: 155f.). Es wäre jedoch irreführend zu bestätigen, dass wissenschaftliche Funktionen Ableitungen philosophischer Begriffe bilden. Es ist vielmehr so, dass »Konzepte und Aufgaben als zwei Arten von Vielfalt oder Vielseitigkeit erscheinen, die in ihrem Wesen jeweils unterschiedlich sind« (ebd.: 186). Aktualisierungen von Virtualitäten erfolgen immer verbunden mit Veränderungen, die in der Natur ablaufen. Wissenschaft und Philosophie werden mit Vielfältigkeiten konfrontiert, die aus einem gemeinsamen Problemgebiet heraus entstehen, wobei sie auf das Nicht-Gewusste reagieren (ebd.: 187f.). Nach Deleuze' und Guattaris Ansicht vermischen sich philosophische Begriffe und wissenschaftliche Funktionen unaufhörlich durch die ihnen eigene *Sensibilia* gegenüber dem Unbekannten (ebd.: 189f.). In gewisser Hinsicht haben Wissenschaft und Philosophie also die Aufgabe, auf Probleme von Ereignissen zu reagieren, die im Verlauf der Natur entstehen. Wissenschaft und Philosophie beeinflussen sich gegenseitig und agieren symbiotisch mit den verschiedenen Formen des Werdens in der Natur. Nach Whiteheads Ansicht werden sie durch eine »Dynamik der Infektion« zusammengehalten, gehen sozusagen eine infektiöse Beziehung ein (vgl. Stengers 2002: 182-190). Infektion bedeutet hier eine anregende Wechselbeeinflussung zwischen Funktionen und Begriffen, Wissenschaft und Natur, Natur und Kultur, Kultur und Wissenschaft. Dieses Zusammenspiel bewirkt die immanente Herstellung ontomolekularer Veränderungen. Nennen wir diese Wechselbeeinflussung in den technokulturellen Prozessen des Werdens der Natur »affektive Ansteckung«.

Affektive Ansteckung ist ein Begriff, der nicht ohne den Körper auskommt. Spinoza beispielsweise stellt sich gegen jegliche Geist-Körper-Dualismen. Er versteht den Körper vornehmlich als einen Modus von Gedanken und Erweiterung. Diese Vorstellung von Körpern wird von einer Idee abgeleitet, nach der ein Körper in erster Linie von anderen Körpern affiziert wird. Somit ist der Verstand immer die Idee eines Körpers (Spinoza 2006: 52-111). Zusätzlich bestätigt Whitehead, dass Begriffe konzeptuelle begriffliche Gefühle sind, die sich »in erster Instanz von physischen Gefühlen und in zweiter Instanz voneinander ableiten« (Whitehead 1998: 451). Der Affekt zieht hier die rhythmische Begegnung biophysischer Energiepartikel nach sich, Partikel also, die abstrakte Denkfähigkeiten umfassen. Umgekehrt sind alle Gedanken so beschaffen, als wären sie selbst Gefühle, die von einer Transmutation innerhalb physischer Empfindungen ausgelöst werden. Formen der Erweiterung und des Denkens sind durch abstrakte Ansteckung verbunden.

85

Die affektive Ansteckung zwischen Wissenschaft und Natur oder Natur und Kultur kann nur gefühlt werden. Neue Manipulationstechniken, wie etwa Nanotechnologien, sind nicht nur Verfahren zur Überwachung von atomarer Materie. Sie sind auch in den abstrakten Beziehungen zwischen physischen und begrifflichen Gefühlen impliziert und fügen der erweiterten Erfahrung des Körpergeschlechts Abwandlungen bei. Mit anderen Worten, Nanotechnologie ist Teil des Ereignisses neuer Begehrensmengen in einem Natur-Kultur-Kontinuum. Dennoch wissen wir immer noch nicht, wie die Nanogestaltung der Materie Veränderungen in den Gefühlsgedanken der sexuellen Differenz bewirken wird.

Aus dem Englischen übersetzt von Kathrin Tordasi

Literatur

Aldridge, Susan (1996): The Thread of Life. The Story of Genes and Genetic Engineering, Cambridge: Cambridge University Press.

Attebery, Brian (2004): »Dust, Lust, and Other Messages from the Quantum Wonderland«. In: N. Katherine Hayles (Hg.), Nanoculture: Implications of the New Technoscience, Bristol: Intellect Books, S.161-172.

Barad, Karen (2005): »Posthumanist Performativity«. In: Corinna Bath/Yvonne Bauer/Bettina Bock von Wülfingen/Angelika Saupe/ Jutta Weber (Hg.), Materialität denken. Studien zur technologischen Verkörperung; hybride Artefakte, posthumane Körper, Bielefeld: transcript Verlag, S. 187-215.

Baudrillard, Jean (2006): Die Intelligenz des Bösen, Wien: Passagen.

Bergson, Henri/Kantorowicz, Gertrud (o. J.) [1967]: Schöpferische Entwicklung, Zürich: Coron Verlag.

Brown, Gail J. (2001): »The Nanotechnology Initiative and Future Electronics«. Mnemosyne News, Bd. 21, Nr. 3. Vgl. http://users. erinet.com/3277/Mnemosyne%20Mnews%20Jan%2001.pdf vom 20. August 2005.

Butler, Judith (1991): Das Unbehagen der Geschlechter, Frankfurt a. M.: Suhrkamp Verlag.

Butler, Judith (1995) : Körper von Gewicht, Frankfurt a. M.: Suhrkamp Verlag.

Chaitin, Gregory (2005): Meta Maths! The Quest for Omega, London: Pantheon Books.

Colebrook, Claire (2000): »Is sexual difference a problem?«. In: Ian Buchanan/Claire Colebrook (Hg.), Deleuze and Feminist Theory, Edinburgh: Edinburgh University Press, S. 110-127.

Darwin, Charles (1986) [1860]: Die Entstehung der Arten im Thier- und Pflanzenreich durch natürliche Züchtung, Erhaltung der vervollkommneten Rassen im Kampfe ums Daseyn, Stuttgart: Reclam.

Darwin, Charles (2005) [1871]: Die Abstammung des Menschen, Paderborn: Voltmedia.

Deleuze, Gilles/Guattari, Félix (1974): Anti-Ödipus. Kapitalismus und Schizophrenie, Frankfurt a. M.: Suhrkamp Verlag.

Deleuze, Gilles/Guattari, Félix (1992): Tausend Plateaus. Kapitalismus und Schizophrenie, Berlin: Merve Verlag.

Deleuze, Gilles/Guattari, Félix (2000): Was ist Philosophie?, Frankfurt a. M.: Suhrkamp Verlag.

Drexler, Kim Eric (1986): Engines of Creation: the Coming Era of Nanotechnology, New York: Anchor Books.

Driscoll, Catherine (2000): »The Women in Process: Deleuze, Kristeva, and Feminism«. In: Ian Buchanan/Claire Colebrook (Hg.), Deleuze and Feminist Theory, Edinburgh: Edinburgh University Press, S. 64-85.

Feynman, Richard Phillips (1960): »There's Plenty of Room at the Bottom. Engineering and Science 1960«. Caltech Hauszeitschrift. Vgl. http://www.zyvex.com/nanotech/feynman.html vom 19. August 2005.

Flieger, Jerry Aline (2000): »Becoming-Woman, Deleuze, Shreber and Molecular Identification«. In: Ian Buchanan/Claire Colebrook (Hg.), Deleuze and Feminist Theory, Edinburgh: Edinburgh University Press, S.38-63.

Freitas, Robert A. Jr. (1999): Nanomedicine, Vol. 1: Basic Capabilities, Landes Bioscience U. S.

Freitas, Robert A. Jr. (2005): »Exploratory Design in Medical Nanotechnology: A Mechanical Artificial Red Cell«. Artificial Cells, Blood Substitutes, and Immobility. Biotech, Nr. 26, S. 411-430. Vgl. http://www.foresight.org/Nanomedicine/Respirocytes.html vom 20. August 2005.

Goho, Alexandra (1999): »Virtual Nanotech Modeling Materials one Atom at a Time«. Science News, Bd. 164, Nr. 6, S. 87. Vgl. http://www.sciencenews.org/articles/20040207/bob8.asp vom 20. August 2005.

Goodsell, David D. (2004): Bionanotechnology: Lessons from Nature, Hoboken: J. Wiley-Liss.

Gould, Stephen Jay (2002): The Structure of Evolutionary Theory, Belknap: Harvard University Press.
Gross, Michael (2001): Travels to the Nanoworld, New York: Perseus Books.
Grosz, Elizabeth (1994): Volatile Bodies. Toward a Corporeal Feminism, Bloomington/Indianapolis: Indiana University Press.
Grosz, Elizabeth (2004): In the Nick of Time. Politics, Evolution, and The Untimely, Durham, NC/London: Duke University Press.
Guattari, Félix (2001): »Machinic Heterogeneities«. In: David Trend (Hg.), Reading Digital Culture, Massachusetts/Oxford: Blackwell, S. 38-51.
Haraway, Donna (1995): »Ein Manifest für Cyborgs. Feminismus im Streit mit den Technowissenschaften«. In: Dies. (Hg.), Die Neuerfindung der Natur, Frankfurt a. M./New York: Campus Verlag, S. 33-72.
Hayles, N. Katherine (2004): »Connecting the Quantum Dots: Nanotechscience and Culture«. In: Dies. (Hg.), Nanoculture: Implications of the New Technoscience, Bristol: Intellect Books, S. 11-26.
Hird, Myra J. (2002): »Re(pro)ducing Sexual Difference«. Parallax, Bd. 8, Nr. 4, S. 94-107.
Hird, Myra J. (2004): »Chimerism, Mosaicism and the Cultural Construction of Kinship«. Sexualities, Bd. 7, Nr. 2, S. 223-240.
Hird, Myra J. (2006): »Animal Trans«. Australian Feminist Studies, Bd. 21, Nr. 49, S. 35-48.
James, William (2006) [1912]: Pragmatismus und radikaler Empirismus. Claus Langbehn (Hg.), Frankfurt a. M.: Suhrkamp Insel Verlag.
Joy, Bill (2000): »Why the future doesn't need us«. Wired, Ausgabe 8.04, April. Vgl: http://www.wired.com/wired/archive/8.04/joy.htm vom 20. August 2005.
Kalaugher, Liz (2005): »Bacteria Sport Nanowire Hairs«. http://nanotechweb.org/articles/news/4/6/14/1 vom 20. August 2005.
Kaufman, Eleanor (2000): »Towards a Feminist Philosophy of Mind«. In: Ian Buchanan/Claire Colebrook (Hg.), Deleuze and Feminist Theory, Edinburgh: Edinburgh University Press, S. 128-143.
Kauffman, Stuart A. (1993): The Origins of Order. Self-organization and Selec-tion in Evolution, New York/Oxford: Oxford University Press.
Kurfess, Thomas R. (2004): »Nanotech potential«. In: http://www.manufacturing.net/ctl/article/CA489014 vom 20. August 2005.
Langton, C. Christopher (1992): »Life at the Edge of Chaos«. In: C. G. Langton/J. Doyne Farmer/Steen E. Rasmussen/Charles Taylor (Hg.), Artificial Life II. A Proceeding Volume in the Santa Fe Institute

Studies in the Sciences of Complexity, Bd. 10, Reading, MA: Addison-Wesely, S. 41-91.
Latour, Bruno (2005): »What is given in Experience? A Review of Isabelle Stengers Penser avec Whitehead: Une Libre et Sauvage Creation de Concept«. Boundary 2, Vol. 32, No. 1, Spring. Vgl. http://www.ensmp.fr/~latour/articles/article/93-STENGERS.html vom 10. August 2005.
Margulis, Lynn/Dorion, Sagan (1985): »The Riddle of Sex«. The Science Teacher, Bd. 52, Nr. 3, S. 185-191.
Margulis, Lynn/Dorion, Sagan (1986): Origins of Sex: Three Billion Years of Genetic Recombination, New Haven: Yale University Press.
Margulis, Lynn/Dorion, Sagan (1997): What is Sex?, New York: Simon & Schuster.
Massumi, Brian (2002): Parables for the Virtual. Movement, Affect, Sensation, Durham, NC: Durham & London.
Maturana, Humberto R./Varela, Francisco J. (1991): Der Baum der Erkenntnis. Die biologischen Wurzeln des menschlichen Erkennens, München: Goldmann.
Merkle, Ralph (1993): »Molecular Manufacturing: Adding Positional Control to Chemical Synthesis«. Chemical Design Automation News, Bd. 8, Nr. 9/10, S. 1.
Merkle, Ralph (2000): »Molecular building blocks and development strategies for molecular nanotechnology«. Nanotechnology, Nr. 11, S. 89-99. Vgl. http://www.zyvex.com/nanotech/mbb/mbb.html vom 10. August 2005.
Parisi, Luciana (2004): Abstract Sex. Philosophy, Biotechnology and the Muta-tions of Desire, London/New York: Continuum.
Parisi, Luciana/Goodman, Steve (2005): »The Affect of Nanoterror«. Biopolitics, Culture Machine, Nr. 7. Vgl. http://culturemachine. tees.ac.uk/frm_f1.htm vom 10. Juni 2005.
Prigogine, Ilya/Stengers, Isabelle (1984): Order Out Of Chaos. Man's New Dialogue with Nature, New York/Toronto: Bantam Books.
Prigogine, Ilya/Stengers, Isabelle (1997): The End of Certainty. Time, Chaos, and the New Laws of Nature, New York: Fee Press.
Rabinow, Paul (1996): Making PCR. A Story of Biotechnology, Chicago/London: University of Chicago Press.
Regis, Edward (1995): Nano: The Emerging Science of Nanotech. Remaking the World Molecule by Molecule, Boston/Toronto: Little Brown and Company.
Scientific American (Hg.) (2002): Understanding Nanotechnology, New York: Warner Books.

Sedgwick, Eve Kosofsky (2005): »Queere Performativität«. In: Matthias Haase/Marc Siegel/Bettina Wünsch (Hg.), Outside. Die Politik queerer Räume, Berlin: b_books, S. 13-37.

Simondon, Gilbert (1992): »The Genesis of the Individual«. In: Jonathan Crary/Sanford Kwinter (Hg.), Incorporations, New York: Zone Books, S. 296-319.

Spinoza, Baruch de (2006): »Ethik in geometrischer Ordnung dargestellt«. In: Ders., Werke in drei Bänden, Band 1, Wolfgang Bartuschat (Hg.), Hamburg: Meiner Verlag.

Stengers, Isabelle (1997): Power and Invention. Situating Science, Minneapolis/London: University of Minnesota Press

Stengers, Isabelle (1998): Wem dient die Wissenschaft?, München: Gerling Akademie Verlag

Stengers, Isabelle (2002a): Penser avec Whitehead: Une Libre et Sauvage Creation de Concepts, Paris: Seuil.

Stengers, Isabelle (2002b): »A Cosmo-Politics – Risk, Hope, Change«. In: Mary Zournazi (Hg.), Hope: New Philosophies for Change, Sydney: Pluto Press, S. 244-272.

Sullivan, Nikki (2003): A Critical Introduction to Queer Theory, Edinburgh: Edinburgh University Press.

Thacker, Eugene (2000): »Redefining Bioinformatics: A Critical Analysis of Technoscientific Bodies«. Enculturation, Post-Digital Studies, Bd. 3, Nr. 1. Vgl. http://enculturation.gmu.edu/3_1/toc.html vom 10. März 2005.

Turton, Richard (1995): The Quantum Dot: A Journey into the Future of Micro-electronics, Oxford: Oxford University Press.

Whitehead, Alfred N. (1938): Modes of Thought. New York: Macmillan.

Whitehead, Alfred N. (1988) [1925]: Wissenschaft und moderne Welt, Frankfurt a. M: Suhrkamp Verlag.

Whitehead, Alfred N. (1990) [1920]: Der Begriff der Natur, Weinheim: VCH Acta Humaniora.

Whitehead, Alfred N. (1998) [1929]: Prozess und Wirklichkeit, Frankfurt a. M.: Suhrkamp Verlag.

Whitesides, George M. (2001): »The Once and Future Nanomachine. Biology outmatches futurists' most elaborate fantasies for molecular robots«. Scientific American.com, 16. September. Vgl. http://www.ruf.rice.edu/~rau/phys600/whitesides.htm vom 20. Juni 2005.

SEXUALITÄT ZWISCHEN LEBEN UND TOD

Das Kernproblem menschlicher Sexualität

PAUL VERHAEGHE

In Sachen Sexualität und Erotik ist heutzutage – jedenfalls in unserem Teil der Welt – fast alles möglich.[1] Dies zeigt sich an der Verkleinerung der Kategorie Perversion, die es in den letzten Jahrzehnten gegeben hat. Perversion reduziert sich heute im Grunde auf Verletzungen der sexuellen Selbstbestimmung und auf Überschreitungen des Schutzalters bei Kindern bzw. Jugendlichen, d. h. Pädophilie und sexuelle Aggression sind inzwischen die hauptsächlichen, wenn nicht die einzig übrig gebliebenen Perversionsformen. In der Tat ist, verglichen mit der neurotischen Gesellschaft von vor 40 Jahren, der gegenwärtige westliche Diskurs äußerst permissiv; was früher verboten war, ist heute fast übliche Praxis geworden. Verhütungsmittel sind billig und zuverlässig, das Alter beim ersten Sexualkontakt nimmt weiter ab und die Sex-Shops sind aus versteckten Seitengassen auf die Hauptstraßen vorgedrungen. Mittlerweile findet man *Ann Summers* sogar in der O'Connell Street mitten im Zentrum des stark katholisch geprägten Dublin (vgl. Verhaeghe 2004a).

Im Lichte dieser Veränderungen würden wir eine massive Zunahme an sexuellem Vergnügen erwarten, in Verbindung mit dem Aufleben einer ›natürlichen Sexualität‹ und einer ›natürlichen Geschlechtsidentität‹, d. h. ungestört durch kulturelle und religiöse Beschränkungen. Stattdessen sind wir mit etwas gänzlich anderem konfrontiert. Obwohl es wahrscheinlich wirklich eine Zunahme an sexuellem Vergnügen auf individueller Ebene gibt, sind wir im Allgemeinen heute mit einer depressiven Gesellschaft konfrontiert. Darüber hinaus ist das Thema der Geschlechtsidentität niemals verwirrender gewesen als heute.

---

1 Vortrag am Wiener Symposium »Der Skandal des Sexuellen«, Mai 2004.

Aus meiner Sicht ist dies das Kernproblem menschlicher Sexualität: Wie auch immer die gesellschaftlichen Grenzen und Freiheiten gestaltet sein mögen, gibt es immer etwas, das mit ihr nicht funktioniert. Freud sprach über ein »*Jenseits des Lustprinzips*« (Freud 1999e). Lacan ging mit seinem »*Une rencontre toujours manquée*« (Lacan 1996: 55, 61) noch weiter, »eine stets verfehlte Begegnung«. Warum muss es so sein? Um einige Antworten zu finden, werde ich mich mit zwei Themen auseinandersetzen: Erstens werde ich kurz ausgewählte Aspekte der freudschen Triebtheorie darstellen. Zweitens möchte ich die Idee der Entwicklung der Geschlechtsidentität im Zusammenhang mit dieser Triebtheorie diskutieren. Bei beiden Themen werden wir einem inneren Konflikt begegnen, der uns eine Erklärung dafür geben wird, was ich für das Kernproblem halte.

Das Triebkonzept ist typisch freudianisch, und das bedeutet: scheinbar einfach, aber sehr schwer zu verstehen. Es erscheint zum ersten Mal in den *Drei Abhandlungen zur Sexualtheorie* von 1905, zusammen mit der klassischen Unterscheidung seiner Komponenten: Quelle, Objekt und Ziel (Freud 1999a: 34). 1915 kommt der Drang als viertes Element dazu (Freud 1999d: 214/15). Aus meiner Sicht bringt uns die Tatsache, dass der Drang erst später dazugefügt worden ist, auf eine falsche Fährte. In Wirklichkeit ist es genau umgekehrt. Den Drang gibt es von Anfang an in Freuds psychoanalytischem Werk; er maß ihm eine so große Bedeutung bei, dass er sogar verschiedene Ausdrücke verwendete, um ihn zu bezeichnen: »Affektbetrag«, »Erregungssumme«, »quantitative Faktoren«. Mit diesen Begriffen versuchte Freud, einen wichtigen somatischen und sexuellen Faktor zu fassen (die »Libido«), der psychisch verarbeitet und abreagiert werden muss, wenn eine psychopathologische Entwicklung vermieden werden soll. Seine spätere Definition von Trieb wiederholt diese Dichotomie, da sie den Trieb an der Grenze zwischen dem Psychischen und dem Somatischen ansiedelt und die Triebe sogar als »Maße von Arbeitsanforderung für das Seelenleben« definiert (Freud 1999a: 67). Diese Ideen erscheinen zum ersten Mal im *Entwurf einer Psychologie* (1895), wo Freud über die endogenen Erregungen als etwas sprach, das der Organismus abführen müsse. Aber er muss anerkennen, dass eine vollständige Abfuhr unmöglich ist. Diese Unmöglichkeit ist eng verknüpft mit der Notwendigkeit einer bestimmten Spannung, um am Leben bleiben zu können. Die ursprüngliche Tendenz zu Trägheit und Nullspannung, sagt Freud, wird daher aufgegeben und durch die Tendenz, die Spannung so niedrig und konstant wie möglich zu halten, ersetzt (Freud 1999l: 297). In seiner späteren Terminologie reduziert sich dies auf die Vorherrschaft des Konstanzprinzips über das Lustprinzip.

Dieser Widerspruch im Trieb – die Notwendigkeit und die gleichzeitige Unmöglichkeit einer vollständigen Abfuhr – ist ohne jeden Zweifel Freuds grundlegendste Entdeckung in Bezug auf die menschliche Sexualität. Daraus resultiert der immer gegenwärtige Dualismus in seinen weiteren Triebtheorien. Wir können also festhalten, dass er in dieser frühen Periode die Existenz einer Erregung als Grundlage sowohl der normalen als auch der psychopathologischen Entwicklung entdeckte. Diese Erregung muss so weit wie möglich abreagiert werden, und eine solche Abreaktion ist gleichbedeutend mit Befriedigung, der Orgasmus ist dafür das beste Beispiel. Freuds frühe Veröffentlichungen zeigen, dass er eine Zunahme der Spannung für unlustvoll und – wenn Abfuhr unmöglich gemacht wird – sogar für pathologisch erachtete. In seiner klinischen Arbeit wurde offensichtlich, dass einer solchen Unmöglichkeit immer ein neurotischer Konflikt zugrunde liegt. An diesem Punkt führt Freud einen weiteren kausalen Faktor ein: die Gesellschaft. Die große Häufigkeit von Konflikten in der Neurose und die Tatsache, dass so viele Menschen an einem unbefriedigenden Sexualleben litten, sei durch die restriktive Sexualmoral der Gesellschaft seiner Zeit verursacht (Freud 1999b). Diese Erklärung wurde eine der am meisten verbreiteten freudianischen Themen, obwohl sie weder originär freudianisch noch besonders zentral für seine Theorie war. Im Gegenteil: Ich möchte noch einmal betonen, dass die erste grundlegende freudianische Idee in diesem Bereich einen Widerspruch im Trieb selbst betrifft. Schon 1896 verwirft er – in einem Brief an Fließ – die These, dass Unlust ausschließlich mit äußeren Einflüssen zu tun hätte. Stattdessen schreibt er: »Meine Meinung ist, es muss eine unabhängige Quelle der Unlustentbindung im Sexualleben geben.« (Freud 1986: 171) Dieser Gedanke verschwand in der nach-freudianischen Zeit. Während der sexuellen Revolution der 1970er Jahre wurden besonders Gesellschaft und Erziehung als alleinige Quellen der sexuellen Frustration und der mangelnden Befriedigung angesehen.

Die Triebtheorie erschien 1905, und aus der gleichen Zeit stammt eine erste Version des Dualismus. In den *Drei Abhandlungen* untersucht Freud die Beziehung von Sexualtrieb und bestimmten Körperzonen, die während der kindlichen Entwicklung aktiviert werden, wobei die orale und die anale Phase die markantesten Beispiele sind. Diese Ideen der freudschen Theorie zur Sexualitätstheorie wurden als skandalös empfunden. Er beschreibt nicht nur eine kindliche Sexualität, darüber hinaus erscheinen diese kindlichen Formen von Sexualität auch noch als pervers, da sie Körperzonen außerhalb der Genitalregion betreffen. Vergessen wir nicht, dass im frühen 20. Jahrhundert orale und anale

Sexualität immer noch als hochgradig anomal galten, sogar beim frühen Freud (Freud 1999a: 135/136). Dies wird ihn zur Idee der menschlichen polymorphen Perversität führen. Obwohl dies sehr bedeutend erscheinen mag, werden wir es nicht weiter vertiefen. Es gibt noch eine weitere freudsche Entdeckung, die ich wichtiger finde, ausgedrückt in der Idee der ›Anlehnung‹, auf englisch *anaclitic*. Die Sexualtriebe werden anderen, grundlegenderen Trieben oder Bedürfnissen, die für das Überleben des Individuums unbedingt erforderlich sind, aufgepfropft. Es scheint, als würde der Sexualtrieb die grundlegenden körperlichen Bedürfnisse kolonisieren, und diese dadurch in etwas anderes verwandeln. Das bemerkenswerteste Beispiel ist das orale Bedürfnis, Nahrung zu saugen, das in jeder Form oraler Sexualität wieder auftaucht (Freud 1999a: 82). Die gleiche Argumentation kann auf die anale Funktion angewendet werden (Freud 1999a: 86). In beiden Fällen wird eine somatische Funktion und die sie begleitende Lust sowie das dazugehörige Objekt von etwas völlig anderem übernommen. Sogar von etwas derartig anderem, dass die neue Funktion der ursprünglichen, dem Überleben, diametral entgegengesetzt sein kann. Von einem lacanschen Standpunkt aus gesehen, berühren wir hier den Übergang vom Bedürfnis zum Begehren. Außerdem ist es sehr wichtig, noch einen anderen Übergang im Auge zu behalten, da in diesem Zusammenhang auch die Dimension des Objekts, also des Anderen eingeführt wird. Normalerweise sagt man, dass die infantile Sexualität auto-erotisch ist. Aus meiner Sicht ist dies eine falsche Lesart der freudschen Sexualtheorie und der infantilen Sexualität. Wir werden auf diese Einführung des Anderen zurückkommen, wenn wir die Entwicklung der Geschlechtsidentität diskutieren.

Die Idee der ›Anlehnung‹ ist zu unbestimmt, um die Bedeutung des zugrunde liegenden Prozesses wiederzugeben. Auf den ersten Blick scheint es, als ob die Entwicklung vom oralen Bedürfnis zum oralen Trieb nichts als eine weitere Entwicklung wäre, eine Art Erweiterung einer körperlichen Funktion. 1910 verändert sich diese Vorstellung von Entwicklungsschritten hin zu etwas Gegensätzlichem. Freud beschreibt die Sexualtriebe und die Selbsterhaltungstriebe als einander entgegengesetzt. (Vgl. Freud 1999c: 97/98)[2] In der Tat wird das rosige Bild von den

---

2 Als solcher ist dieser Gegensatz nicht neu, er ist schon in einer bestimmten klassisch-griechischen Tradition vorhanden, in der Unterscheidung zwischen *organikos* und *phusis* (Assoun 1997a, 1997b). Das erste betrifft die instrumentelle Funktion des Körpers, das zweite beschreibt das Prinzip des Wachstums und der Zeugung. In dieser Tradition wird *organikos* mit *phusis* durchtränkt, sogar in so starkem Ausmaß, dass letztere die Führung übernimmt. Das ist genau, was Freud in seiner klinischen Praxis ent-

Sexualtrieben, die einfach die Selbsterhaltungstriebe fortsetzen, von der klinischen Erfahrung widerlegt. Ein vitales Bedürfnis – wie etwa Essen, Trinken, Defäzieren, Sprechen, Sehen – kann aufgrund der sexuellen Komponente, die ihm aufgepfropft ist, unmöglich werden. Die hysterischen Konversionssymptome sind in dieser Hinsicht beispielhaft, weil sie immer wieder eine bestimmte körperliche Funktion unmöglich machen. Dies kann sehr weit gehen, wenn man beispielsweise an die anorektischen Patienten, die sich selbst zu Tode hungern, denkt.

In der weiteren Entwicklung der Theorie Freuds wurden die Selbsterhaltungstriebe mehr oder weniger synonym mit den Ich-Trieben verwendet, die weiterhin in Opposition zum Sexualtrieb stehen. Die Einführung des Begriffs Narzissmus im Jahr 1915 zerschmetterte diese Gegensätzlichkeit, weil das Ich selbst als Sexualobjekt fungieren kann, wodurch sich der Gegensatz zwischen Ich- und Sexualtrieben aufhebt. Freud brauchte weitere fünf Jahre, um seine ursprüngliche Entdeckung, den inneren Gegensatz im Trieb, zu reformulieren. Seine neue Formulierung in *Jenseits des Lustprinzips* führte ihn zu seiner endgültigen Theorie über den Gegensatz zwischen Lebens- und Todestrieb, Eros und Thanatos. Diese Ideen riefen keinen Skandal hervor, v. a. weil sie weder ganz verstanden noch akzeptiert wurden. Wie wir sehen werden, wiederholt dies seine ursprüngliche Entdeckung über die Notwendigkeit und die Unmöglichkeit einer vollständigen Abfuhr.

Bevor ich darauf näher eingehe, möchte ich mich auf etwas konzentrieren, das als eine Art Paradoxon interpretiert werden könnte. Zu Beginn seiner Theorie betonte Freud die Idee der Partialtriebe, was bedeutete, dass es keinen einheitlichen und schon gar keinen genitalen Trieb gäbe. Die ödipale Struktur versucht diese Partialtriebe unter dem Signum des Phallus zu bündeln, aber auf die eine oder andere Weise gelingt diese Bündelung niemals vollkommen, und so bleiben die Partialtriebe aktiv. Seine letzte Theorie über Eros und Thanatos scheint diese Idee über den Partialcharakter des Triebes gänzlich zu verwerfen. Stattdessen treffen wir auf zwei massive Triebe, die darüber hinaus üblicherweise in ihrer Erscheinung vermischt sind. In einer glänzenden Arbeit, die diese Entwicklung bei Freud kommentiert, fasst Serge André dieses Paradoxon folgendermaßen zusammen: 1905 untersuchte Freud den Trieb durch die Perversion, was ihn die Partialtriebe entdecken ließ. 1920 untersuchte er den Trieb durch Liebe und Hass, was ihn zum Gegensatz zwischen Eros und Thanatos führte. Dazwischen entdeckte er

---

deckte. Man beachte, dass dieser Gegensatz wiederum ein innerer ist, wir brauchen nicht die Gesellschaft und ihre Einschränkungen, um den Konflikt, der innerhalb der Sexualität wirksam ist, zu erklären.

den menschlichen Narzissmus und sah sich mit der Übertragungsliebe konfrontiert. Dies erklärt – nach André – diese Verschiebung. (André 1984) In gewisser Weise hat er natürlich recht, aber – wie wir sehen werden – kann die Theorie von Eros und Thanatos auch in einer anderen Weise gelesen werden, indem diese mit den Partialtrieben kombiniert werden und größeres Gewicht auf die Identitätsentwicklung gelegt wird. Identität ist immer eine Wirkung von Liebe und Hass oder, genauer gesagt, eine Wirkung von Identifikation und Trennung.

Ich möchte zu Freuds Dualismus zurückkehren und darlegen, wie der erste Gegensatz in seiner letzten Theorie behandelt wird. In seiner ontologischen Vision ist es das Ziel des Lebens, zu dem glücklichen Zustand einer Nullspannung zurückzukehren. Dies führt Freud zu einer eigentümlichen, sogar beunruhigenden Schlussfolgerung: Der Nullpunkt der vollständigen Abfuhr ist nichts anderes als der Tod, und der Orgasmus als »der kleine Tod« lässt den Tod vorausahnen. Dies bedeutet, dass das Lustprinzip im Dienste von Thanatos und seiner Desintegrationstendenz operiert. Freud postuliert die Existenz des Lebenstriebes Eros, der immer auf Verschmelzung und Spannungszunahme gerichtet sei. Um den korrespondierenden Ursprungszustand zu finden, musste Freud sich auf den aristophanischen Mythos über die ursprüngliche Einheit von jeweils zwei Menschen berufen, die erst später durch das Eingreifen einer göttlichen Instanz getrennt wurden. In dieser Hinsicht kommt Befriedigung einer Spannungssteigerung gleich, was sowohl neu als auch paradox ist.

Als eine Konsequenz musste das, was früher Selbsterhaltungstrieb genannt wurde, jetzt in den Todestrieb inkludiert werden, weil es die Nullspannung, dieser ursprüngliche Befriedigungszustand ist, der bewahrt werden und zu dem zurückgekehrt werden sollte. Da dies sehr paradox klingt, hat Freud sich selbst korrigiert. Über eine zusätzliche Argumentation gelingt es ihm, die Selbsterhaltung hin zum Lebens- oder Eros-Trieb zu verschieben. (Vgl. Freud 1999e: 43) Zwischenzeitlich wird seine Theorie ziemlich unklar, v. a. weil wir beim Lesen seiner komplizierten Argumentationen dazu neigen, das Grundthema des Buches zu vergessen: *Jenseits des Lustprinzips*. Freud arbeitet sich an den Begriffen Lust und Befriedigung ab, und die wichtigste Revision seiner Triebtheorie hat sehr viel mit dieser Revision zu tun.

Die Konsequenzen dieses neuen Dualismus sind sehr weit reichend. Neben einer komplett neuen Triebtheorie werden auch wichtige Veränderungen in der Theorie des Ich notwendig. Darüber hinaus durchkreuzt der neue Dualismus die Idee, das menschliche Leben werde ausschließlich vom Lustprinzip beherrscht. Von den beiden Trieben ist es Eros, der den »lebens-vermehrenden« Sexualtrieb in sich subsumiert.

Die Ich-Triebe werden abgeschafft, soweit sie die Selbsterhaltung betreffen (Freud 1999e: 52-55). In einer späteren Arbeit (Freud 1999g) spricht Freud sogar von der tödlichen narzisstischen Dimension des Ich. Wie wirkt dieses lebens-vermehrende Element des Eros? Das Beispiel der sexuellen Aktivität führt auf die richtige Fährte: Ihre Wirkung zeigt sich nicht nur in der Abfuhr von Spannung durch den Orgasmus, sie erzeugt auch neue Quantitäten von Erregung, mit anderen Worten: Sexualität erhöht die Spannung durch diese »neuen Vitaldifferenzen« (Freud 1999e: 60).

Auf diese Weise entdeckt Freud nicht nur den ursprünglich von ihm angenommenen Gegensatz im Trieb wieder, er muss ihn sogar zu einer strukturellen Gegensätzlichkeit ausweiten. In seinem *Entwurf einer Psychologie* hatte er bereits eine Null-Hypothese postuliert: Der Organismus strebe einem Spannungsniveau von Null zu. In der Wirklichkeit werde dies jedoch niemals erreicht. Der Organismus müsse sich damit zufrieden geben, das Niveau der Spannung konstant und vorzugsweise so niedrig wie möglich zu halten. Diese Zwiespältigkeit wird nun in der Arbeit von 1920 gelöst: Das Lustprinzip wird zum Nirvana-Prinzip umgetauft und strebt zum Nullpunkt, aber eine andere Kraft wirkt dem entgegen, eine Kraft jenseits des Lustprinzips, die immer wieder zu einer Erregungssteigerung führt. An diesem entgegengesetzten Ende des Spektrums finden wir Eros, der im Dienste des Lebens die Spannung erhält und vermehrt. Offenbar wird diese Spannungssteigerung ebenfalls gesucht und als lustvoll erlebt. An dieser Weggabelung traf Freud mit seinem Begriff von Befriedigung auf ernsthafte Schwierigkeiten. Unvermeidlich musste er im Lichte seiner neuen Entdeckung (dass – dem Lustprinzip entsprechend – die höchste Lust gerade der Tod sei), seine früheren Konzepte in Frage stellen. Es ist daher keine Überraschung, dass er diese Überlegungen mit folgender prophetischer Äußerung abschloss: »Hier wäre die Stelle, mit weiteren Studien einzusetzen« (Freud 1999e: 68).

Die geforderte Weiterentwicklung sollte Freud selbst nicht mehr vornehmen können. In *Das ökonomische Problem des Masochismus* (Freud 1999g) versuchte er eine weitere Klärung herbeizuführen, die jedoch lediglich weitere Verwirrung stiftete. Zusammengefasst können wir sagen, dass Freud hier eine zweite Form der Lust entdeckte, eine Lust, die über den alltagssprachlichen Begriff der ersten Theorie hinausgeht, da es eine Lust ist, die auch Schmerz einschließen kann. Ja, mehr noch: Das Lustprinzip enthält in seiner ursprünglichen Formulierung einen inhärenten Fehler. Freud sah sich gezwungen, ein Streben nach einer anderen Art von Lust als Triebziel anzuerkennen, nämlich der vollständigen Abfuhr der phallischen Lust. Außerdem unterstellt Freuds neue Triebtheorie zwei ursprünglich gegensätzliche Zustände, zu denen der Organismus zurückkehren möchte, jeder mit seiner typischen Befriedigungsform: Eros strebt nach Verschmelzung, seine Lust stammt aus der Spannungssteigerung; Thanatos strebt nach Desintegration, seine Lust ergibt sich aus der Null-Spannung: Schlaf, sogar Tod.

Zusammengefasst lässt sich zu Freuds Triebtheorie sagen: Das wichtigste Problem betrifft den ›Drang‹ in Kombination mit der Frage, was Befriedigung ist. Der Ursprung dieses ›Drangs‹ liegt in bestimmten Körperzonen und muss so weit wie möglich abreagiert werden, obwohl ein innerer Konflikt diesen Prozess zu verhindern scheint. Übersetzt in die Eros/Thanatos-Theorie können wir sagen, dass Spannungssteigerung von Eros (der von Freud mit Liebe gleichgesetzt wird) stammt, mit seiner Tendenz zu Zusammenschluss und Einswerden. Thanatos (von Freud mit Hass identifiziert), mit seiner Tendenz zu Trennung und Auflösung, verursacht demgegenüber einen Abfall von Spannung. Zu Freuds Überraschung können sowohl Zunahme als auch Abfuhr als lustvoll erlebt werden, trotz ihres gegensätzlichen Charakters. Bei all dem scheint es, als ob das Objekt das unwichtigste Element der ganzen Triebökonomie ist. Im zweiten Teil werden wir eine andere Lesart von Freud präsentieren, eine Lesart, die im Großen und Ganzen auf der Theorie von Lacan basiert. In dieser Lesart ist die Dimension des Anderen zentral. Die Einführung des Anderen wird uns erlauben, Freuds erste und letzte Triebtheorie (Partialtriebe und Eros/Thanatos) mit der Entwicklung der (Geschlechts-)Identität zu kombinieren. Wie wir sehen werden, ist letztere mehr oder weniger die Entwicklung einer Triebregulation.

Trotz der klassischen Interpretation ist die Dimension des Anderen in Freuds Werk sehr präsent, sogar in seinem *Entwurf* von 1895. Für Freud ist der Ausgangspunkt der menschlichen Entwicklung eine ursprüngliche Unlusterfahrung, Schmerz als Folge eines inneren Bedürfnisses, dessen Prototypen Hunger und Durst sind. Freud versteht diesen Schmerz als Akkumulation von Spannung. Es ist nicht so schwierig, diese Erregung als die Wirkung der Partialtriebe zu verstehen. Die Reaktion des Säuglings auf diese Unlust ist prototypisch und liefert die Grundlage für alle folgenden intersubjektiven Beziehungen: Das hilflose Baby wendet sich mit seinem Schreien an den Anderen. Der Andere soll jene »spezifische Aktion« durchführen, die Entlastung von der inneren Spannung bietet (Freud 1999l: 389/410; 1999i: 169-172). Eine derartige Intervention wird immer aus einer Kombination von Worten und Handlungen bestehen, die anzeigen, dass der Andere das Bedürfnis verstanden hat und darauf zu reagieren versucht.

Die Bedeutung dieser primären Interaktion darf nicht unterschätzt werden, da sie die Grundlage für *jede* weitere Beziehung bildet. Erstens wird eine ursprünglich körperliche Spannung, die von den Partialtrieben verursacht wird, unauflöslich mit dem Anderen verbunden, was bedeutet, dass der Partialtrieb gleich von Beginn an eine intersubjektive Dimension bekommt. Mehr noch: Dem Anderen wird die Verantwortung für die Befreiung von *meiner* Spannung zugeschrieben. Zweitens muss das zukünftige Subjekt anfänglich eine passive Haltung einnehmen, da er oder sie vom Anderen vollkommen abhängig ist. Drittens treffen wir hier auf die primäre Angst jedes Subjekts: die Trennungsangst. Die Abwesenheit des Anderen oder seine fehlende Reaktion sind unerträglich. Entsprechend finden wir hier auch das primäre Begehren, mit dem Anderen zusammen zu sein.

Wie wir sehen werden, wird im Zuge der weiteren Subjektbildung jeder dieser Punkte in sein Gegenteil verkehrt werden. Die ödipale Phase führt dazu, dass das Subjekt die Verantwortung für den Mangel des Objekts übernimmt. Auch davor ist der Kampf um eine aktive Position schon bemerkbar, und die Angst vor der Trennung wird ersetzt durch einen Wunsch nach Autonomie. Das einzig Gleichbleibende ist, dass die Reaktionen des Anderen die Identität des zukünftigen Subjekts bestimmen. Wir werden uns auf diesen letzten Punkt konzentrieren.

Ursprünglich gibt es keinerlei psychische Identität. Der Säugling funktioniert als Organismus, der von seinen Bedürfnissen und den Partialtrieben automatisch gesteuert wird. In der psychoanalytischen Tradition wird diese Periode vor der Entwicklung des Ich jene des Autoerotismus genannt. In der offiziellen freudianischen Theorie entwickelt sich das Ich erst in der Phase des Narzissmus, obwohl Freud in diesem Punkt nicht sehr eindeutig ist. Es ist viel interessanter auf einen fast vergessenen Teil der freudschen Theorie zu achten, der uns ein besseres Verständnis der Identitätsentwicklung durch die Interaktionen zwischen Subjekt und Anderem gibt. In dieser Hinsicht spricht Freud (1999e: 26-28) von Ur-Ich und Real-Ich und sogar über die »Zelle«, die der Außenwelt gegenübersteht. Der Entwicklungsprozess beginnt mit einer Interaktion zwischen Ur-Ich und Außenwelt, woraufhin das Ich drei verschiedene Aspekte in dieser Außenwelt unterscheidet: Das, was Lust erzeugt, das, was Unlust erzeugt, und das, was das Ur-Ich unberührt lässt. Beachtenswert ist, dass wir es hier mit Befriedigung zu tun haben und daher mit dem Ansteigen und Abfallen des Spannungsniveaus. Freud beschreibt dies mit mehr oder weniger biologischen oder sogar ethologischen Ausdrücken: Der primitive Organismus, die Zelle, nimmt buchstäblich Teile der Außenwelt in sich auf. Was lustvoll ist, bleibt innerhalb, was unlustvolle Gefühle erzeugt, wird wieder ausgestoßen. Dies bedeutet, dass die Erfahrung von Spannung und Entspannung zu einer Identitätsentwicklung führt, und dass diese Identität ausschließlich von außen kommt. Das primitive, sich entwickelnde Ich steht einer Außenwelt gegenüber, von der es Teile buchstäblich in sich aufnimmt. Der unlustvolle Teil wird so schnell wie möglich wieder ›ausgespuckt‹, sodass die Außenwelt und das ›böse‹ Nicht-Ich ursprünglich synonym sind. Umgekehrt bleibt der lustvolle Teil innerhalb, was bedeutet, dass Ur-Ich und Lust synonym sind, was Freud dann auch das primitive Lust-Ich nennt. Diese Prozesse der Inkorporation und der Ausstoßung sind die Vorläufer der späteren intellektuellen Funktion des Urteils, indem Bejahung der Ersatz für Inkorporation (»ja, das ist meines«) und Verneinung der Nachfolger der Ausstoßung (»nein, das gehört nicht zu mir«) ist. Beachtenswert ist, dass für Freud Bejahung auf der Seite des Eros und der Verschmelzung liegt, während die Verneinung die Wirkung des Todestriebes in Richtung Trennung und Auflösung ist (Freud 1999h: 15). Der ganze Prozess ist von Lust- und Unlusterfahrung gesteuert, d. h. vom Anstieg und Abfall der Erregung.

In der menschlichen Entwicklung wird die physische Inkorporierung und Ausstoßung sehr bald durch die Inkorporation und Ausstoßung von Wahrnehmungsbildern ersetzt. Dort wo Bilder an Worte gekoppelt werden, beginnt das essentiell Menschliche der Interaktion. Dieser wichtige Entwicklungsschritt bedeutet, dass es von diesem Punkt an nicht mehr um einen Austausch zwischen Organismus und Außenwelt geht, sondern um den Austausch zwischen einem Subjekt und einem Anderen. Konkret: Der Übergang von der Mutterbrust zur Muttersprache. Dies ist der Grund, warum der Andere (mit großem A) für Lacan sowohl der konkrete Andere als auch die Totalität dessen ist, was der Andere zum Kind sagt.

Der Gebrauch von Worten und Bildern führt andere Mechanismen ein, während der Prozess der Identitätsbildung der gleiche bleibt. Statt der buchstäblichen Inkorporation der lustvollen Außenwelt haben wir nun die Identifikation mit bestimmten Signifikanten des Anderen. Und statt der buchstäblichen Ausstoßung des Unlustvollen haben wir nun die Verdrängung dessen, was Unlust mit sich bringt. (Vgl. Freud 1999d: 228 ff.)

Wenn wir uns nun Lacan zuwenden, ist es sehr leicht, Freuds Theorie durch das Konzept des Spiegelstadiums zu bestätigen. Kurz zusammengefasst besagt Lacans Theorie Folgendes: Am Anfang erlebt der Säugling die Erregung, die von den Partialtrieben stammt, als etwas Äußerliches und wird in ›Lacanesisch‹ mit dem Buchstaben »klein a«

bezeichnet. Der Säugling kann diese Triebe weder regulieren noch kann er sie als zu seinem Körper als Ganzem gehörig erleben. Nur durch die Reaktion der Mutter bekommt der Säugling psychisch Zugang zu seinem eigenen Körper, weil es die Mutter ist, die dem Kind ein Bild von dem, was es *ist*, präsentiert.[3] Durch eine ausgeklügelte Konstruktion aus einem konvexen Spiegel, einem realen Blumenstrauß und einer realen Vase, die verkehrt darunter befestigt ist, wird das Bild der Vase rund um die Blumen projiziert. (Vgl. Lacan 1966: 673) Hier stehen die Blumen für die Partialtriebe, die Vase steht für den Container – d. h. für den Körper des Kindes als Totalität, innerhalb dessen die Partialtriebe wirken. Das optische Experiment zeigt, wie der Spiegel durch den Reflexionsprozess die Blumen/die Partialtriebe als von der umfassenden Oberfläche der Vase/des Körpers bekleidet erscheinen lässt, als ob sie buchstäblich inkorporiert wären. Von einem psychoanalytischen Standpunkt aus betrachtet bedeutet dies, dass es die Mutter ist, die das Kind mit dem Bild, das seine primäre Identität bildet, konfrontiert. Solch ein Bild ist niemals neutral, da die Mutter die Erregung des Kindes interpretieren muss, und in dieser Interpretation wird ihr eigenes Begehren und ihre Stellung zu den Partialtrieben eine zentrale Rolle spielen. Auf jeden Fall reduziert sich die fundamentale Schicht der Identität auf das Bild, das der Andere entwirft, und welches das Kind aufnimmt oder aufzunehmen verweigert. Auch für Freud ist das Ich zunächst einmal die Körperoberfläche, der erst später psychische Inhalte hinzugefügt werden (Freud 1999f).

Das hat weit reichende Konsequenzen: Der intimste Teil unseres Selbst, unser eigener Körper, wird uns vom Anderen übergeben. Nach Lacan ist das Unbewusste strukturiert wie eine Sprache, und so gesehen ist der Körper das erste Blatt Papier, auf den der Andere seine Botschaft schreibt. Der erste Andere, normalerweise die Mutter, investiert in den Körper des Kindes durch ihre und seine Bedürfnisse ein Begehren – das Begehren des/der Anderen. Mit der Zeit entwickelt der Säugling ein Bewusstsein, einen ›eigenen‹ Körper und ein ›eigenes‹ Begehren. (Vgl. Lacan 1991c) Infolgedessen erwirbt das Subjekt ein hysterisches Körperbild, d. h. eines, das von den Signifikanten des Anderen gekennzeichnet ist.

So eigenartig es auch erscheinen mag ist dieser Aspekt der Theorie Lacans im Alltag ziemlich leicht wieder zuerkennen. Auf gesellschaftlicher Ebene ist es immer der Andere (in Form von Mode, Medizin, Geschlechterrollen, Kunst, Gesundheitsvorsorge usw.), der nicht nur das

---

3 Diese These wurde kürzlich von Fonagy/Gergely/Jurist/Target 2002 empirisch bestätigt.

Aussehen und die Form des Körpers bestimmt, sondern besonders auch, wie dieser (seine Bewegungen, Essen, Trinken, Erotik usw.) genießt. Auf der Mikro-Ebene bestimmen die Eltern, also der erste und der zweite Andere, ganz explizit die Form des Körpers des Subjekts, sowohl bezüglich des Aussehens als auch bezüglich des Genießens. Dieses Körperbild bildet die grundlegende Schicht der Identität.[4]

Der nächste Schritt in der Bildung des Subjekts ist die Einführung der Sprache, die von Lacan mit der Doppelspiegel-Konstruktion erläutert wird (Lacan 1966: 674). Sprache repräsentiert ein Ich-Ideal für das Subjekt, kombiniert mit einem Mangel. Dieser Mangel ist ein struktureller: Die symbolische Ordnung ist niemals fähig, das Reale ganz zu erfassen. Im Grunde bleiben die Prozesse die Gleichen wie von Freud beschrieben: Identifikation und Verdrängung. Die Einführung des Mangels eröffnet jedoch eine weitere Dimension, die der Differenz. Die Signifikanten, die der Andere darstellt, erlauben nicht nur die Erweiterung der mentalen Konstruktion seiner eigenen ›Identität‹, sie bieten dem Subjekt gleichzeitig die Möglichkeit, sich von dem Anderen zu distanzieren. Wir werden in unserer Argumentation später zu dieser Idee des Mangels und der Distanz zurückkehren müssen, wenn wir uns auf Thanatos und die Trennung konzentrieren.

Identität kommt vom Anderen als eine Antwort auf die »Triebregung«, den Triebimpuls, der vom Säugling in seinem Körper erfahren wird. Der Mechanismus ist eine Identifikation mit dem Bild, das vom Anderen präsentiert wird. Identifikation und Identität haben diesbezüglich eine interessante Etymologie, da sie beide auf das lateinische identitas zurückgehen, was soviel bedeutet wie Übereinstimmung. Wir erwerben unsere Identität, indem wir versuchen, mit dem Anderen übereinzustimmen, mit ihm identisch zu sein. Freud erkennt hierin das Wirken von Eros mit seiner Neigung zur Verschmelzung, d. h. zum Einswerden. Gleichzeitig umfasst Identitätsbildung auch einen Prozess der Triebregulierung, da sie der grundlegende Weg ist, um mit den Erregungen, die von den Partialtrieben ausgehen, fertig zu werden.[5] Dies

---

4 Um die Tatsache zu betonen, dass diese Identität vom Anderen kommt, gebraucht Lacan das Konzept der Entfremdung anstatt der Identifikation (Lacan 1996; Verhaeghe 1998).
5 Dieser Regulationsaspekt kulminiert in einer besonderen Identifizierung mit dem Anderen, dem Über-Ich. Aber auch von dieser besonderen Formation kann gesagt werden, dass jede Identifikation mit dem Anderen auf eine Triebregulation hinausläuft. Lacan drückt dies in einem Wortspiel aus, die Erwerbung der allerersten Identität während des Spiegelstadiums betreffend: Sein jubilatorischer Effekt, sagt er, ist der »m'être/maître à moi-même« (selber sein, sich selbst gehören, sein eigener Meister sein) (Lacan 1991b: 178). Die Kombination von Identitätsentwicklung und

führt uns zu einer Reihe von Fragen. Wie ist es erstens für das Subjekt möglich, etwas Eigenes zu werden, eine Wahl zu treffen, wenn alles vom Anderen kommt? Die Antwort auf diese Frage hat mit Trennung und mit Thanatos zu tun und erklärt, wie das meistgeliebte Objekt gleichzeitig das meistgehasste ist. Wie entwickeln wir zweitens eine Geschlechtsidentität? Diese Fragestellung betrifft den Mangel des Anderen, d. h. die Kastration.

In seinem Versuch, mit der Spannung des Triebes zurechtzukommen, wendet sich das Kind zum ersten Anderen. Die Mutter interpretiert diesen Appell als Forderung, ausgehend von ihrer eigenen Stellung gegenüber ihren Partialtrieben. Auf diese Weise formuliert sie eine Antwort, die ihr eigenes Begehren mit einschließt. Resultierend daraus identifiziert sich das Kind mit dem Bild, das von diesem Anderen präsentiert wird, d. h. es identifiziert sich mit dem Begehren des Anderen, um eine Antwort auf seine eigene Erregung zu finden. Ein einfaches Beispiel: Das Weinen des Kindes wird durch den ersten Anderen als eine Forderung nach Nahrung interpretiert. In der Folge muss das Kind nicht nur essen, sondern es ist gezwungen, seine eigene Erregung als durch einen Mangel an Nahrung bedingt zu interpretieren. Mit dieser Interpretation drückt der erste Andere sein eigenes Begehren aus, dem sich das Kind fügen muss, wenn es eine Antwort auf seinen eigenen Trieb bekommen möchte. Verglichen mit der primären Interaktion, bei der der Andere die Verantwortung für das Beantworten der kindlichen Bedürfnisse empfängt, begegnen wir hier wieder einer beeindruckenden Verkehrung. Um eine Antwort auf seinen eigenen Mangel zu bekommen, muss sich das Kind dem Begehren des Anderen anpassen: Es muss sich mit ihm identifizieren. Von diesem Moment an erhält das Subjekt die Verantwortung für das Beantworten des Begehrens des Anderen, und die Differenz zwischen dem Begehren des Subjekts und dem Begehren des Anderen verschwimmt: Das Begehren des Subjekts ist das Begehren des Anderen.

Das Subjekt möchte die Mutter/den Anderen ganz für sich, um sicher zu sein, eine vollständige Antwort auf ›klein a‹ zu bekommen beziehungsweise zu geben. Solch eine vollständige Antwort ist unmöglich, da immer ein Rest bleibt, der das Bedürfnis nach einem »*Encore*« verur-

---

Triebregulation wird durch die moderne Bindungsforschung empirisch belegt; diese bestätigt im Wesentlichen die Idee des Spiegelns. Vgl. Fonagy/Gergely/Jurist/Target 2002. Für eine umfangreichere Untersuchung der freudo-lacanianischen Theorie der Identitätsbildung vgl. Verhaeghe 2004b.

sacht: Der Drang bleibt drängend.[6] Außerdem entdeckt das ödipale Kind, dass das mütterliche Begehren sich nicht nur auf das Kind richtet, sondern auch zu einer dritten Figur hinwendet. In Kombination mit dem Erwerb der Sprache führt diese Dreiecks-Situation die Dimension der Differenz ein, d. h. die Differenz zwischen dem Kind, der Mutter und dem Vater, wodurch eine Wahl zwischen verschiedenen Möglichkeiten eröffnet wird. Wer bin ich in Bezug auf das Begehren des ersten Anderen, in Bezug auf das Begehren des zweiten Anderen, und welche Position nehme ich zwischen diesen beiden ein? Für Lacan ist das entscheidende Element der symbolische Phallus.[7]

Die Mutter wendet sich an den Vater wegen etwas, das das Kind selbst nicht geben kann. Dadurch wird ein dritter Punkt zwischen Mutter und Kind festgelegt: die Vermutung, dass dieser Andere ›es‹ hat, nämlich die endgültige Antwort auf das Ansteigen der inneren Spannung. Für das Kind ist es jedoch völlig unklar, was dieses ›es‹ sein soll. Derselbe Mangel an Klarheit besteht auch bei den Erwachsenen fort.

---

6 *Encore*, der Titel von Lacans 20. Seminar (Lacan 1991a), bezieht sich auf die strukturelle Notwendigkeit einer endlosen Wiederholung im Bereich von Liebe und Sexualität.

7 Dies muss innerhalb der lacanschen Theorie des Ödipus in der Neurose verstanden werden. Für Lacan wirkt die ödipale Struktur als Metapher. Der erste Signifikant, der das Kind bedeutet (*signified*), betrifft das Begehren der Mutter: Es ist ihre Reaktion auf die vom Kind erlebte Erregung. Um dieses Begehren zu beantworten, möchte sich das Kind ganz mit dem Begehren der Mutter identifizieren. Es erlebt seine eigene Antwort als ein Scheitern, weil die An- und Abwesenheit der Mutter rätselhaft bleibt. Gleichzeitig bleiben auch seine eigenen Triebimpulse unbefriedigt. An dieser Stelle kommt der Name-des-Vaters ins Spiel und zwar als Antwort auf das rätselhafte Begehren der Mutter. Die Einführung des Namens-des-Vaters beendet die Situation, in der das Kind das Begehren der Mutter und vice versa beantworten muss, was bedeutet, dass die Konfrontation mit seinen ungelösten Triebimpulsen wieder in den Vordergrund tritt. Die ödipale Meisterung läuft auf die Symbolisierung dieser Impulse durch den phallischen Signifikanten hinaus. Das Ergebnis ist, dass das Kind in die Dialektik des Begehrens eingeführt wird. Die Betonung liegt darauf, dass der Phallus, da er ein Signifikant ist, von einer Interpretation durch das Subjekt abhängt. Wenn der Phallus in einer symbolischen Weise interpretiert wird, wird die Bildung eines eigenen Begehrens möglich. Im Falle, dass das Subjekt in der imaginären Position stecken bleibt, wird es damit reagieren, *den* Phallus zu haben oder *der* Phallus zu sein. (Vgl. Lacan 1966: 557-558; 685-696) Ab 1969 wird Lacan seine Theorie des Ödipus radikal modifizieren, da er künftig die Rolle des Vaters sowie die der Mutter auf die Rolle einer einfachen Spielfigur innerhalb eines größeren sozialen Zusammenspiels reduziert, welches an sich schon durch das bestimmt wird, was Lacan »Unmöglichkeit der Lust« (*jouissance*) nennt. Darüber schreibe ich ausführlicher in einem längeren Aufsatz zum Ödipus-Komplex, der 2008 bei Other Press erscheinen wird.

Denken Sie an Ausdrücke wie »diese Frau hat wirklich etwas« oder »dieser Typ hat das gewisse Etwas«. In dem Moment, wo dieses ›etwas‹ oder ›es‹ definiert werden soll, stoßen wir auf eine Unmöglichkeit. Das Einzige, was dabei herauskommt, ist, dass ›es‹ etwas mit der sexuellen Differenz zu tun hat, und dass es unser Begehren nach einer Antwort, die vom Anderen kommt, beantworten soll. Die Bedeutung, die Freud diesem ›es‹ gibt, ist so radikal wie naiv: ›Es‹ ist der reale Penis. Lacan abstrahiert und nennt es den Phallus. Der reale Penis kann uns in der Illusion belassen, dass das Begehren, ja sogar der Trieb, befriedigt werden kann. Der Phallus ist im Gegensatz dazu ein Signifikant und in diesem Sinne nur ein Indikator des erträumten unerreichbaren Endpunktes des Begehrens, der Signifikant für das, was schlussendlich den Mangel lösen würde. Vom Vater wird lediglich erwartet, dass er diesen Phallus besitzt, nicht mehr.

Die Tatsache, dass etwas die Geschlechterdifferenz Berührendes als Indikator für das verwendet wird, was das Begehren erfüllt, hat bedeutsame Konsequenzen. Das Sich-Wenden des Kindes zum Vater über die Mutter bedeutet, dass die ursprünglich geschlechtslose Mutter-Kind-Interaktion von diesem Moment an durch den Geschlechter- und Generationenunterschied charakterisiert ist. Das bedeutet auch, dass die Geschlechtsidentität eine sekundäre Konstruktion ist, aufgebaut auf einer anderen, ursprünglich nicht-genitalen Beziehung. Als Folge davon erhalten die Partialtriebe eine phallische Interpretation, und das Kind interpretiert das Prägenitale auf phallo-sexuelle Weise. Diese Umarbeitung bedeutet, dass die ursprüngliche Trennungsangst in Kastrationsangst umgewandelt wird. Wegen seiner Sorge um den realen Penis, versteht Freud Kastrationsangst wörtlich. Mit Lacan bekommt die Idee eine neue Bedeutung jenseits der anatomischen Lesart Freuds. Imaginäre Kastrationsangst impliziert eine Angst vor der Unfähigkeit, das phallische Begehren des Anderen zu erfüllen, und in der Folge davor, vom Anderen wegen dieser Unfähigkeit zurückgewiesen zu werden. Von letzterer gibt es zwei geschlechtsspezifische Versionen: Der Mann fürchtet, dass er den (imaginären) Phallus nicht genügend hat; die Frau fürchtet, dass sie der (imaginäre) Phallus nur ungenügend ist. (Vgl. Lacan 2003) Dies führt zu der typisch männlichen Guinness-Buch-der-Rekorde-Hysterie und – in einem engeren sexuellen Sinne – zu Viagra. Bei Frauen treffen wir die Miss-World-Hysterie, eventuell begleitet von exzessiver plastischer Chirurgie.

Solche »Kastrationsangst« fungiert als sekundäre oder Signalangst, weil sie selbst bereits ein Abwehrprozess gegen die zugrunde liegende Primärangst ist (vgl. Verhaeghe 2001: 9-17). Durch diese ödipale Verarbeitung erlangt die ursprüngliche Angst eine andere Bedeutung. Sie bedeutet nicht mehr länger Trennungsangst an sich, sondern eher die Angst, auf eine passive Position reduziert zu werden und auf die frühere Position totaler Abhängigkeit vom Anderen zurückzufallen. Das kann auch bei Freud gelesen werden: In seiner letzten und stärksten Konzeptualisierung der Kastration beschreibt Freud explizit die Angst, in der passiven Position zu sein, als das Fundament der Kastrationsangst, und zwar sowohl für den Knaben als auch für das Mädchen (Freud 1999k: 96-99). Eine aktive Position im sexuellen Austausch einzunehmen, illustriert lediglich den autonomen Standpunkt gegenüber dem Anderen genauer. Die ursprüngliche Trennungsangst wandelt sich hier in ihr Gegenteil, in ein Begehren nach Autonomie und Unabhängigkeit, nicht nur bezüglich der Triebökonomie, sondern auch die Identität betreffend.

Die Verschiebung von passiv zu aktiv, von der Verschmelzung zur Autonomie ist gleichzeitig eine Verschiebung von Eros zu Thanatos. Sie muss nuanciert werden: Freud lehrt uns, dass Lebens- und Todestrieb zusammen wirken (»Triebmischung«, Freud 1999j: 111/112). Das präödipale Vorherrschen von Abhängigkeit und Verschmelzung muss in eine post-ödipale Vorherrschaft von Autonomie und Trennung übergehen, wobei beide Seiten aktiv bleiben. Diese Mechanismen wirken sowohl im Bereich der Erotik als auch im Bereich der Identität. Darauf reduziert zu werden, ein reines Objekt des Vergnügens des Anderen zu sein, ist unerträglich, sowohl für Männer als auch für Frauen und verwandelt die erotische Begegnung möglicherweise in einen Machtkampf (wer zwingt wem einen Orgasmus auf). Auf eine (Geschlechts-)Identität reduziert zu sein, die vom Anderen vorgeschrieben wird, gibt uns ein falsches/künstliches Gefühl. Jedes Subjekt möchte seine eigene, persönliche Eigenart einbringen.

Um zum Schluss zu kommen: Identitätsentwicklung und Triebregulation sind zwei Seiten desselben Prozesses, der durch die Interaktion mit dem Anderen stattfindet. Die Antriebskraft der Partialtriebe ist der »Drang«, der in bestimmten körperlichen Zonen entspringt, eine unangenehme Zunahme der Spannung bewirkt und nach einer lustvollen Form der Abfuhr verlangt. Das ist der erste Konflikt, der sich grundlegend auf einer körperlichen Ebene abspielt. Die Intervention des Anderen wird vom Subjekt verlangt, wodurch die Verantwortung für die Trieb-Beantwortung zwischen Subjekt und Anderem hin und her geschoben wird. An diesem Punkt wird der Drang in Libido verwandelt, was bedeutet, dass der Konflikt auf einer interpersonellen Ebene installiert wird. Mit dem Eros-Trieb erklärt sich das Verlangen jedes Subjekts nach Einswerden mit dem Anderen durch die Identifizierung mit dem Begehren dieses Anderen, wodurch auch gleichzeitig eine Antwort auf den eigenen Mangel aufrechterhalten wird. Befriedigung bedeutet in diesem Zusammenhang Spannung. Das begleitende Risiko ist, dass das Subjekt selbst zu existieren aufhört, da es in der Verschmelzung mit dem Anderen verschwindet. Hier wird nun der Thanatos-Trieb in Bewegung gesetzt, der die Tendenz des Subjekts in Richtung Autonomie und Trennung von demselben Anderen erklärt. Die daraus folgende Befriedigung ist von gegensätzlicher Natur, da die Abfuhr jede Spannung zerstört und das Subjekt auf sich selbst zurück wirft. Das Kernproblem innerhalb der Sexualität, d. h. ihr inhärenter Widerspruch, führt zu einer schmerzhaften Veräußerlichung: Wir sind gezwungen, uns von demjenigen zu distanzieren, den wir lieben. Oder noch extremer formuliert: Wir lieben es, den anderen zu hassen bzw. wir hassen es, den anderen zu lieben.

Literatur

André, Serge (1984): Freud face à l'amour. Quarto 16, S. 22-27.
Assoun, Paul-Laurent (1997a): Corps et Symptôme. Band 1, Clinique du Corps, Paris: Anthropos.
Assoun, Paul-Laurent (1997b): Corps et Symptôme. Band 2, Corps et Inconscient, Paris: Anthropos.
Fonagy, Peter/Gergely, György/Jurist, Eliot L./Target, Mary (2002): Affect Regulation, Mentalization and the Development of the Self, New York: Other Press.
Freud, Sigmund (1986) [1887-1904]: Briefe an Wilhelm Fließ, hg. von Michael Schröter, Frankfurt a. M.: Fischer.
Freud, Sigmund (1999a) [1942] [1905d]: »Drei Abhandlungen zur Sexualtheorie«. In: Ders., Gesammelte Werke, Band 5, Frankfurt a. M.: Fischer, S. 27-145.
Freud, Sigmund (1999b) [1941] [1908d]: »Die ›kulturelle‹ Sexualmoral und die moderne Nervosität«. In: Ders., Gesammelte Werke, Band 7, Frankfurt a. M.: Fischer, S. 141-167.
Freud, Sigmund (1999c) [1943] [1910i]: »Die psychogene Sehstörung in psychoanalytischer Auffassung«. In: Ders., Gesammelte Werke, Band 8, Frankfurt a. M.: Fischer, S. 93-102.
Freud, Sigmund (1999d) [1946] [1915c]: »Triebe und Triebschicksale«. In: Ders., Gesammelte Werke, Band 10, Frankfurt a. M.: Fischer, S. 209-232.
Freud, Sigmund (1999e) [1940] [1920g]: »Jenseits des Lustprinzips«. In: Ders., Gesammelte Werke, Band 13, Frankfurt a. M.: Fischer, S. 1-69.

Freud, Sigmund (1999f) [1940] [1923b]: »Das Ich und das Es«. In: Ders., Gesammelte Werke, Band 13, Frankfurt a. M.: Fischer, S. 235-289.

Freud, Sigmund (1999g) [1940] [1924c]: »Das ökonomische Problem des Masochismus«. In: Ders., Gesammelte Werke, Band 13, Frankfurt a. M.: Fischer, S. 369-383.

Freud, Sigmund (1999h) [1948] [1925h]: »Die Verneinung«. In: Ders., Gesammelte Werke, Band 14, Frankfurt a. M.: Fischer, S. 9-15.

Freud, Sigmund (1999i) [1948] [1926d]: »Hemmung, Symptom und Angst«. In: Ders., Gesammelte Werke, Band 14, Frankfurt a. M.: Fischer, S. 111-205.

Freud, Sigmund (1999j) [1940] [1933a]: »Neue Folge der Vorlesungen zur Einführung in die Psychoanalyse«. In: Ders., Gesammelte Werke, Band 15, Frankfurt a. M.: Fischer.

Freud, Sigmund (1999k) [1950] [1937c]: »Die endliche und die unendliche Analyse«. In: Ders., Gesammelte Werke, Band 16, Frankfurt a. M.: Fischer, S. 57-99.

Freud, Sigmund (1999l) [1987] [1895]: »Entwurf einer Psychologie«. In: Ders., Gesammelte Werke, Nachtragsband, Frankfurt a. M.: Fischer, S. 373-486.

Lacan, Jacques (1966): Écrits, Paris: Seuil.

Lacan, Jacques (1991a) [1972-73]: Das Seminar von Jacques Lacan, Buch 20, Encore, Weinheim: Quadriga.

Lacan, Jacques (1991b) [1969-70]: Le Séminaire, livre XVII, L'Envers de la psychanalyse, bearbeitet v. Jacques-Alain Miller, Paris: Seuil.

Lacan, Jacques (1991c) [1960-61]: Le Séminaire de Jacques Lacan, livre VIII, Le transfert. Paris: Seuil.

Lacan, Jacques (1996) [1964]: Das Seminar von Jacques Lacan, Buch 11, Die vier Grundbegriffe der Psychoanalyse, Weinheim: Quadriga.

Lacan, Jacques (2003) [1956-57]: Das Seminar, Buch 4, Die Objektbeziehung, Wien: Turia + Kant.

Verhaeghe, Paul (1998): »Causation and Destitution of a Pre-ontological Non-entity: On the Lacanian Subject«. In: Dany Nobus (Hg.), Key Concepts of Lacanian Psychoanalysis, London, New York: Rebus Press – Other Press, S. 164-189.

Verhaeghe, Paul (2001): Beyond Gender. From Subject to Drive, New York: Other Press.

Verhaeghe, Paul (2004a): Liebe in Zeiten der Einsamkeit. Drei Essays über Begehren und Trieb, Wien: Turia + Kant.

Verhaeghe, Paul (2004b): On Being Normal and Other Disorders, New York: Other Press.

Metamorphosen von Leben und Tod.
Ausblick auf eine Theorie der Hylomatie

VOLKMAR SIGUSCH

1

Der Prozess der Aufklärung und der Herausbildung der waren- und wissensproduzierenden Tauschgesellschaft hat viele individuelle und allgemeine Erleichterungen und Freiheiten, zugleich aber hat dieser Prozess ein Objektiv, um nicht zu sagen ein Prinzip aus sich heraus getrieben, durch das die ersehnte Selbstverwirklichung in Selbstpreisgabe und Selbstauslöschung umschlägt. Würde das akkumulierte Wissen tauschkonform angewandt, wären im konstruktiven, ›positiven‹ Fall die meisten Menschen gesellschaftlich nicht nur prinzipiell, sondern tat- ›sächlich‹ vollkommen nichtig; und im destruktiven, ›negativen‹ Fall könnte die Erde von Menschen nicht mehr bewohnt werden. So weit konnte es nur kommen, weil die Konstruktions- und Destruktionsprozesse der ökonomisch-experimentellen Tausch- und Wissensgesellschaft alle vorausgegangenen Grenzziehungen beseitigt oder in Frage gestellt haben. Indem der bisherigen Natur in immer kürzeren Abständen ›naturale‹ Dinge und Vorgänge hinzugefügt werden, die in ihr gar nicht vorkommen (vom Element Hassium, genchirurgisch veränderten Pflanzen und ungeschlechtlich geklonten Säugetieren, bis hin zu menschlichen »Retortenbabies« oder Schwangerschaften außerhalb der ›altnatürlichen‹ Fruchtbarkeitsperiode), wird die Grenze zwischen Natur- und Gesellschaftsprozess niedergerissen. Dadurch werden die alten Begriffe und ›Tat‹-Sachen Leben und Tod, Natur und Gesellschaft umkodiert, und die metaphorische Rede der kritischen Theoretiker von der

›zweiten‹ Natur, die in Wahrheit die ›erste‹ sei, ist zur Praxis der *facta bruta* geworden. Zu erkennen wäre die Paradoxie, dass trotz aller Entfremdung, Verdinglichung und Versachlichung Gesellschaft ebenso ein Inbegriff von Subjekten ist wie deren Negation, und dass Subjekte Inbegriff von Gesellschaft sind und gleichzeitig ihre Negation. Bereits erkannt worden ist, dass den Subjekten ihre eigene Vernunft inkommensurabel war. Marx (1972) hat das Bewusstsein der Mitglieder der bürgerlichen Gesellschaft als objektiv verdrehtes analysiert. Freud sah die »gehemmten Vorsätze« aufbewahrt »in einer Art von Schattenreich«, in dem sie »eine ungeahnte Existenz« fristeten, »bis sie als Spuk hervortreten« (Freud 1999a: 15). Solchen Spuk, von dem schon bei Marx die Rede war, als er seinen Begriff des Fetischcharakters verständlich machen wollte, setzte Freud dem freien Willen, der selbstgewissen Vernunft und den erhabenen Idealen der Bürger entgegen. Deren siegreiches Handeln gründete jetzt auf Triebverzicht, Wunschverdrängung und Gedankenhemmung. Bekanntlich behauptete Freud (1999b: 11), »daß das Ich nicht Herr sei in seinem eigenen Hause«. Das nannte er »die dritte Kränkung der Eigenliebe«, die als »psychologische« der kosmologischen des Kopernikus und der biologischen des Darwin gefolgt sei. Die vierte Kränkung schließlich hat vor allem Adorno (1966) zustande gebracht, indem er das Transzendentalsubjekt als bewusstlos erkannte. Während Marx noch an den Fortschritt durch Beherrschung der Natur glaubte und Adorno an die »Versöhnung von Geist und Natur« (Adorno 1966: 228), ist für Anders (1980a; 1980b) das Buch der menschlichen Eigenliebe zugeschlagen. Die Menschen seien »antiquiert«, weil sie sich das, was sie herstellen, nicht mehr vorstellen, weil sie mit ihren Vermögen das, was sie entfesselt haben, nicht mehr erreichen könnten. Seit der Revolutionierung des *homo faber* zum *homo creator*, der aus Natur Naturprodukte produziere, und zum *homo materia*, der sich selbst, beginnend mit Auschwitz, in Rohstoff verwandele, ist für ihn Technik der »Weltzustand«; denn »die Technik ist nun zum Subjekt der Geschichte geworden« (Anders 1980b: 9). Gleichwohl seien die Menschen nicht vorgeschichtlich, wie Marx glaubte, und nicht nachgeschichtlich, wie heute postuliert wird, sondern trotz allem mitgeschichtlich. Dem Eigenleben der Dinge empirisch so nah wie vor ihm nur Marx, attestierte Anders den »antiquierten« Menschen eine ebenso blinde wie dinghafte Überflüssigkeit, gab aber den Glauben an sie nicht auf. Als Praktiker intervenierte er politisch, als Theoretiker formulierte er erklärtermaßen eine »Anthropologie« (ebd.: 9), und obwohl er eine »Dingpsychologie« einklagte, konnte er sich doch nicht vom humanpsychologischen Denken freimachen, wie Lütkehaus (1995) gezeigt hat.

2

Der Prozess, um den es hier geht, bezieht sich auf allgemeine, vor allem epistemische, ökonomische und dispositionelle Strukturen, an denen jenes utopisch-optimistische Denken abprallt, das seinen Halt im transzendentalen, revolutionären, historischen oder empirischen Subjekt gefunden hat. Denn die Gesellschaft, die jetzt ist, ist nicht mehr als konstituierende Leistung eines selbstmächtigen, selbstgewissen Subjekts oder als Resultat einer organisierenden Subjektivität im Sinne von Wille zur Macht, Wille zum Leben, *élan vital*, Wille zum Wissen, semiotischem Vermögen, hermeneutischer und Sinn verändernder Kraft, überhaupt geistig-sprachlicher *energeia* zu begreifen. Die Hoffnung auf Transgression und Revolution, von deren gesellschaftlicher »Naturgesetzlichkeit« Marx durchdrungen war, hat sich ebenso verflüchtigt wie die »Hoffnung auf die Auferstehung«, die selbst Adorno (1966: 371) noch nicht losgelassen hatte. Der Prozess der Verdinglichung ist nicht mehr in einem Bereich der Gesellschaft zu lokalisieren. Marx hat zwar beschrieben, wie Beziehungen von Personen in Verhältnisse von Sachen transferiert werden, so dass tote Dinge ein Eigenleben führen und die Individuen nicht mehr voneinander, sondern von Abstraktionen abhängig sind. Er konnte sich sogar die Selbstauflösung des Kapitals vorstellen, und zwar dann, wenn Wissenschaft und Technik zu einer direkten Produktivkraft werden. Dieser Fall ist nicht nur eingetreten, sondern übertroffen worden. Und »das Kapital« spottet realitätsgerechter als je zuvor in seiner Geschichte allen Theorien seiner Selbstauflösung. Was die marxistische Orthodoxie vom Sozialismus immer behauptet hat, dass er nämlich wissenschaftlich begründet sei, kann jetzt ironischerweise der Kapitalismus von sich mit Fug und Recht behaupten. Wissen und Wissenschaft sind nicht nur eine direkte Produktivkraft, sondern vor allem als Informations- und Kommunikationsweise zur »Produktionsweise« geworden. Dadurch wurden viele Menschen zu Funktionären im Getriebe oder zum Ballast degradiert, der nicht mehr benötigt wird, weil die wissenden Maschinen schneller, komplexitätsmächtiger und exakter sind.

Heute ist dem Gang der Dinge und Diskurse kein Sinn des empirischen Subjekts zu unterstellen. Die Prozesse und Mechanismen, die die Gesellschaft konstituieren und bewegen oder stillstellen, laufen in sich selbst, generieren sich durch sich selbst, beziehen sich auf sich selbst und können von Menschen nicht unter Kontrolle gehalten werden, ob es nun um die Genese von Nachrichten und den Fluss von Informationen geht, um die Kontrolle von ABC-Waffen und Gentechnologieprodukten oder um Kapitalbewegungen und Aktienkurse. Die totalisierende Dimension des akkumulierten Wissens zur Selbstauslöschung und des Wissens zur Selbsterzeugung, dessen momentan publizierte Realität *cloning* heißt, konnten oder wollten die Theoretiker der Entfremdung und Verdinglichung nicht voraussehen. Für die Mehrheit der Gesellschaftstheoretiker der Gegenwart gehören Subjekt und Vernunft, Kritik und Mündigkeit zur Semantik der romantisch-klassischen Zeit. Sie denken Gesellschaft nicht mehr vom Subjekt her. So auch Luhmann, dessen Systemtheorie in den hiesigen Sozial- und Gesellschaftswissenschaften tonangebend ist. Bei ihm hängt der Mensch mit seinem Bewusstseinszustand und seiner Körperlichkeit also obdachlos zwischen den Seilen, die die autopoietischen, kommunizierenden Teilsysteme abgrenzen. Seine Rationalität und seine Irrationalität sind nur noch störender Ballast, seitdem die alten, umfassenden Verbindlichkeiten von neuen, partiellen, gleichgültigen Zuständigkeiten abgelöst, seitdem die alten Einheitsstifter, vom antiken Kosmos bis hin zum bourgeoisen Subjekt, tat-›sächlich‹ in den historischen Archiven abgelegt worden sind, so dass einzig die subjektlose Autopoiesis der Teilsysteme funktioniert und kommuniziert. Konsequent unwirsch hat Luhmann auf jene Phänomene reagiert, die aus seinem Raster springen: menschliche Angst und soziale Bewegung. Es ist leicht, Luhmann als einen Apologeten des Bestehenden, als einen herzlosen Sozialtechnologen vorzuführen. Es ist aber schwer, seine Thesen zu widerlegen, beispielsweise die von der Selbstreferentialität der sozialen Teilsysteme oder die vom lärmenden Herumschweifen des Psychischen. Es ist leicht, Marx als einen illusionären Positivisten zu diskreditieren, weil er daran glaubte, der Kapitalismus werde eine humane Gesellschaft aus sich selbst heraus erzeugen. Es ist aber mehr als blind, das Tauschverhältnis aus dem hiesigen Leben wegzudenken. Es ist leicht, Adorno als einen transzendentalistischen Träumer zu ertappen, weil er vom »Einverständnis von Menschen und Dingen« sprach (Adorno 1969: 153). Es ist aber denkbar, dass ein »Einverständnis«, ein anderes als es sich Adorno dachte, bereits besteht.

3

Das allgemeine, längst zur fest installierten Struktur gewordene Objektiv habe ich in ersten Versuchen eindimensional pessimistisch mit dem Wort Verstofflichung zu bezeichnen versucht (Sigusch: 1984; 1989).

Heute denke ich, dass der Terminus Hylomatie[1], in dem Worte des Lebens und des Todes, der Selbstbewegung, Raserei und Stillstellung (wie Stoff, Automation oder Manie) aufscheinen, den Prozess, der bezeichnet werden soll, dialektischer beim Namen nennt, weil die Verstofflichung von Menschen mit der Entstofflichung von Dingen und die Entstofflichung von Menschen mit der Verstofflichung von Dingen einhergeht, und weil der mehrdimensional unschöne Neologismus Hylomatie das ›Neo-Logische‹, ›Auto-Matische‹, Insichselbstlaufende des Prozesses betont.

Eine Theorie der Hylomatie, auf die ich hier nur einen Ausblick geben kann, müsste, wie bereits angedeutet, sowohl Theoreme der Autodestruktion, die vor allem Anders und Adorno entwickelt haben als auch Theoreme der Autopoiesis, die vor allem Marx und Luhmann entfaltet haben, weiterdenken. Denn Hylomatie ist beides: subjektlose Selbstfortsetzung wie subjektlose Selbstvernichtung, wobei deren einerseits produktiv-erhaltende, andererseits unproduktiv-vernichtende Mechanismen über die epistemische, ökonomische und dispositionelle Sphäre miteinander dialektisch vermittelt sind, aber ›automatisch‹ ablaufen. Als sogenannte Sachzwänge, angeblich apriorische Dichotomien, angeblich gesichertes Wissen und angebliche wissenschaftliche Standards sind sie dem Willen der einzelnen Allgemeinen systematisch entzogen. Von den Menschen her gesehen, läuft Hylomatie vor allem auf Verstofflichung hinaus, indem einst ihnen zugesprochene Lebendigkeit, Beweglichkeit, Autonomie und Eigendynamik an die Dinge übergehen, die jetzt ein ›Eigenleben‹ führen. Von den Dingen her gesehen, läuft Hylomatie vor allem auf Entstofflichung hinaus, indem sie jetzt über Qualitäten verfügen wie »Liebreiz« (Marx), *sex appeal*, Kommunikabilität, Kreativität, Reproduktivität und Destruktivität, die ihnen von den tonangebenden Vertretern der Subjektphilosophie abgesprochen worden sind. Hylomatie ist also zugleich eine Vermittlungskategorie: unablässige Meta-

---

1 Das griechische Substantiv *hyle* (f.) meint vor allem Stoff, Materie, Wald und Holz. Hylozoismus sah alle Materie als belebt an; der Hylopathismus legte den Stoffen Gefühle und Leidenschaften bei. Das griechische Adjektiv *autómatos* (respektive der Plural des substantivierten Neutrums *autómata*) meint »Dinge, die sich selbst bewegen« (wie in der *Ilias* die von allein aufgehenden Türen des Olymps). Darüber hinaus meint das Adjektiv, dass etwas »ohne menschliches Zutun, von selbst« in der Natur oder im menschlichen Leben geschieht. Der zweite Bestandteil des Kompositums gehört zum griechischen Verb *maíesthai*, das »rasen, toben, von Sinnen sein« bedeutet. Etymologisch könnten lange Wortketten angeführt werden: Hylarch (Stoffbeherrscher, Weltgeist), Hylogenie (Stoffbildung), Hylobier (Waldbewohner), Hylophagen (Holzfresser) usw.; automatisch, automatisieren, Automat, Automation usw.; Manie, mahnen, Mentor usw.

morphosen von Leben und Tod, durch die Lebendiges tot gestellt und Totes verlebendigt wird, durch die Leben und Tod, Natur und Gesellschaft ineinander übergehen. Die Dialektik dieser Gesellschaft fängt die Kategorie der Ver- und Entstofflichung eher ein als die allzu ›weiße‹ Kategorie Autopoiesis und die allzu ›schwarze‹ Kategorie Autodestruktion.

4

Konnte als Elementarform der foucaultschen Disziplinargesellschaft das Gefängnis mit dem Generalobjektiv Normalisierung und als Elementarform des marxistischen Kapitalismus die Ware mit dem Generalobjektiv Tausch bezeichnet werden, tritt in der postfordistischen Gesellschaft die Elementarform Wissen mit dem längst objektivierten Objektiv Ver- und Entstofflichung hinzu. Dessen Ausgangsmechanismus ist Dispersion. Er zwingt die einzelnen Allgemeinen ins System, indem er sie aus allem, was als Ganzes gedacht werden könnte, herausreißt. Dispersion entwurzelt, marginalisiert, fragmentiert und anonymisiert die Individuen; zugleich werden sie durch diesen Mechanismus diversifiziert, vernetzt und unterhaltsam zerstreut; und zum Dritten werden sie in die Hylomatie getrieben. An Teilen der sexuellen Sphäre habe ich diesen Vorgang andernorts im Detail beschrieben (Sigusch 1996).

In der Sphäre der Arbeit kann die Installation der Wissensform als Elementarform samt ihrem hylomatischen Objektiv ungeschminkt beobachtet werden. Dort geht es technologisch schon seit Jahrzehnten nicht mehr um kürzere oder längere Arbeitslosigkeit, sondern um die Arbeiterlosigkeit der Produktions- und Dienstleistungsstätten, wie Anders (1980b) früh erkannte. Die »unmanned factory«, die arbeiterlose Fabrik, ist seit zwei Jahrzehnten möglich.

Weltweit vegetieren etwa vier Milliarden Menschen in Armut und Krankheit, in Kriegen und auf der Flucht, in Angst und Hoffnungslosigkeit dahin. Diese Menschen haben keine Zukunft, leben also nicht wirklich. Denn Leben heißt immer noch restutopisch, eine offene Zukunft haben. Wird ihr Schicksal theoretisch und praktisch ausgeblendet, wird das Bild vom Menschen nur nach den hiesigen Todes- und Lebensverhältnissen gebildet, ist die Menschheit eingeteilt in Gewinner und Verlierer, in Versklaver und Versklavte, in Unter- und Übermenschen, in bereits Abgestorbene und scheinbar ewig Lebende. Zwangsläufig stellt sich dieser Mechanismus immer wieder her, weil Menschen noch Gefühle haben. Ohne eine gigantische kollektive Verschwörung zur Verleugnung der Realität könnten sie kein Auge zumachen und sich dem kleinen Tod in Orgasmus oder Schlaf überlassen.

5

Die Beziehungen der Menschen zu sich selbst, zu anderen Menschen, zu den Dingen und der Welt haben in der hiesigen Gesellschaft eine andere Qualität, weil sich Leben und Tod, Subjektivität und Objektivität nicht mehr unterscheiden lassen. Sie sind nicht mehr anthropomorph, sondern hylomorph. Folglich ist auch die neuere Philosophie nicht mehr anthropopetal und subjektzentriert, sondern anthropofugal und system- oder machtzentriert. Sie hat erkannt, dass nicht menschliche Vermögen und Fähigkeiten über den Gang der Dinge entscheiden, sondern das Feld, die Struktur, die Episteme, die Codes, die diskursiven Formationen, Systemimperative, Marktmechanismen und Machtdispositive.

Benötigt und umworben werden die Individuen in erster Linie als Konsumenten, die sich von den Waren kaufen lassen. Daher die rasende Selbstbezüglichkeit, Selbstverwirklichung, Selbstliebe, Selbstbefriedigung, Selbstpreisgabe, Selbstzerstörung: Me-Myself-and-I. Sie ist die im Grunde anachronistische Kehrseite der selbstlos unstillbaren Anpassung an die real wie phantasmagorisch allmächtigen Dinge. An die Stelle von utopischen Mensch-Mensch-Beziehungen sind in der hiesigen Gesellschaft immer unübersehbarer topische Ich-Ich-Selbst-, Ich-Tier- und Mensch-Ding-Beziehungen getreten. Zu diesen Metamorphosen kommt es aber vor allem dadurch, dass Beziehungen von Menschen zu Menschen, Tieren oder Dingen durch Verhältnisse zwischen Dingen ersetzt worden sind. Die Vorgängigkeit und das subjektlose Insichselbstlaufen der Ding-Ding-Verhältnisse macht die Verstofflichung der Menschen zur Hylomatie.

Das Bewusstsein, das den Menschen eigen schien, ist zum Korrelat ihrer Produkte geworden, geht auf sie über und kommt von ihnen, wie die Sinnlichkeit der Menschen bereits seit Generationen an die käuflichen Dinge geheftet ist. Deren Sperrfeuer holt aus den möglichen Konsumenten Wunsch um Wunsch und Bedürfnis um Bedürfnis heraus und setzt sie in sie hinein: Glanzauge, *sex flush*, Körpertremor usw.: »Die Autoreligion läßt im sakralen Augenblick zu den Worten ›das ist ein Rolls Royce‹ alle Menschen zu Brüdern werden.« (Adorno 1938: 332) Längst überschreiten nicht nur Fetischisten die Grenze zwischen dem Anorganischen und dem Organischen, indem sie sich jenes assimilieren, zur eigenen Haut machen. Auch hier hätte eine »Dingpsychologie« (Anders 1980b: 58) ihre Aufgabe, die zunächst von der alten Psychopathia sexualis zu einer Psychopathia nonsexualis fortschritte, um auch sie hinter sich zu lassen. Denn angesichts der von Anders als »endgültig und irrevokabel« (ebd.: 9) beschriebenen Technokratie samt Schizotopie, Schizopraxis, Simulation und Diktatur der Geschwindigkeit, die Virilio (1992) analysiert hat, weiß Dingpsychologie »nur noch von herostratischen Apparaten, die eine Persönlichkeitsspaltung weder kennen noch brauchen – obgleich sie zweifellos für Völkermord sorgen können«, kann »in Zukunft immer mehr auf die Subjekte, seien es nun die integrierten oder die desintegrierten, verzichtet werden« (Lütkehaus 1995: 300/302). So gesehen wäre Dingpsychologie »die authentisch gewordene finale Form der positivistischen, verdinglichenden ›Psychologien ohne Seele‹« (ebd.: 289), was Anders (1980b: 128 f.) ebenso andeutet wie die Notwendigkeit, von der Psychologie der Dinge zur »Soziologie der Dinge« (ebd.: 115) fortzuschreiten. Sind die Gefühle und das Denken der Individuen nur noch Reflexe auf die übermächtige und verführerische Welt der Dinge, müsste sich die Psychoanalyse zunächst einmal von der »Triebpsychologie wie der Kategorie der Intentionalität« verabschieden, hätte sie »mit dem, was sie bisher in einem terminologisch eher uneigentlichen Sinn als ›Objektbeziehungen‹ abgehandelt hat, wortwörtlich ernst zu machen« (Lütkehaus 1995: 285).

6

Das, was die Aufklärung Wissenschaft nannte, sollte den Glauben erschweren, wollte also Schwergläubigkeit sein, hat aber zur Leichtgläubigkeit geführt. Seitdem die Verblendungskraft der religiösen und politischen Fetische drastisch abgenommen hat, tritt der Wissensfetisch neben den Warenfetisch. Alle Fetische, die von der kritischen Philosophie im Anschluss an die Theorie vom »gegenständlichen Schein der gesellschaftlichen Charaktere der Arbeit« (Marx 1972: 80) analysiert worden sind, hat der Wissensfetisch insofern übertrumpft, als er als einziger von keiner öffentlichen Kritik grundsätzlich in Frage gestellt oder gar im Kern getroffen worden ist, aber auch insofern, als er, altmodisch gesprochen, der ideelle Gesamtfetisch, neumodisch gesprochen, der Mega-Fetisch ist, der all das verspricht, worauf die Gesellschaft hinaus will: immer tiefer, exakter und perfekter, immer schneller, machtvoller und besser zerlegen und neu zusammensetzen, ohne Rücksicht auf Natur, Mensch und Moral. Der alte Widerspruch von Geist und Macht, den heutige Aufklärer immer noch beschwören, ist in sich zusammengebrochen. Gerade der wissenschaftliche Geist hat in den letzten

Jahrhunderten nicht einfach nur Macht gehabt. Er hat die Barbareien vorgedacht, geplant, organisiert und gerechtfertigt.

Anders als der wissenschaftliche, kaschiert der philosophische Geist seine Hilflosigkeit heute nicht mehr. Er hat es aufgegeben, die Welt als Ganzes zu interpretieren. Das könnte, nebenbei gesagt, ungewöhnliche Einsichten bescheren, beispielsweise die, dass das Ganze, ontologisch ohnehin denunziert, womöglich weniger ist als die Summe seiner Teile. Im Zeitalter der Digitalität, der Telematie, der Hylomatie und des weltweit durchgesetzten Kapitalismus werden keine Begründungen gesucht, gilt Philosophie als unnütz, herrscht so etwas wie eine endogene, voraussetzungslose, prästabilierte, unwiderlegbare, aus dem »Dritten Weltkrieg« erfolgreich hervorgegangene kapitalistische Kausalität, die eine ›Evolution‹ der Werte einklagt und den permanenten Wandel als neue und letzte ›Große Erzählung‹ offeriert, obgleich es eine alte Litanei ist.

Auf den Friedhöfen des Geistes liegen das Gute, das Schöne, die Liebe, die Solidarität und das Wahre begraben. Die Philosophie der Menschenflucht hat das gedacht. Schopenhauer schloss: »Der Tod ist die große Zurechtweisung, welche der Wille zum Leben, und näher der diesem wesentliche Egoismus, durch den Lauf der Natur erhält [...] Wir sind im Grunde etwas, das nicht seyn sollte: darum hören wir auf zu seyn.« (Schopenhauer 1919: 581). Cioran besaß »nichts als die Gewißheit, mich von je überlebt zu haben: ein Fötus, zerfressen von einer allwissenden Idiotie, noch ehe seine Augenlider sich öffneten – eine wissende Totgeburt« (Cioran 1994: 194). Für ihn ist Leben »ein tragischer Aufstand im Inneren des Anorganischen, Leben ist die beseelte und [...] durch Leiden aufgeriebene Materie. Einen Ausweg aus so viel Betriebsamkeit, so viel Dynamik und Tätigkeitsdrang findet man nur, indem man die Ruhe des Anorganischen anstrebt, den Frieden im Schoß der Elemente.« (Cioran 1995: 91) Sich hinsterben lassen bezeuge jedoch Schwäche, sich selbst vernichten sei dagegen ein »Zeichen von Kraft« (Cioran 1995: 131). Foucault kam als Archäologe der Humanwissenschaften zu dem Schluss: »In der heutigen Zeit kann man nur noch in der Leere des verschwundenen Menschen denken.« (Foucault 1993: 412) Er wettete darauf, dass der Mensch, diese »junge Erfindung«, »verschwindet wie am Meeresufer ein Gesicht im Sand« (Foucault 1993: 462). Während Foucault lediglich das Ende einer Episteme annimmt, einer Ordnung des Wissens, die sich am Menschen und nicht an den Dingen ausrichtet, hofft Ulrich Horstmann darauf, dass endlich auch die anthropozentrisch und humanistisch Verstocktesten davon ablassen werden, gegen den Strom der Geschichte zu schwimmen, damit die Vernichtung, »die aller Not ein Ende bereitet« (Horstmann

1983: 109), sich vollende. Baudrillard (1996) schließlich suchte gerade das Glück in der Illusion, dass die Realität gar nicht stattfindet. Doch der Krieg und die Verliebtheit, die Folter und die lebensrettende Operation sind real. Philosophen müssen die Realien in die Übertreibung treiben, damit ihnen die Objektive abgepresst werden können – bis hin zu der Absurdität, dass die Realität durch Realität annihiliert werde. Therapeuten dagegen, die es, wenn schon nicht mit einem selbstmächtigen Subjekt, so doch immer noch mit einem *universel singulier* (Sartre), mit einem einzelnen und vereinzelten Allgemeinen zu tun haben, können sich im Allgemeinen solche Absurditäten nicht gestatten. Meine These aber ist: Starren sie nur auf das Leiden des Einzelnen oder das Degradieren von Menschen zu Objekten individueller Gewalt, übersehen sie, was gang und gäbe ist. Reflektieren sie Prozesse wie den der Verstofflichung nicht, macht sich die Kritik an einzelnen Formen fest und blendet den allgemeinen Zusammenhang aus. So sehr es dem Bedürfnis nach individueller Empörung und Verfolgung entgegenkommt, einzelne abscheuliche Verstofflichungen zu ächten, so sehr wird dadurch eine abscheuliche Art und Weise zu leben verdeckt. In den USA kostet die Verpackung der Waren so viel wie in ganz Indien die Grundversorgung mit Nahrungsmitteln. Kinderpornographie zu verpönen, kostet gar nichts, weder finanziell noch politisch noch moralisch. Dass dieses gute Ge-wissen falsch ist, werden jene Abgeordneten wissen, die es nicht für möglich halten, Menschenwürde mit den Mitteln des Strafrechts herzustellen. Dass ihr falsches gutes Gewissen aber als falsches notwendig ist, wird kaum ein Abgeordneter reflektieren. Er müsste dann nichts Geringeres als die hiesige Art und Weise zu denken und zu produzieren in Frage stellen, mit einem Wort: den generellen Gewaltzusammenhang. Und weil das so ist, wird reale Gewalt dem Reich des Irrationalen zugewiesen, um nicht erkennen zu müssen, dass die rationalen Maschinerien irrational sind: Zu den größten Waffenhändlern der Welt zu gehören, hat mit der alltäglichen Gewalt nichts zu tun; es ergibt sich schließlich aus unabweisbaren Sachzwängen und der Logik des freien Marktes.

Prinzipiell gleichgeschaltet ist der individuelle Gewalttäter. Das Skandalöse an ihm ist, dass er etwas wahr macht, was niemand wahrhaben will. Er nimmt andere Menschen als belanglos, willenlos, bereits abgestorben und zu Stoff geworden, wie es zwar im Gang des hiesigen »Zivilisationsprozesses« liegt, im Alltagsbewusstsein aber maskiert bleibt. Er reißt die verdrehten menschenfeindlichen Tendenzen der Gesellschaft aus der Abstraktion: den Egoismus, den Rassismus, den Sexismus, die Preisgabe; die Selbstpreisgabe, die Abtötung des fremden und des eigenen Lebens. Indem der gemeine Gewalttäter die Devise wahr macht, nach der der Mensch nur dann zählt und nur so viel, sofern und inwieweit er benutzbar ist, scheint sein individuelles Tun mit dem Vernichtungs-Charakter der Kultur identisch zu sein. Auch der Pädosexuelle ist bei uns prinzipiell gleichgeschaltet. Er macht deutlich, dass nichts und niemand der Benutzung entgeht. Ein Schonraum für Kinder wäre ja auch ebenso anachronistisch wie das Tabu, das immer noch auf deren Sexualität liegt. Das Skandalöse am Pädophilen, das die vom Missbrauchsdiskurs Erfassten nicht erkennen können, ist, dass er Kindern jene Zuwendung und Liebe geben will, die generell versprochen, aber kaum vermocht wird. Ihren Fetisch, das Kind, nehmen Pädophile so ernst, wie es kein Fernsehapparat zustande bringt. Alle alten Perversionen sind inzwischen elektronisch zerstreut und partiell entdämonisiert worden – mit Ausnahme der nach wie vor tabuisierten Pädosexualität. Doch auch sie pluralisiert sich nach marktwirtschaftlicher Logik. Immer mehr sexuelle Fragmente und Nöte werden in die Warenförmigkeit gepresst. Flirtschulen, Partnervermittlungen oder Hersteller von Sadomasochisten-Möbeln bieten ihre Dienste an. Embryonen oder Jungfrauen werden auf den Markt geworfen.

Der gegenwärtige Missbrauchs- und Gewaltdiskurs verhüllt mehr als er enthüllt, wenn er sich am anachronistischen Modell des Triebhaft-Sexuellen festmacht. Und er verbleibt an der Oberfläche, wenn er die Mechanismen der Menschenflucht und Menschenvernichtung nur in der psychischen oder sozialen Sphäre sucht. Wie die sexuelle Gewalt mit der nichtsexuellen Gewalt zusammengedacht werden muss, so der reale Totschlag mit jenem Mechanismus, durch den Lebendiges dem Reich des Unbelebten zugeordnet wird. Indirekt und partiell drücken diese Diskurse die abstrahierte Wirklichkeit der Verstofflichungen aus.

7

Emphatisch hieß Leben: kein platonischer Schatten, nur noch animalische Instinktreste, kein bloßer Gesellschaftsreflex, sondern Eigensinn. Jetzt und hier heißt Leben: Darstellung und Marketing möglichst bunter und flexibler Fraktale. An die Stelle von Leben und Tod ist insofern der Markt getreten, als er jene Einheit und jene Kontinuität herstellt, die vordem aus Transzendentalien wie Gott, Natur, Weltgeist oder Subjekt fließen sollten. Deshalb sind wohl psychosoziale Identitäts-Diskurse Zwischenspiele; denn sie beinhalten eine endgültige und inflexible Entscheidung. Deshalb hat wohl auch ›Sinnlosigkeit‹ allgemein um sich gegriffen; denn der Satz »ich bin ein Fraktal« oder »ich bin bereits tot« ist unlogisch, hat keinen ›Sinn‹.

Das ahnen die »Pro life«-Apologeten, deren fanatische Achtung des ungeborenen Lebens die Kehrseite der fanatischen Missachtung des geborenen Lebens ist, so dass diese Lebensbewahrer nicht davor zurückschrecken, Ärzte, die abgetrieben haben, zu töten. Das ahnen auch jene Zeitgenossen, die sich in die Nähe des physischen Todes begeben, um Angst auszulösen und dadurch zu spüren, dass sie noch am Leben sind. Die Palette ihrer riskanten Praktiken ist lang: *bungee jumping*, *power sliding*, *scad diving* (sich von einer Steilwand ohne Sicherheitsleinen in ein Helikopternetz stürzen). Wie viele Menschen bei diesen Todeskalkulations-Praktiken umkommen, ist nicht bekannt. Die offizielle Selbsttötungs-Statistik, die für Europa pro Jahr etwa 120.000 Suizide angibt, wird sie ebensowenig erfassen können wie die ›Selbsttötungen‹ infolge von Todesgeschäfts-Praktiken.

Papst Johannes Paul II. hat in seiner *Enzyklika Evangelium vitae* vom April 1995 unsere »Kultur des Todes« beklagt. Im Grunde aber ist sie eine Kultur des Lebens im Nichtigsein, des Totlebens und Totsterbens: totwirtschaften, totarbeiten, totlangweilen, totschweigen, totreden, totschlagen. Die Individuen schreien nach Leben, weil sie an sich und oft auch für sich nichtig sind. Die Dividuen rennen um ihr Leben, weil sie ahnen, dass ihr individueller Tod, der sie unwiderruflich zu Stoff macht, nur den perennierenden Tod der gesellschaftlichen Verstofflichung als objektiv besiegelt.

Immer mehr Phänomene der offenen Gewalt entziehen sich den Rastern der Deutungs- und Reparaturmächte Medizin und Psychologie, die ohnehin an die Grenze ihrer historisch spezifischen Gültigkeit gelangen, wie sich jeden Tag an ihrer politischen Demontage ablesen lässt. In Deutschland wird ein Jugendlicher getötet, weil er zwei Euro nicht hergeben wollte. In Russland töten immer mehr Kinder, offenbar ohne eine moralische Empfindung zu haben. In Kolumbien töteten 1991 laut *amnesty international* so genannte Todesschwadronen 2.800 obdachlose Kinder. Deutsche Beamte schieben elternlose Kinder ohne deutschen Pass ins Ausland ab, bisher unauffällige Leute aus einer ländlichen Gegend missbrauchen kleine Mädchen jahrelang sexuell.

Die Prozesse, sofern es dazu kommt, ergeben beinahe regelmäßig, dass die Täter seit ihrer Geburt emotional und sozial depraviert, dass sie ins Leben hineingestorben worden sind. Mit klinischen Diagnosen kann aber von den Sachverständigen, obgleich sie es gerne täten, nicht gedient werden. Die Täter – es sind immer noch überwiegend Männer – leiden an keiner Störung oder Krankheit, die sie vor Gericht exkulpieren könnte. Das Phänomen lässt sich medizinisch-psychiatrisch nicht klassifizieren, es scheint nichtklinischer Natur zu sein. Wenn sich außerdem herausstellt, dass die Täter nur ein äußerst lakunäres und überdies disperses Über-Ich haben und kaum Gefühle wahrnehmen oder in Worte kleiden können, haben die Humanitären und Humanwissenschaftler, allen voran die Psychoanalytiker, die letzten Verstehens- und Zugriffsraster verloren.

8

Auch der Drang zur Selbstübersteigerung scheint in der logischen Sinnlosigkeit des »ich bin ein Fraktal« oder »ich bin bereits tot« eine seiner Wurzeln zu haben. Seit der industriellen Revolution geht der biotische Tod immer rasender in technische Überlebensformen über. Aufzeichnungsgeräte, vom Fotoapparat bis zum Compu-Sen, halten das Belebte fest und können es nach dem Tod maschinell auftreten lassen. Das alte Jenseits, das sich verflüchtigt hat, wurde zum neuen Diesseits, das sich speichern lässt, scheinbar für immer und ewig. Angesichts »des Potentials der Verfügung über organische Prozesse, das Umriß gewinnt«, sagte schon Adorno, sei »der Gedanke einer Abschaffung des Todes nicht *a fortiori* abzutun« (Adorno 1964: 130). Dabei konnte er nicht wissen, dass Forscher der *British Telecom*, die sich *soul catcher* nennen, drei Jahrzehnte nach seiner hellsichtigen Bemerkung den endgültigen Tod des Todes für das Jahr 2025 vorhersagen würden. Sie sind dabei, einen Computer-Chip zu entwickeln, der mittels in die Sinnesorgane eingepflanzter Sensoren sämtliche Empfindungen speichert, so dass »ein ganzes Leben« lückenlos kommunizierbar, kontrollierbar und wiederholbar werde. Da die Gerätewelt die Vorgaben liefert, verglichen die Forscher ihre »Revolutionierung des Erinnerungsvermögens« mit dem, was die *black box* eines Flugzeuges macht, so dass allen klar ist, worum es geht.

Die alten Naturzwänge, Fortpflanzungs- und Generationenschranken, werden überwunden, indem embryonale Eier oder Eierstöcke übertragen werden, so dass die Ei-Empfängerin ein Kind austrägt, dessen genetische Mutter nie geboren worden ist; oder indem farbigen Frauen Eizellen von weißen Frauen eingepflanzt werden oder auch umgekehrt, was jedenfalls in Holland als »Laborverwechslung« schon vorgekommen ist; Individuen können ihre Keimzellen verkaufen oder verleihen und in vielen Ländern gleichzeitig tausende Leben produzieren lassen. Sie können sich aber auch vertrauensvoll an eine Keimzell-Agentur wenden und ein Kind aus einem Katalog mit attraktiven Spendern bestellen, wie es ihnen durch Versandhandel und Modejournale geläufig ist. Um den Bedarf an embryonalen Zellen zur Behandlung diverser Krankheiten von *Morbus Parkinson* bis zum *Diabetes mellitus* zu decken, müsste die Anzahl der unter bestimmten medizinischen Kautelen vorgenommenen Abtreibungen gewaltig gesteigert werden, wie es sowieso immanent geboten ist: funktionelle Ausdifferenzierung der Abtreibung, Verwendung von Embryonen als Rohstoff, Selbstlegitimierung der Hylomatie als humane Tat. Der überlebte alte Tod kann auch dadurch überlistet werden, dass die Verstorbenen mit ihren eingefrorenen Keimzellen Leben ermöglichen, was britische Behörden kürzlich einer Witwe genehmigt haben. Ganz neuartige und disperse Fortpflanzungs- und Familienbande knüpft die In-vitro-Fertilisation, indem sie z. B. einen Samenspender, eine Eispenderin, eine Leihmutter und die zukünftigen ›sozialen Eltern‹ trennend verbindet. Die Befruchtung könnte eigentlich ganz ins Labor verlegt und der vorgeburtlichen Diagnostik der Fortpflanzungsmediziner anvertraut werden, die bereits PID, das heißt Prä-Implantations-Diagnostik anwenden, über einen einfachen Bluttest auf Missbildungen verfügen und außerdem beinahe stündlich neue Gene entdecken, so dass ihnen eine Beratung zum Tode möglich ist. Erspart bliebe auf diese Weise der immer noch erschütternde Fetozid durch einen Stich ins Herz, sofern sich die Eltern ein medizinisch gesundes Kind wünschen, das sie angesichts des allgemeinen Standes der Technik und der ansonsten garantiert funktionstüchtigen Geräte, die sie erwerben, eigentlich auch verlangen können.

Eine neue Wissenschaft, genannt Bionik, führt Biologie und Technik, Fleisch und Elektronik, Lebendiges und Totes immer effektiver zusammen. Ihre Phantasmagorien gehen in Gestalt von Androiden, *high tech*-Untoten oder Replikanten in Filmen wie *Terminator*, *Robocop*, *Blade Runner* oder *Universal Soldier* kommerziell überaus erfolgreich um den Globus. Das Digitalisieren der analogen Welt, das Kopieren natürlicher Dinge und Prozesse und das Nanoisieren der Technologie ermöglichen der Wissenschaft bisher Unmögliches. Die alten Bioprothesen, Pumpen, Stents, Ventile, Schrittmacher usw. gehören angesichts der Nanotechnologie, der *cyberstick*-Chirurgie und des *simulated patient* ins grobtechnische Jahrhundert. Heute werden Augen und Ohren, Arme und Beine, Netzhäute, Harnblasen und Schließmuskeln ersetzt und Gedanken körperlos auf den Computer übertragen. In der kalten Nehmer-Kultur können sich Menschen als warme Geber fühlen, indem sie als menschliches Ersatzteillager solidarisch funktionieren. Sie können weiterleben in mehreren Menschen als Dividuum, genannt Transplantat. An solchen Grenzüberwindungen zeigt sich der konkrete Weg vom In-Dividuum, dem Unteilbaren, Einmaligen, zum Dividuum, dem Zerlegten, Vervielfältigten. Und hier zeigt sich auch, dass die Verstofflichung der Menschen mit ihrer Entstofflichung und die Entstofflichung der Dinge mit ihrer Verstofflichung einher geht. Dass konkrete Verstofflichung gegenstandslos, nicht aber stofflos sein kann, zeigt die *virtual reality*. Momentaner Höhepunkt der Selbstübersteigerung und Selbsterzeugung scheint die Technik des Klonens zu sein. Sie wird seit Jahrzehnten angewandt, um genetisch ›identische‹ Pflanzen und Tiere aus embryonalen Zellen zu produzieren. Neu und in der Natur nicht vorkommend ist jedoch das Klonen von Tieren aus gewöhnlichen, bereits spezialisierten Körperzellen ausgewachsener Tiere, was Naturwissenschaftler bisher nicht für möglich gehalten haben. Forscher um Ian Wilmut in Schottland sind 1997 mit dieser ›Tat‹-Sache herausgerückt, die als ›Quantensprung‹ angesehen wird. Sie hatten im Jahr zuvor das Schaf *Dolly* aus einer Euterzelle eines erwachsenen Tieres geklont. Forscher in Neuseeland und China haben offenbar bereits andere Spezies aus ausgereiften Zellen geklont, wie überhaupt im Augenblick immer mehr Prioritäten dieser Art veröffentlicht und angemeldet werden: So soll der US-Amerikaner Jerry Hall schon 1993 menschliche Embryonen geklont haben (vgl. Emmrich 1997). Psychoanalytiker wird wohl kaum überraschen, dass die schottischen Forscher jetzt von einzelnen Allgemeinen bedrängt werden, sie als erste Menschen nach dem Tod zu klonen oder auch zu Lebzeiten, damit sie wenigstens gedoppelte Allgemeine sind. Das Klonen scheint der Gipfel der Individualisierung zu sein, ist jedoch in Wahrheit sein Abgrund, weil natürlich nicht ein Individuum mit seiner immer noch einmaligen Geschichte kopiert werden kann, sondern nur Materie, sei sie auch noch so disponierend. Außerdem werden ausgerechnet Evolutionsbiologen nicht müde, die biotischen Vorteile der geschlechtlichen Fortpflanzung aufzuzählen und neuerdings auch per Computer-Simulation zu ›beweisen‹: größere genetische Vielfalt durch das Kombinieren zweier Genome, geringere Fehlerquote als beim ständigen Kopieren der Kopie per »Jungfernzeugung«, kontingente Verteilung der immer auftretenden Mutationen, schnelle Anpassung an eine durch Krankheitserreger veränderte ›innere‹ Umwelt.

Die fortgeschrittene Technik des Klonens hat einen alten Traum der Menschen wahr gemacht: kontrollierte Serienproduktion von genetisch einwandfreien Nutztieren und Nutzmenschen, was US-Senatoren sogleich ausdrücklich begrüßt haben. Naiv und den »Standort Deutschland« schädigend dagegen die Beteuerung des Bundesforschungsministers: »Den geklonten Menschen darf und wird es nicht geben.« Natürlich (und das meint immer, gesellschaftlich) wird es ihn geben. Wann die Produktion anläuft, entscheiden bei uns nicht Gesetze und Beteuerungen, sondern der Stand des Wissens, die Nachfrage des Marktes und das Objektiv der Hylomatie, andernorts möglicherweise auch fundamentalistische Beherrschungs- und Reinheitsphantasmagorien. Angesichts des Standes der Technik sieht Ludwig Siep nicht nur die »Gestalt des Menschen, sondern auch die des Lebens überhaupt grundsätzlich zur Disposition« gestellt (Siep 1996: 12). Die »Grundbegriffe des Lebens« – Art (statt Serienprodukt), Individuum (statt Typ), ungeplante natürliche Ausstattung und zufallsabhängige Fortpflanzung – seien »selbst zu Wertbegriffen« geworden. Da die Begründer der modernen Ethik nicht für denkbar hielten, dass »Züchtung die Grundstruktur des organischen Lebens tangieren könnte«, müsse eine neue Ethik entwickelt werden, die sich von der Illusion verabschiede, jedem Individuum bleibe seine private Lebensplanung überlassen. Auch müssten neue Fragen gestellt werden: »Gegen wessen Würde und Rechte verstößt es eigentlich, einen genetisch nahezu gleichen Nachkommen zu erzeugen?« Der Vater, der einen ihm aus dem Gesicht geschnittenen Sohn erhalte, oder das Individuum, das die Ausstattung eines Nobelpreisträgers mit auf den Lebensweg bekomme, oder die Angehörigen, die »eine genetische Kopie eines teuren Sterbenden« erhielten, dürften wohl kaum Anstoß nehmen. Außerdem stelle sich die Frage, warum eine Natur, »die von Zufällen, Abweichungen und Individualisierungen bestimmt ist«, einer Natur vorzuziehen sei, »die für die Bequemlichkeit des Menschen technisch optimiert wurde«. Siep will die Entscheidung, »wieviel ›Leben‹ und ›Natürlichkeit‹ wir für gut halten«, nicht »dem Kräftespiel der privaten Wünsche und Marktstrategien« überlassen. Er setzt auf den menschlichen Willen und einen öffentlichen Dialog.

9

Leben und Natürlichkeit werden von den Objektiven des Tauschs und der Hylomatie, die ineinander liegen, gewissermaßen automatisch und in Zeiten stürzender Zeit beinahe täglich umkodiert, ohne dass Dialoge daran etwas grundsätzlich ändern könnten.

Auch im öffentlichen Dialog wird die Grenze zwischen Leben und Tod verschoben. »Wir müssen die Ehrfurcht vor dem Leben abbauen, wenn wir Künstliche Intelligenz entwickeln wollen«, sagte der Forscher Dan Dannett (Hessischer Rundfunk, II. Programm, 24. Mai 1989). Der Grenzbereich zwischen Leben und Tod, Anfang und Ende des Lebens genießt die besondere Aufmerksamkeit der technologischen Medizin. Es gehe nicht darum, Patienten im Wachkoma die künstliche Ernährung zu »entziehen«; es gehe vielmehr darum, sie »einzustellen«. Das sei ein großer Unterschied, sagte der Rechtsmediziner Hans-Bernhard Wuermeling (RTL-Extra, 14. September 1996). Indem festgesetzt worden ist, unter welchen Umständen das Recht eines Embryos auf Leben sekundär ist, also wann das Leben beginnt, wurde logischerweise präjudiziert, eines Tages auch zu bestimmen, unter welchen Umständen das Recht eines bereits Geborenen sekundär ist, das Leben also endet. Prinzipiell unerheblich ist, ob dieses Tötungsrecht morgen oder erst übermorgen kodifiziert werden wird. Die Entscheidung ist bereits gefallen. Denn der Anthropozentrismus steht nur noch auf dem Papier. Er ist bereits abgelöst von einer Anthropofugalität, die nicht aus deprimierter menschlicher Selbsterkenntnis kommt – endlich soll das Töten und Abtöten enden und die humanitäre Heuchelei! –, sondern aus der Sachlogik, aus den Zwängen der Dinge. Einige so genannte Bioethiker sprechen das aus, wenn sie drohen, sie könnten sich gezwungen sehen, alte Menschen zu töten, damit deren kostbare Organe rechtzeitig an Jüngere weitergegeben werden können. Andere Ethiker spielen »Lebensqualität« gegen »Lebenswert« aus. Sie sehen ein menschliches Leben nur dann als qualifiziert an, wenn eine Person über Rationalität, Autonomie und Selbstbewusstsein verfügt. Diese Ethiker haben, unwissentlich wissend, bereits die Begründung für die Vernichtung der meisten, wenn nicht aller Menschen geliefert. Deshalb ist es nur eine Frage der Zeit, wann die humanitären Resthemmungen mit Wenn und Aber beseitigt sein werden.

Das Wenn und Aber der Menschenvernichtung mit Hilfe von Wissenschaft und Medizin, ein letzter Tribut an den Humanitarismus, werden Ethiker, Theologen und Ökonomen so raffiniert in Richtlinien fassen, dass die, die es erleben werden, sich einreden könnten, es gehe weiterhin ethisch einwandfrei zu. Eine Kommission, die dem Zentralkomitee der Deutschen Katholiken zuarbeitet, empfahl Mitte der 1990er, der so genannten Bioethik-Konvention des Europarates zuzustimmen. Diese lässt (bisher) Forschungsexperimente an Embryonen und an Menschen zu, die nicht einwilligungsfähig sind, regelt die Weitergabe von Gentest-Ergebnissen und das Patentieren menschlicher Gene gar nicht und das Klonen von Menschen zweideutig. In der Kommission arbeitete auch ein Direktoriumsmitglied der Deutschen Forschungsgemeinschaft mit, die vor kurzem in einer Denkschrift zu bedenken gab, »daß das Zurücktreten z. B. des Grundrechts auf Leben [...] gegenüber dem Grundrecht auf Forschungsfreiheit [...] z. B. zur Entwicklung von Therapiemöglichkeiten [...] geboten sein kann« (zit. nach Frankfurter Rundschau vom 3. Mai 1996, 26). Ende 1995 hatten sich die Deutschen Katholiken noch einstimmig gegen die ersten Entwürfe der so genannten Bioethik-Konvention ausgesprochen. Der Umschwung, der jetzt vorbereitet wird, passt zu dem, den die Bundesärztekammer (BAK) 1996 eingeleitet hatte. Sie sucht jetzt einen Mittelweg zwischen den Forderungen jener, die die aktive Sterbehilfe legalisieren wollen, und jener, die auf der Unantastbarkeit des Lebens beharren. In einer neuen »Richtlinie zur Sterbebegleitung« schlägt sie vor, keine aktive Sterbehilfe, aber doch erstmalig die standesrechtlich abgesegnete Möglichkeit, die Behandlung von Patienten abzubrechen, die sich noch nicht im Sterbeprozess befinden. Während der NS-Zeit, aber schon lange davor von angesehenen Gelehrten öffentlich begründet, »gewährte« der dispositionelle Auftrag denjenigen, deren »Leben« als »lebensunwert« definiert worden war, den »Gnadentod«. Heute läuft er auf die »Entsorgung« von »Seiendem« hinaus, das »existenzunwert« ist (Anders 1980b: 33). Wahrscheinlich haben die Dämme, die in anderen Ländern längst gebrochen sind, in Deutschland bis jetzt gehalten, weil nur hier die Vernichtung »lebensunwerten Lebens« willkürlich geplant und massenhaft erfolgte.

10

Auf einer Differenz ist zu bestehen, soll nicht der Ontologisierung des Todes zugearbeitet werden, die davon schweigt, wie gestorben wird: durch planmäßige Vernichtung, durch »stummen« Genozid, im Krieg, durch Folter, durch Unterernährung oder durch Überernährung. Unter hiesigen Gesellschaftsbedingungen ist Hylomatie eine Bedingung der Möglichkeit des Überlebens. Ohne Verstofflichung zerflösse alles, und die Menschen würden verrückt. Denn die Gesellschaft hält sich nicht trotz Hylomatie am ›Leben‹, sondern durch sie. Folglich ist Kritik in der Gefahr, nicht nur unnachsichtig, sondern auch, um es mit Marx zu sagen, borniert und roh zu sein. Wenn Operationalisierung und Kalkulation, wenn somatiformes und hylomatiformes Denken allgemein sind, ist niemand durch eine kritische Haltung davor gefeit, sich selbst und andere experimentell zu behandeln.

Es wäre auch falscher Rigorismus, die für die globalen Nutznießer pro-duktive, Leben spendende Seite der Prozesse der Ver- und Entstofflichung zu verschweigen. Es ist nicht nur eine hylomorphe Monstrosität, durch das Züchten körpereigener Knorpel als Unfallopfer wieder ein zeigbares Gesicht zu bekommen oder dank transplantierter Leichenteile, gentechnisch produzierter Medikamente und operativ implantierter Mikrochips am wie auch immer hylomatisch umkodierten Leben zu bleiben. Und es ist mehr als eine hylomorphe Virtualität, in Internet-Zeiten sein Geschlecht, seinen Körper, seine Rasse oder andere Stigmata zumindest vorübergehend hinter sich lassen zu können. Es ist autodestruktive Autopoiesis, vor allem aber autopoietische Autodestruktion, wobei »auto« nicht mehr auf selbstmächtige Subjekte bezogen werden kann, die darüber entscheiden würden, ob sie lieber der (zerstörerischen) Kreativität oder lieber der (kreativen) Zerstörung nachgeben.

Das Objektiv der Hylomatie ist keine abstrakte Idee des Bewusstseins, sondern dialektisch in dem eminenten Sinn, dass es Bewusstsein produziert. Dadurch wird Äußeres zu Innerem, und die Psychologen stehen vor der Aufgabe, Soziologen werden zu müssen. Weil der panische Schrecken andauert, der die Individualisierten durchfuhr, als sie erkannten, dass sie lebend aus ihrem Körper nicht herauskommen, dass sie sich, anders als die Steine, Pflanzen und Tiere, ihre Welt selbst entwerfen und einrichten müssen, ist Psychologie aber nicht passé. Auch der jüngste Versuch der Individualisierten, das Menschliche, den Schrecken, den Schmerz und die Ohnmacht dadurch zu bannen, dass sie sich den gefühllosen Dingen zugesellen, anschmiegen und bis hin zur Selbstaufgabe anvertrauen, beseitigte die Not des Lebens nicht. Vor einem Menschenalter schrieb Freud:

»Der Mensch ist sozusagen eine Art Prothesengott geworden, recht großartig, wenn er alle seine Hilfsorgane anlegt, aber sie sind nicht mit ihm verwachsen und machen ihm gelegentlich noch viel zu schaffen [...] Ferne Zeiten werden neue, wahrscheinlich unvorstellbar große Fortschritte [...] mit sich bringen, die Gottähnlichkeit noch weiter steigern. Im Interesse unserer Untersuchung wollen wir aber auch nicht daran vergessen, daß der heutige Mensch sich in seiner Gottähnlichkeit nicht glücklich fühlt.« (Freud 1999c: 451)

Die unvorstellbar großen ›Fortschritte‹ sind inzwischen eingetreten, der heutige Mensch verwächst mit den vergötzten Dingen und kann in seiner »Dingähnlichkeit« oft nicht mehr wahrnehmen, wieviel sie ihm zu schaffen machen. Weil er sich aber noch immer nicht glücklich fühlt, weil seine ebenso antiquierten wie überschüssigen Gefühle andauern, tun Psychologie und Psychotherapie weiterhin not. Wollen deren Vertreterinnen und Vertreter aber nicht in vergangenen Zeiten der »Gottähnlichkeit« verharren, müssen sie sich von einem alten, selbstermächtigten Subjekt verabschieden und es als Individuum, das ein Dividuum ist, neu denken.

Das sich selbst organisierende Subjekt trat vor zweihundert Jahren ins Zentrum des Wissens. In den zwei bis drei Jahrzehnten vor und nach 1800 ereignete sich nach Foucaults Analyse ein epistemologischer Bruch. Vor dieser Schwellenzeit gab es kein erkenntnistheoretisches Bewusstsein vom Menschen als solchem. Die vorausgegangene Episteme isolierte kein spezifisches und eigenes Gebiet des Menschen. Deshalb sagt Foucault in *Die Ordnung der Dinge*: »Vor dem Ende des achtzehnten Jahrhunderts existierte der Mensch nicht.« (Foucault 1993:

373) Erst jetzt traten Objektbereiche und Subjektvermögen ins Zentrum des Wissens, die uns epistemologisch noch vertraut sind, die aber wieder zurückzutreten scheinen: Arbeit und Arbeitskraft, Leben und Lebenskraft, Sprache und Sprachvermögen. Der Begriff des Lebens wurde »für die Anordnung der natürlichen Wesen unerläßlich« (Foucault 1993: 282); die fundamentale Opposition von Leben und Tod, von Lebendigem und Nichtlebendigem tauchte auf; Biologie konnte entstehen. Das Organische wurde zum Lebendigen, das produziert, indem es wächst und sich reproduziert; das Anorganische wurde zum Nichtlebendigen, das unfruchtbar und bewegungslos mit dem Tod zusammenfällt. Zwei Jahrhunderte später sind die Oppositionen nicht mehr fundamental, weil Leben und Tod diversifiziert wurden und durch Hylomatie ineinander übergehen. Und der Status des Subjekts ist epiphänomenal. Es ist nicht Herr (und schon gar nicht Frau) im eigenen Haus und in den Systemen, kein Integral, geschweige denn Konstituens. Im Zentrum der System-, Bedeutungs- und Bewusstseinskonstitution stehen Objektive, die »Subjektivität«, gedacht als allgemeines, »Personalität«, gedacht als besonderes, und »Individualität«, gedacht als einzelnes Selbstbewusstsein, deplatzieren und in eine exzentrische Position zwingen.

Paradox wie die Lage ist, müssen wir jedoch in der Praxis optimistisch bleiben, wollen wir uns nicht selbst verstofflichen, einverstanden mit der Flucht vor Menschen, vor sich selbst und dem, was sie in der Welt angerichtet haben. Doch wie soll das gelingen? Durch Subversion oder durch Anthropomorphisieren? John O'Neill bricht eine Lanze für die »Tradition mitmenschlicher Fürsorglichkeit«, durch die »wir zurückzugeben lernen, was wir selbst empfangen haben« (O'Neill 1990: 11/17). Was aber sind Hylomorphismen? Um die »Tradition der mitmenschlichen Fürsorglichkeit« ist es denkbar schlecht bestellt, wenn wir der Analyse des Psychoanalytikers Isidor Kaminer zustimmen, der von außen nach innen und von innen nach außen schaut. »Vernichtung«, das »Zunichtemachen von Lebendigem und Bedeutsamem«, bezeichnet Kaminer als »den Kern des Nationalsozialismus« (Kaminer 1997: 385). Der Massenmord

»an Juden, Zigeunern und Geisteskranken gab sich als Heilmaßnahme aus. Durchgeführt wurde er wie ein ganz normaler Arbeitsgang in speziell dafür geschaffenen Vernichtungsfabriken. Hier wurden lebendige Menschen mit Gefühlen und Sehnsüchten zu Menschenmaterial, das möglichst effizient getötet und verarbeitet werden sollte. Die Planung und die Durchführung dieses Mordens wurde von scheinbar ganz normalen Menschen vorgenommen, die jede andere Arbeit ebenso effizient ausgeführt hatten.« (Kaminer 1997: 386)

Die »Normalität« aber, die »psycho-soziale Grundstruktur«, die neben den historischen, politischen und ökonomischen Bedingungen den Massenmord möglich machte, ist weder in der NS-Zeit entstanden noch mit ihrem Ende verschwunden. Sie setzt sich »bis heute« fort (Kaminer 1997: 393). »Auschwitz ist bis heute nicht beendet«, sagt Imre Kertész, »weil es unsere Lebensweise ist, die zu Auschwitz führt. Hitler kann ein politischer Zufall sein, Auschwitz nicht.« (Kertész 1996: 9) Spätestens seit dem Nationalsozialismus könnten wir erkennen, dass Mitmenschlichkeit und Totstellen, dass »Morden und Kultiviertsein« (Kaminer 1997: 388) einander prinzipiell nicht widersprechen. Das postfordistische Zeitalter wird zeigen, in welche Bahnen die Nichtigkeitsgefühle und das Vernichtungspotential gelenkt und wie viele Individuen »Ab-Fall« im hegelschen Sinn, im luhmannschen Sinn oder im Sinn der Hylomatie werden.

Literatur

Adorno, Theodor W. (1938): »Über den Fetischcharakter in der Musik und die Regression des Hörens«. Zeitschrift für Sozialforschung, 7, S. 312-356.

Adorno, Theodor W. (1962): »Über Statik und Dynamik als soziologische Kategorien«. In: Max Horkheimer, Theodor W. Adorno, Sociologica II. Reden und Vorträge, Frankfurt a. M.: Europäische Verlagsanstalt, S. 223-240.

Adorno, Theodor W. (1964): Jargon der Eigentlichkeit. Zur deutschen Ideologie, Frankfurt a. M.: Suhrkamp Verlag.

Adorno, Theodor W. (1966): Negative Dialektik, Frankfurt a. M.: Suhrkamp Verlag.

Adorno, Theodor W. (1969): »Dialektische Epilegomena. Zu Subjekt und Objekt«. In: Ders., Stichworte. Kritische Modelle 2, Frankfurt a. M.: Suhrkamp Verlag, S. 151-168.

Anders, Günther (1980a) [1956]: Die Antiquiertheit des Menschen, Bd. 1: Über die Seele im Zeitalter der zweiten industriellen Revolution, München: C. H. Beck.

Anders, Günther (1980b): Die Antiquiertheit des Menschen, Bd. II: Über die Zerstörung des Lebens im Zeitalter der dritten industriellen Revolution, München: C. H. Beck.

Baudrillard, Jean (1996) [1995]: Das perfekte Verbrechen, München: Matthes & Seitz.

Beuscher, Bernd (Hg.) (1994): Schnittstelle Mensch. Menschen und Computer – Erfahrungen zwischen Technologie und Anthropologie, Heidelberg: Asanger.

Cioran, Émile Michel (1994) [1949]: Lehre vom Zerfall, Stuttgart: Klett-Cotta.

Cioran, Émile Michel (1995) [1964]: Der Absturz in die Zeit, Stuttgart: Klett-Cotta.

Emmrich, Michael (1997):»Hitler und Einstein kommen nicht wieder. Ist der geklonte Mensch denkbar?«. Dr. med. Mabuse – Zeitschrift im Gesundheits-wesen, 22, S. 53-55.

Foucault, Michel (1992) [1969]: Archäologie des Wissens, Frankfurt a. M.: Suhrkamp Verlag.

Foucault, Michel (1993) [1966]: Die Ordnung der Dinge. Eine Archäologie der Humanwissenschaften, Frankfurt a. M.: Suhrkamp Verlag.

Freud, Sigmund (1999a) [1892/93]:»Ein Fall von hypnotischer Heilung, nebst Bemerkungen über die Entstehung hysterischer Symptome durch den ›Gegenwillen‹«. In: Ders., Gesammelte Werke Bd. I, Frankfurt a. M.: Fischer Taschenbuch Verlag, S. 1-17.

Freud, Sigmund (1999b) [1917]:»Eine Schwierigkeit der Psychoanalyse«. In: Ders., Gesammelte Werke Bd. XII, Frankfurt a. M.: Fischer Taschenbuch Verlag, S. 1-12.

Freud, Sigmund (1999c) [1930]:»Das Unbehagen in der Kultur«. In: Ders., Gesammelte Werke Bd. XIV, Frankfurt a. M.: Fischer Taschenbuch Verlag, S. 419-506.

Horstmann, Ulrich (1983): Das Untier. Konturen einer Philosophie der Menschenflucht, Wien/Berlin: Medusa.

Kaminer, Isidor J. (1997): Normalität und Nationalsozialismus. Psyche, 51, S. 386-409.

Kant, Immanuel (1956) [1781/1787]: Kritik der reinen Vernunft. Vorrede zur 2. Auflage von 1787. Werke in sechs Bänden, Bd. II, hg. v. Wolfgang Weischedel, Darmstadt: Wissenschaftliche Buchgesellschaft, S. 20-41.

Kant, Immanuel (1964) [1784]: Beantwortung der Frage: Was ist Aufklärung? Werke in sechs Bänden, Bd. VI, hg. von Wolfgang Weischedel, Darmstadt: Wissenschaftliche Buchgesellschaft, S. 53-61.

Kertész, Imre (1996):»Die Ethik wird durch die Opfer geschaffen. Ein Interview«. Frankfurter Rundschau vom 4. Juli, S. 9.

Klemperer, Victor (1957): LTI. Notizbuch eines Philologen, Halle/Saale: Niemeyer.

Lee, David H. (1996):»A Self-replicating Peptide«. Nature 382, S. 525-528.

Luhmann, Niklas (1984): Soziale Systeme. Grundriss einer allgemeinen Theorie, Frankfurt a. M.: Suhrkamp Verlag.

Luhmann, Niklas (1986): Ökologische Kommunikation, Opladen: Westdeutscher Verlag.

Luhmann, Niklas (1996):»Die Selbstbeobachtung des Systems. Ein Gespräch«. In: Ingeborg Breuer, Peter Leusch, Dieter Mersch (Hg.), Welten im Kopf. Profile der Gegenwartsphilosophie, Bd. I: Deutschland, Hamburg: Rotbuch, S. 169-179.

Lütkehaus, Ludger (1995):»Verchromte Sirenen, herostratische Apparate. ›Desiderat: Dingpsychologie‹ (G. Anders): Für eine Umorientierung der Psychologie«. Psyche, 49, S. 281-303.

Lyotard, Jean-François (1993): Das postmoderne Wissen, Wien: Passagen.

Marx, Karl (1972) [1867]: Das Kapital. Kritik der politischen Ökonomie, Bd. I, Buch I: Der Produktionsprozeß des Kapitals. MEW 23, Berlin: Dietz.

McKay, David S. (1996):»Search for past Life on Mars: Possible Relic Biogenic Activity in martian Meteorite ALH84001«. Science, 273, S. 924-930.

O'Neill, John (1990) [1985]: Die fünf Körper. Medikalisierte Gesellschaft und Vergesellschaftung des Leibes, München: Fink.

Platon (1950) [vor 347 v. u. Z.]: Phaidon, Sämtliche Werke, Bd. 1, Heidelberg: Lambert Schneider, S. 731-811.

Schopenhauer, Artur (1919) [1844]: Die Welt als Wille und Vorstellung, Bd. II, Sämtliche Werke, Julius Frauenstädt (Hg.), Bd. III, Leipzig: F. A. Brockhaus.

Siep, Ludwig (1996):»›Dolly‹ – oder die Optimierung der Schöpfung. Der philosophischen Ethik fehlt es an wertenden Naturvorstellungen«. Frankfurter Rundschau vom 16. April, S. 12.

Sigusch, Volkmar (1984): Die Mystifikation des Sexuellen, Frankfurt a. M./New York: Campus.

Sigusch, Volkmar (1987):»Momente der Transferation«. In: Karola Brede, Heidi Fehlhaber, Hans-Martin Lohmann, Detlef Michaelis, Mechthild Zeul (Hg.), Befreiung zum Widerstand. Margarete Mitscherlich zum 70. Geburtstag, Frankfurt a. M.: Fischer Taschenbuch Verlag, S. 225-234.

Sigusch, Volkmar (1989): Kritik der disziplinierten Sexualität, Frankfurt a. M./New York: Campus.

Sigusch, Volkmar (1996):»Kultureller Wandel der Sexualität«. In: Ders. (Hg.), Sexuelle Störungen und ihre Behandlung, Stuttgart/Göttingen: Thieme, Vandenhoeck & Ruprecht, S. 16-31.

Simmel, Georg (1989) [1900]: Philosophie des Geldes, Gesamtausgabe, Bd. 6., Frankfurt a. M.: Suhrkamp Verlag.

Virilio, Paul (1992): Rasender Stillstand, München: Hanser.

Das epistemische Ding

Eine Frage des Wissens.
Gender als epistemisches Ding

ASTRID DEUBER-MANKOWSKY

Die Frage der sexuellen Differenz

Anders als in der deutschsprachigen Diskussion war der englische Begriff Gender in Frankreich bis zur europäischen Hochschulreform weder in der Alltagssprache noch im Bereich feministischer Theoriebildung ein gebräuchlicher Begriff. Ein Grund dafür liegt darin, dass das Nachdenken über die Geschlechterdifferenz in Frankreich verbunden war mit epistemologischen und methodologischen Fragen, die sich aus der Relektüre und der Kritik an der Psychoanalyse Freuds und Lacans auf der einen und der Kritik an der Philosophie des Geistes und der Geschichte der Metaphysik im Anschluss an die Phänomenologie von Husserl, die Kritik des Anthropozentrismus von Heidegger und das Denken der Struktur auf der anderen Seite ergaben. Hält man sich vor Augen, dass die Unterscheidung von Sex und Gender aus eben jener Fusion von Sexualwissenschaft, Psychoanalyse und Sozialwissenschaft entstanden ist, die Lacan bis zu seinem Ausschluss aus der *Internationalen Psychoanalytischen Vereinigung* im Jahr 1963 aktiv bekämpfte, und die Foucault mithilfe der in den siebziger Jahren entwickelten Konzepte des Sexualitätsdispositivs und der Biopolitik als Bestandteil der Biomacht zu analysieren half, so wird schnell deutlich, wie weit die wissensgeschichtlichen Differenzen reichen, in welche das Nachdenken über die Geschlechterdifferenz in Frankreich und die Forschung entlang der Kategorie Gender eingebunden sind.

Was eine unterschiedliche Geschichte des Nachdenkens über die sexuelle Differenz und der feministischen Theoriebildung verhinderte, schaffte erst die im Rahmen des Bolognaprozesses durchgeführte, europaweite Angleichung der Studiengänge und ihrer Institutionalisierung. So gibt es seit kurzem an der Université Paris 8 Saint-Dénis die Möglichkeit, einen Master »Genre(s), pensées de la différence, rapports de sexe« zu studieren. Die Schwierigkeit, die in einer solchen Übertragung des englischen »Gender« in das französische »Genre« liegt, deutet freilich bereits der in Klammern angedeutete Plural »Genre(s)« an. »Im Englischen«, so fasste die Philosophin und Historikerin Geneviève Fraisse die Unterschiede im Sprachgebrauch von »Gender« und »Genre« in einem 1995 erschienenen Vergleich zusammen,

»dient der Begriff *gender* zunächst einmal dazu, den biologistischen Sprachgebrauch von ›sexual difference‹ abzuwehren. Im Französischen verweist ›différence des sexes‹ nicht notwendig auf die Naturwissenschaften und der Begriff des *genre* versteht sich im Sinne von ›genre humain‹, Menschengeschlecht, als etwas, was die beiden Geschlechter umfasst, um ihre Einheit in der menschlichen Gattung auszudrücken. Kurzum: das Gegenteil dessen, worauf der Begriff *gender* abzielt, nämlich eine distinkte Wahrnehmung der Kategorien des Männlichen und des Weiblichen.« (Fraisse 1995: 41)

Genau diese Bedeutung, zwischen unterschiedlichen Geschlechtern zu differenzieren, komme, wie sie weiter ausführt, »Genre« jedoch im grammatischen Gebrauch des Wortes zu. Hier bedeute »Genre« immer nur das eine der Geschlechter, nie aber beide zusammen. Im Französischen bezieht sich »Genre« also einmal auf das Allgemeine, die menschliche Gattung und ein anderes Mal auf das Besondere, das männliche oder weibliche Genus, so dass nur entweder von einem ungeschlechtlichen »Genre« oder von zwei geschlechtlichen »Genres« die Rede sein kann. Damit sind wir freilich bereits mitten in den inhaltlichen Differenzen und den unterschiedlichen Weisen, über die sexuelle Differenz nachzudenken.

Die Geschlechterdifferenz, so fasst Fraisse den Ausgangspunkt des Denkens über die sexuelle Differenz in Frankreich, ist kein Philosophem. »Vielleicht«, so gibt sie zu bedenken, habe »die Psychoanalyse den Untersuchungsgegenstand ›Geschlechterdifferenz‹ nur produziert, um seine theoretische Unmöglichkeit zu zeigen« (Fraisse 1995: 40). Dabei ist der Grund für diese Unmöglichkeit, die Geschlechterdifferenz zu denken, nicht biologisch, sondern logisch. Das meint: Die »différence sexuelle« ist deswegen kein Philosophem, weil sie mit der ihrerseits »unmöglichen Frage« nach der Beziehung von Allgemeinem und Besonderem, von Identität und Universalem, von Universalem und Singulärem verflochten ist.

Die Frage der Geschlechterdifferenz konfrontiert das Denken, wie es die Philosophin und Psychoanalytikerin Monique David-Ménard in ihrem 2005 erschienenen Buch *Deleuze et la psychoanalyse* formuliert, mit der Frage der Singularität. An Deleuze' Kritik an Lacan anknüpfend, erinnert sie daran, dass die Frage der sexuellen Differenz im Rahmen der freudschen Psychoanalyse auf die Persistenz eines unlösbaren Problems hinweise (David-Ménard 2005: 30). Als solches sei die Frage der sexuellen Differenz mit jenem Ereignis verbunden, das man als Singularität bezeichnen könne. Unter Singularität versteht David-Ménard jenes Ereignis, das als Öffnung der Frage beschrieben werden kann, welche das Symptom als Antwort verschlossen habe (David-Ménard 2000: 173). Aus der Perspektive des dargestellten Verzichts, die Geschlechterdifferenz begrifflich zu fassen, erscheint die Einführung des Begriffs Gender in der US-amerikanischen Diskussion wie Fraisse konstatiert, als eine »echte Neuerung« und – mehr noch – als ein »epistemologischer Bruch« (Fraisse 1995: 27/28). Mit der Einführung der Sex/Gender-Unterscheidung ist die Frage der sexuellen Differenz zu einem Wissensobjekt und zu einer Wissenskategorie geworden.

Gender als Wissensding

Ich möchte, an Fraisse' Beobachtung anknüpfend, im Folgenden vorschlagen, »Gender« als eine Frage des Wissens und eine Frage an das Wissen zu verstehen. Um die Effekte der Unruhe stiftenden Kraft, welche der Frage der sexuellen Differenz auch in Form der Sex/Gender-Unterscheidung zukommt, in ihren Umwegen und Verästelungen erfassen zu können, schlage ich des Weiteren vor, Gender als ein epistemisches Ding in dem Sinne zu verstehen, in dem Hans-Jörg Rheinberger den Begriff in die Wissenschaftsgeschichte eingeführt hat. Epistemische Dinge sind nach Rheinberger »Dinge, denen die Anstrengung des Wissens gilt – nicht unbedingt Objekte im engeren Sinn, es können auch Strukturen, Reaktionen, Funktionen sein« (Rheinberger 2006: 27). Das epistemische Ding ist zugleich als Frage, die den Forschungsprozess eröffnet, wie auch als dessen Ergebnis zu verstehen. Dabei nimmt es während der gesamten Zeit aktiv am Forschungsprozess teil. Diese Teilnahme manifestiert sich durch die Widerstände, die es den Forschenden entgegensetzt, das heißt konkret, durch die Fragen, die es aufwirft. Epistemische Dinge sind Diskursobjekte und präsentieren sich in einer »charakteristischen, irreduziblen Vagheit und Verschwommenheit«

(ebd.: 27) – eben darin erweist sich ihre Materialität, ihre Produktivität und ihre Zukunftsfähigkeit.

Meine Überlegungen gehen von zwei Beobachtungen aus. Die erste bezieht sich auf die Veränderungen im Bereich der »Genderforschung« und die spezifische Geschichtlichkeit des Begriffs Gender selbst, die andere auf die Lehre und das Verhältnis der Studierenden zu ihrem Fach Gender Studies. Den Beobachtungen zum Studium entlang der Kategorie Gender werde ich die Frage anschließen, wie sich das politische Programm des Gender Mainstreaming und die um dieses entstandenen Diskurse zu den neueren Tendenzen in der Forschung verhalten, welche sich zunehmend an Fragen ausrichten, die sich durch die Veränderungen des Wissens von der Natur und der Kultur und des Verhältnisses von Gesellschaft und Technik stellen. Diese Veränderungen lassen sich an der aktiven Rolle ablesen, welche der Technik, beziehungsweise den in Technologien materialisierten Wissensprozessen und Geschichten in den Science Studies, der Wissenschaftsgeschichte und der Medienwissenschaft, aber auch in den Sozial- und Kulturwissenschaften zugesprochen wird. Die Aufmerksamkeit für die aktive Rolle des Technischen in der Wissensproduktion korrespondiert mit den tief greifenden Veränderungen der alltäglichen Lebenswelt, die mit den digitalen Medientechnologien und dem Eintritt der Lebenswissenschaften in den Alltag einhergehen. Wir brauchen nur an die Veränderungen zu denken, wie heute gestorben wird, wie gezeugt und geboren wird, was es heißt, gesund oder krank zu sein, wie die Selbstversorgung und Selbstführung organisiert wird, wie Risiken verteilt und wie Politiken der Technologien und Selbsttechnologien eingeübt und im Kontext neoliberaler Regime diskutiert werden.[1] Diese Veränderungen korrelieren, wie ich im Folgenden zeigen möchte, mit nachträglichen Bedeutungsverschiebungen von Gender.

Erschütterungen des Gender-Paradigmas

Die Forschung entlang der Kategorie Gender zeichnet sich dadurch aus, dass sie seit ihren Anfängen mit ihrem Gegenstand zugleich die Kategorie Gender selbst problematisierte. Den Gegenstand der Gender Studies verstehe ich als Genealogie der Machtverhältnisse und Archäo-

---

1 Vgl. Lindemann 2002; Franklin 1999: 127-165; Franklin/McKinnon 2001; Franklin/Roberts 2006. Eine gute Einführung in die Diskussion der neuen Technologien im Bereich der Ethnologie gibt Knecht 2005: 429-438. Einen Einblick in die Bedeutung der Medientechnologien für die Globalisierung geben Castells/Linchuan/Fernandez-Ardevol/Sey 2006.

logie des Geschlechts im Verhältnis zur Geschichte der Sexualität, des begehrenden Körpers, der Institutionen, der Disziplinar- und Regierungssysteme, der Identität, der Kategorien Race/Ethnicity, Class, sexuelle Orientierung, Alter, etc. und der Wissenssysteme der Natur und der Kultur. Die Problematisierung der eigenen epistemologischen Grundlagen oder, um es mit Judith Butler zu formulieren, das Forschen entlang kontingenter Grundlagen kann als Bestandteil des kritischen Selbstverständnisses der Gender Studies betrachtet werden; wobei Gender Studies hier in einem weiten Sinn als Geschlechterstudien figurieren, um die sich (und die sich gleichermaßen um) Sexuality Studies, Männlichkeitsstudien, Queer Studies, Transgender Studies, Critical Whiteness Studies, etc. sammeln, differenzieren und lösen.² Die Problematisierung der eigenen Grundlagen geschah und geschieht jedoch nicht programmatisch, sondern ereignete sich unvorhersehbar und krisenhaft. Die Kulturwissenschaftlerin Gabriele Dietze hat diese Krisen als »Erschütterungen« des Gender-Paradigmas durch vier »anti-universalistische Lernerfahrungen« gefasst (Dietze 2003: 10), die jede für sich zu einer Bedeutungsverschiebung und Neudefinition von Gender führte. Die erste anti-universalistische Erfahrung war, Dietze folgend, die Entwicklung des Gender-Paradigmas selbst. Es richtete sich gegen den diagnostizierten Androzentrismus. Die zweite anti-universalistische Herausforderung bildete die Kritik der Woman of Color an der Gleichsetzung von weiblicher Erfahrung mit der Erfahrung weißer Mittelklassefrauen. Auf diese Herausforderung durch den Vorwurf des Rassismus und Eurozentrismus reagierte, wie Dietze weiter ausführt, die Genderforschung mit dem Konzept von Whiteness als einer sowohl unsichtbaren wie hegemonialen Norm, welches zugleich eine neue Forschungsperspektive eröffnete und die Interdependenz der Kategorien Gender und Race beziehungsweise Ethnicity in den Blick rückte. Die dritte anti-universalistische Lernerfahrung zielte auf die Sex/Gender-Differenz und die mit der Annahme eines ›natürlich‹ gegebenen, biologischen Sexes einhergehende Privilegierung der heterosexuellen Mutter als Prototyp für Weiblichkeit. Diese, vor allem durch Judith Butler formulierte und bekannt gewordene Kritik an der heterosexuellen Matrix führte zur Forderung, das Konzept der Heteronormativität in das Gender-Paradigma aufzunehmen und sich damit vor Augen zu halten, welche Ausschlüsse die Gender Studies im Zuge ihrer Disziplinwerdung produzieren. Die vierte Herausforderung ortet Dietze schließlich im Diskurs der Intersexualität und der Kritik an der körperlich definierten Zweigeschlecht-

---

2 Zum ambivalenten Verhältnis von Gender und Queer Studies vgl. Schlichter 2004: 543-564.

lichkeit. Sie würde, so Dietze, »die Norm der Geschlechterpolarität selbst zum Gegenstand machen«, womit das »Ordnungssystem der geschlechtlich definierten Binarität *selbst* [...] in einem seiner wichtigsten Zeichensysteme, der Übereinkunft, dass es nur zwei mögliche Körper gibt, zur Diskussion« stünde (Dietze 2003: 13). Man könnte Dietzes Darstellung weitere Erschütterungen – etwa durch die Men Studies beziehungsweise Männlichkeitsstudien hinzufügen. Man könnte den Schwerpunkt auch mehr auf die Verzweigungen und Abspaltungen legen, welche durch die genannten Erschütterungen induziert wurden, oder die Differenzen zwischen den Diskursen unterschiedlicher disziplinärer, geographischer und/oder kultureller Herkünfte mehr hervor heben. Unbezweifelbar ist jedoch, dass das Gender-Paradigma mehrere signifikante Bedeutungsverschiebungen durchlaufen hat, und dass diese Bedeutungsverschiebungen nicht unabhängig waren von bestimmten medizinischen Praktiken und Technologien wie den endokrinologischen Hormonbehandlungen, plastischen Verfahren der Chirurgie und den Wissensbeständen der Lebens- und Sexualwissenschaften.

Herkunft aus den Lebenswissenschaften

Dass der Begriff Gender nie über eine gesicherte Bedeutung verfügte, hängt mit seiner Vor- und Entstehungsgeschichte zusammen. Donna J. Haraway hat in ihrem 1991 erschienenen Artikel *›Gender‹ for a Marxist Dictionary: The Sexual Politics of a Word* (Haraway 1991) darauf hingewiesen, wie sehr die Begriffsgeschichte von Gender, von der Sex/Gender-Unterscheidung und wie sehr die Gender Studies selbst geprägt sind durch die Tatsache, dass die Einführung von Gender als einer kritischen Kategorie sich auf ein Genderkonzept stützte, das seinerseits als ein Wissensprodukt, als ein Knoten von Bedeutungen und Technologien von Sex und Gender aus den »normalisierenden, liberalen, interventionistisch-therapeutischen, empirischen und funktionalistischen Lebenswissenschaften« in den USA der Nachkriegszeit hervorgegangen war. Die von Haraway zitierten »Life Sciences« umfassten Psychologie, Psychoanalyse, Medizin, Biologie und die Sozialwissenschaften gleichermaßen und widmeten sich dem Problem, wie mit Hilfe technischer, medizinischer und institutioneller Diskurse und Technologien bis hin zu staatlichen Erziehungs- und Bildungsprogrammen »Gender Identity« hergestellt und gesichert werden könnte. Zu nennen ist hier einerseits das 1958 am Medical Centre for the Study of Intersexuals and Transsexuals der University of California 1958 eingerichtete *Gender Identity Research Project*, dessen Forschungsergebnisse von dem Psycho-

analytiker Robert Stoller veröffentlicht und generalisiert wurden.³
Robert Stoller führte den Begriff Gender Identity 1963 am Internationalen Psychoanalytischen Kongress in Stockholm ein. Sex war für Stoller verbunden mit Biologie, das meint, wie Haraway differenziert, mit Hormonen, Genen, dem Nervensystem und der Morphologie, Gender mit Kultur, das heißt mit dem Wissenssystem der Psychologie und der Sozialwissenschaften (Haraway 1991: 133). Zu erwähnen sind andererseits das Projekt des Psychoendokrinologen John Money und seine Veröffentlichungen mit Anke Ehrhardt. Gemeinsam entwickelten und popularisierten sie an der 1966 gegründeten Gender Identity Clinic der Medical School der John's Hopkins University eine interaktionistische Version des Gender-Identitäts-Paradigmas (Haraway 1991: 133). Money führte den Begriff Gender-Role bereits 1955 ein und weitete ihn später zum Begriff der Gender-Identity-Role aus.

Bekannt geworden ist Money insbesondere durch den viel diskutierten, so genannten Fall John/Joan beziehungsweise Bruce/Brenda. Bruce war ein Junge, dessen Penis bei der rituellen Beschneidung durch einen Unfall irreparabel verletzt worden war und der unter der Behandlung und auf Rat von Money als Mädchen erzogen und in Brenda umbenannt wurde. Während die Geschlechtsumwandlung in Moneys Augen erfolgreich verlief, stellte sie für Bruce/Brenda eine nicht endende Leidensgeschichte dar. Er verübte nach einer erneuten Geschlechtsumwandlung 2004 und nach einer erneuten Umbenennung in David, als Ehemann und Vater von drei adoptierten Kindern, Selbstmord. (Vgl. Lang 2006: 163ff; Dietze 2003: 16ff.)⁴ Der Fall wurde, wie Claudia Lang pointiert formuliert, »zum ideologischen Schlachtfeld des Natur-Kultur-Gegensatzes und damit in gewisser Weise auch zwischen Bio- und Sozialwissenschaften und führte zu einem Paradigmenstreit im medizinischen Umgang mit Intersexualität« (Lang 2006: 163). So präsentierte der Biologe Milton Diamond in den späten neunziger Jahren die Geschichte von David Reimer in einer medienwirksamen Kontroverse als Beleg für seine biologistische Argumentation und als Widerlegung der sozial-konstruktivistischen John Moneys.⁵

Die Forschungen von Stoller und Money folgten dem ›Lehrsatz‹ der Physiologie, nach dem man aus der Pathologie eines Organs sehr viel über das normale Verhalten eines Organs erfahren könne. Entsprechend

---

3   Zu der aktuellen Diskussion in Deutschland vgl. Lang 2006.
4   Lang weist darauf hin, dass der Selbstmord von David Reimer nicht in unmittelbaren Zusammenhang mit den Geschlechtsumwandlungen gestellt werden kann.
5   Zur Kontroverse zwischen Money und Diamond vgl. Fausto-Sterling 2000: 67ff; Lang 2006: 165 ff.

bildete das Ziel ihrer Forschungen über Trans- und Intersexualität nicht die Erschütterung der Zweigeschlechtlichkeit und die Öffnung für neue Positionen und sexuelle Differenzen; das dezidierte Ziel war im Gegenteil die Produktion von Gender Identity – ein Konzept, das seinerseits als Norm fungierte und das Regime der Heteronormativität umso fester etablierte.[6] Die Prägung des Begriffspaars Sex/Gender erscheint im Kontext von Michel Foucaults Untersuchungen zu Sexualität und Wahrheit als produktiver Einsatz des Sexualitätsdispositivs an der Schnittstelle der Disziplinierung des Körpers und der bevölkerungspolitischen Produktion von Wissen sowohl über das Leben als auch die Regulierung der Gattung. (Foucault 1977: 171)

Die Unterscheidung eines kulturellen Geschlechts (Gender) und eines biologischen Geschlechts (Sex) wurde Anfang der siebziger Jahre in die feministische Wissenschaftskritik eingeführt. (Vgl. Oakley 1972) Dabei entsprang die kritische Kraft der Kategorie Gender daraus, dass sie in die Frage nach dem Ursprung des Wissens über die Differenz zwischen Kultur und Natur eingebunden wurde. So hatte die Anthropologin Gayle Rubin in ihrem methodologischen Artikel *The Traffic in Women* aus dem Jahr 1975 die Einführung des »sex-gender-Systems« mit einer kritischen Revision der Erklärungsmodelle verbunden, welche die Psychoanalyse auf der einen und die Ethnologie auf der anderen Seite vom Verhältnis und der Entstehung der Kultur aus der Natur in Verbindung mit der Differenz der Geschlechter gaben. In Ermangelung eines »eleganteren Ausdrucks« hatte Rubin, wie sie schreibt, auf das Begriffspaar Sex/Gender zurückgegriffen, um »die Vorkehrungen, durch die ein Gesellschaftssystem biologische Geschlechtlichkeit in Produkte menschlicher Aktivität transformiert und innerhalb deren diese transformierten Sexualbedürfnisse befriedigt werden, das ›sex-gender-System‹« (Rubin 1975) zu nennen. Die Ausgangspunkte ihrer Analysen bildeten zum einen Claude Lévi-Strauss' These, welche den Ursprung der Kultur im Frauentausch vermutete, und zum anderen Freuds psychoanalytische Theorie, welche die Frage nach der Geschlechtsidentität mit der Internalisierung der symbolischen Ordnung verband. Beide – sowohl die strukturalistische Anthropologie als auch die Psychoanalyse – basierten auf der Annahme eines immanenten Zusammenhangs zwischen der Herausbildung der Differenz zwischen Kultur und Natur sowie der Differenz der Geschlechter. Während jedoch sowohl Lévi-Strauss als auch Freud die Geschlechterdifferenz – im Unterschied zur Differenz Natur/Kultur – als naturgegeben voraussetzten und die Entstehung der Kultur selbst –

---

6 Dies zeigt Gabriele Dietze sehr klar in ihrer Darlegung des Vorgehens von Money im Fall John/Joan. Vgl. Dietze 2003: 17f.

wie weiland Kant[7] – aus der vermeintlich naturgegebenen Geschlechterdifferenz erklärten, führte Rubin das »sex-gender-System« ein, um die kulturellen Ursprünge der so gedeuteten Geschlechterdifferenz aufzudecken. Das Motiv war, die kulturelle Bedingtheit der angeblichen »Natürlichkeit« der Geschlechterhierarchie nachzuweisen. In Rubins epistemologischen Überlegungen wurde das Sex/Gender-System zu einem Schlüssel, um das Funktionieren der sexuellen Unterdrückung zu rekonstruieren und zu kritisieren. Sie verband die Einführung des Sex/Gender-Systems mit dem Traum

»einer androgynen Gesellschaft ohne soziale Geschlechter und Geschlechtsidentitäten (nicht aber ohne geschlechtliche Differenz), in welcher die geschlechtliche Anatomie weder die Identität noch das Handeln, noch die Sexualität der Einzelnen bestimmt.« (Rubin 1975: 159)

Die kritische Kraft der Kategorie Gender entsprang, um es zusammenzufassen, daraus, dass die Kritik der gesellschaftlichen Machtverhältnisse und der Ungleichheit der Geschlechter verbunden wurde mit der wissenschaftskritischen Frage nach dem Zusammenhang zwischen der Archäologie des wissenschaftlichen Wissens über die Grenze zwischen Natur und Kultur und der Grenze zwischen den Geschlechtern. (Vgl. Butler 1997) Anders als Stoller und Money banden die Vertreterinnen der Gender Studies die Kategorie Gender in den Kontext der Frage nach dem Zusammenhang von Herrschaft, Wissen und Macht ein. Die Forschung entlang der Kategorie Gender war damit involviert in aktuelle epistemologische und erkenntniskritische Fragen, die im Kontext der Diskussionen um das postmoderne Wissen ausgetragen wurden. So leitete Joan Scott in ihrem einflussreichen Essay *Gender: eine nützliche Kategorie der historischen Analyse* aus dem Jahr 1986 ihren Vorschlag, Gender als eine analytische Kategorie zu verstehen, mit der Bemerkung ein:

»Mir scheint es bedeutsam, dass der Gebrauch von *Gender* gerade während eines großen erkenntnistheoretischen Durcheinanders auftritt, welches in einigen Fällen unter Sozialwissenschaftlerinnen zu einer Verlagerung von wissenschaftlichen auf literarische Paradigmen führt (von einer Betonung der Ursache zur Betonung der Bedeutung, die verschiedenen Arten der Bedeutungen vermischend, wie Clifford Geertz es formulierte). [...] In dem durch diese Debatte eröffneten Raum stehen die FeministInnen auf der Seite der Kritik der Wissenschaft durch die Geisteswissenschaft und der Kritik der Empirie und des Humanismus durch die Poststrukturalisten. So haben die Femi-

---

7 Vgl. ausführlicher zu Kants Behandlung der Geschlechterdifferenz: Deuber-Mankowsky 2007: 72-99.

nistInnen nicht nur angefangen, eine eigene theoretische Stimme zu finden, sondern sie haben auch noch wissenschaftliche und politische Bündnispartner gefunden.« (Scott 1997: 430)

Scott wandte sich zunächst gegen die Reduktion der Kategorie Gender auf den physischen Unterschied der Geschlechter als einzige Variable, radikalisierte in der Folge jedoch die Frage nach der Konstitution der Geschlechterdifferenz und der Frage nach Legitimierung ihrer Erkennbarkeit, indem sie Gender über die Verbindung folgender zwei Teildefinitionen mit den weiteren Unterteilungen definierte:

»1. Gender ist ein konstitutives Element von gesellschaftlichen Beziehungen und gründet auf wahrgenommenen Unterschieden zwischen den Geschlechtern. 2. Gender ist eine wesentliche Weise, in der Machtbeziehungen Bedeutung verliehen wird.« (Scott 1997: 430)

Mir kommt es hier vor allem auf die Formulierung an, nach der Gender auf *wahrgenommenen* Unterschieden zwischen den Geschlechtern gründe. Denn mit dieser Formulierung löste Scott die Geschlechterunterschiede von den physischen Körpern; sie entsubstantialisierte die Geschlechterdifferenz und öffnete die Frage des Unterschieds und der Identität der Geschlechter für wahrnehmungsästhetische und medientheoretische Fragen. Die epistemischen Fragen, die sich im Anschluss an Butlers These der Performativität von Sex und Gender stellten, werden heute vor allem im Kontext von medientheoretischen Überlegungen diskutiert.[8]

Die Forschung entlang der Kategorie Gender führte in der Folge immer tiefer in die Fragen nach dem Verhältnis von Wissen und Körper, Sprache und Welt, von Natur und Geschichte, Medialität und Materialität, Natur und Kultur und auf erkenntnistheoretischer Ebene immer tiefer in die Paradoxa, denen sich das Denken ausgesetzt sieht, wenn es versucht, die Differenz zwischen Natur und Kultur zu erfassen. Die Erfahrung, dass die Forschung entlang der Kategorie Gender zu immer neuen Fragen führte, hat sich in Form einer unabgebrochenen methodologischen Reflexion auf die Potenzen und Grenzen des Begriffspaars Sex und Gender niedergeschlagen. Da Gender Studies transdisziplinär angelegt sind und Wissenschaftlerinnen aus unterschiedlichen Disziplinen an

---

8 Wie sehr sich die mediale Bedingtheit von Gender in der performativen Konstitu-tion der Medien selbst wiederholt und einholt, hat Andrea Seier in ihrer vor kurzem veröffentlichten Dissertation dargelegt. Vgl. Seier 2007.

ähnlichen Fragen arbeiteten, kamen auch die Grenzen der einzelnen Disziplinen ins Spiel, die ihrerseits methodisch reflektiert sein wollten.

Die Frage der Technik

Hält man sich die von Donna J. Haraway bereits 1991 problematisierte Archäologie des Begriffspaars Sex/Gender vor Augen, so scheint sich ein Kreis zu schließen: Ein Teil der »Genderforschung« aus verschiedenen disziplinären Standpunkten hat sich in den letzten Jahren dem Verhältnis der Kategorie Gender zur Geschichte des Wissens und den in der Technik materialisierten Wissenspraktiken selbst zugewendet.

Kam die Kategorie Gender zunächst als Nahtstelle und Grenze zwischen Natur und Kultur und damit als ein transdisziplinärer Gegenstand der Wissenschaften vom Menschen auf der einen und der Naturwissenschaften auf der anderen Seite in den Blick, so führten die im Feld der Gender Studies behandelten Gegenstände viele Wissenschaftlerinnen zur Problematisierung der im Rahmen der Lebenswissenschaften – die heute die Genetik, die Reproduktionsmedizin, die Agrarwissenschaften und die Neurowissenschaften umfasse (vgl. Palm 2005) – generierten Technologien und Wissensgegenständen und ihrer Verflechtung mit dem lebensweltlichen Alltag. Zwischen die Konzepte Natur – Kultur, Zweigeschlechtlichkeit, Körper und Wahrnehmung schob sich die Frage nach der Technik. Die kontroversen Diskussionen um Donna J. Haraways *Manifest für Cyborgs* (vgl. Deuber-Mankowsky 2007: 278ff.) mögen als Symptom dafür gelten, dass sich die in Technologien materialisierten Diskurse und Wissensgeschichten, die technischen Dinge und Medientechniken immer deutlicher als eigenwillige Aktanten und Mitspieler in der Produktion und Gestaltung von gesellschaftlichen Realitäten in den Vordergrund rückten. Es dauerte freilich, bis das Ausmaß dieser neuen Herausforderung Konturen annahm. Dies korrespondierte mit der Einsicht, dass die Technisierung des Wissens eigene Logiken, Politiken, Notwendigkeiten, Wissenspraktiken und -produkte, Diskurse, Medien, Dinge und Dispositive hervorbrachte, die Familien- und Verwandtschaftsverhältnisse, Tod und den Ursprung des Lebens, Krankheit und Gesundheit ebenso neu zu denken verlangte, wie die Kategorie des Geschlechts und der Identität und das Verhältnis von Gender und Sex selbst.[9] Wie sehr sich mit der Aufnahme relationistischer Konzepte der

---

9 Vgl. die Verweise in Fußnote 1. Zur Frage, wie Familien- und Verwandtschaftsverhältnisse neu gedacht werden, möchte ich den von Sarah Franklin und Susan McKinnon herausgegebenen Band *Relative Values.*

Science Studies, wie sie exemplarisch und federführend etwa von Donna J. Haraway vertreten werden, der Zugang zur Frage der Technik wandelte, zeigt der vergleichende Blick in Barbara Dudens 1991 veröffentlichtes Buch *Der Frauenleib als öffentlicher Ort. Vom Missbrauch des Begriffs Leben* (Duden 1991) und Bettina Bock von Wülfingens 2007 erschienene Studie *Genetisierung der Zeugung. Eine Diskurs- und Metaphernanalyse reproduktionsgenetischer Zukünfte* (Bock von Wülfingen 2007). So erscheint die Verwandlung des weiblichen Körpers in ein technologisch-organisches, wissenschaftliches System bei Duden als Albtraum und die historische Besinnung auf die Faktizität weiblicher Körpererfahrung als Remedium gegen eine bedrohliche Zukunft. Bock von Wülfingen dagegen sucht lebbare Zukünfte in einer Redefinition von Technik als Materialisierung von Wissen und Technologien, in denen sich gesellschaftliche ebenso wie kulturelle Einflüsse und Prozesse einschreiben. Dabei verzichtet sie konsequent auf die Bezugnahme auf Erfahrungen von körperlicher Integrität und/oder auf Entitäten wie den Körper, die Frauen beziehungsweise Männer, die Gesellschaft oder eben die Technik.

Mit feinem Gespür für das Ausmaß der gegenwärtigen Veränderungen des Verhältnisses von Natur, Kultur, Körperwahrnehmung, Technik und Wissen untersuchte die Historikerin Barbara Duden in den späten achtziger Jahren die Bedingungen, »unter denen im Laufe einer Generation neue Techniken und Sprechweisen das Verständnis und das Erleben von Schwangerschaft umgestülpt haben« (Duden 1991: 10). »Denn«, so begründete sie ihr Forschungsinteresse, »in wenigen Jahren wurde aus dem *Kind* ein *Fötus*, aus der schwangeren *Frau* ein *intrauterines Versorgungssystem*, aus dem Ungeborenen ein *Leben* und aus dem ›Leben‹ ein *säkular-katholischer*, also allumfassender *Wert*« (ebd.). Die Möglichkeit, dass sich der »Schoß von Frauen« vom »›Lebensraum‹ des Kindes unter dem Herzen zum bedrohten Immunsystem« verwandeln konnte, stellte für Duden eine »geschichtstheoretische«, eine »heikle epistemologische Frage« dar (ebd.). Duden zitierte in ihrem Buch die bekannte Stelle aus der Einleitung zum zweiten Band der Geschichte der Sexualität von Michel Foucault, um das Motiv ihres Fragens und den befreienden Effekt zu beschreiben, den die von ihr praktizierte Körpergeschichte habe:

»Es war Neugierde, jene Neugierde, die den Historiker zu einer Art Besessenheit berechtigt, nämlich zu einem Wissenwollen, dem es nicht auf die Bewäl-

---

Reconfiguring Kinship Studies hervorheben. Vgl. Franklin/McKinnon 2001.

tigung der Vergangenheit ankommt, sondern auf die Distanz zur eigenen Selbstverständlichkeit.« (Duden 1991: 17)

Diese Distanzgewinnung deutete Barbara Duden im Folgenden als eine Möglichkeit, sich von dem Albtraum zu befreien, als welcher sich ihr die zeitgenössischen Veränderungen der Körperwahrnehmung der schwangeren Frauen darstellte. Die wissenschaftliche Neugier half ihr, wie sie zum Schluss des Buches schreibt, »zu einem Lachen über den Spuk«, von dem ihr Essay handle (Duden 1991: 132). Für Duden stellte die Auseinandersetzung mit den Körpererfahrungen von Frauen aus dem 18. Jahrhundert die Möglichkeit dar, sich von der Körpererfahrung ihrer Gegenwart zu lösen, die, wie sie detailliert und präzise analysierte, bestimmt war von technowissenschaftlichen, systemtheoretischen, kybernetischen und religiösen Metaphern. Die historische Neugier verhalf ihr zu einer Wiederbesinnung auf den weiblichen Körper, der als eine für sich bestehende Bezugsgröße der Wahrnehmung rekonstituiert wird. Damit hielt sie freilich zugleich an eben jenem Denken der Geschlechterdifferenz fest, das sich im Zuge der Moderne herausgebildet hatte. Die Zweigeschlechtlichkeit steht für Duden nicht unter dem Verdacht der Heteronormativität oder des Essentialismus, sondern sie stellt die natürliche Referenz für eine kritische Position dar, welche die Technisierung der Wissensproduktion, die Technisierung der Wahrnehmung, der Körperwahrnehmung und der Gesellschaft als einen »Spuk« erscheinen ließ. Damit führten, wie man zugespitzt formulieren könnte, Dudens Körpergeschichte und ihre Analyse der Gegenwart gerade nicht zu einer Veränderung im Denken, wie Foucault sie intendierte, sondern im Gegenteil zu einer Rekonstituierung des Paradigmas der Aufklärung und der Moderne.

Die dargestellte Referenz auf eine naturgegebene Einheit von Körper und Geschlecht fehlt in der Studie der Biologin und Wissenschaftstheoretikerin Bettina Bock von Wülfingen. Sie beruft sich auf Foucaults Diskursanalyse, die sie im Sinne einer wissenschaftlichen Methode zur Datenerhebung und -deutung anwendet. Die *Genetisierung der Zeugung* ist der Versuch, die emanzipatorischen Potenziale innerhalb der stattfindenden Veränderungen im Verhältnis von Technologien, Wissen, Gesellschaft und Alltag zu eruieren und die Ambivalenzen innerhalb der Diskursstränge ausfindig und für eine emanzipatorische Politik nutzbar zu machen. Dabei geht es Bock von Wülfingen nicht weniger als Duden um die von dieser so präzise formulierte Fetischisierung und Sakralisierung des Fötus und, damit einhergehend, der Fetischisierung und Sakralisierung des »bloßen« beziehungsweise abstrakten Lebens. Anders als Duden macht Bock von Wülfingen ihre Kritik jedoch nicht an der Besinnung auf den Körper und die weibliche Körpererfahrung fest. Sie versteht Technik und Technologie im Anschluss an feministische Lesarten der sich auf Bruno Latour stützenden Science- und Technology Studies als »Teil des sie gestaltenden Diskurses« (Bock von Wülfingen 2007: 62). Mit Donna J. Haraway, Karen Barad u. a. geht sie davon aus, dass die Politik nicht jenseits, sondern *in* der Technik selbst liege. Das meint: Was ein bestimmtes Artefakt oder eine Technik möglich macht, wie einschränkend diese sind, welche Ausschlüsse sie produzieren, ist unter politischen und nicht unter technikontologischen Gesichtspunkten zu betrachten. Artefakte, soziale Strategien und politische Ziele sind in dieser Perspektive nicht voneinander zu trennen. Ausgehend von der Verwobenheit von Technologien und Diskursen – Haraway nennt sie materiell-semiotische Knoten – und vor dem Hintergrund des Konzepts der foucaultschen Gouvernementalität – der Kunst der Fremd- und Selbstregierung –, stellt Bock von Wülfingen schließlich die Forderung nach einer »Integration der Gesellschaft in Technologie« auf (Bock von Wülfingen 2007: 323).

Das Geschlecht wird in diesem methodischen Zugang ebenso de-essentialisiert und in Praktiken überführt wie »*die* Technik« oder »*die* Gesellschaft«. Unter Anwendung des Gouvernementalitätskonzepts denkt Bock von Wülfingen konkret an die Einrichtung von interdisziplinären »Gender Walk-In Centres«, Beratungsstellen, in denen Entscheidungen in Bezug auf Hormontherapien, Schönheitsoperationen, Geschlechtsoperationen, Kinderwunsch, etc. unabhängig vom Konzept der Gender Identity beratend begleitet werden. Dabei sollen freilich, anders als es zur Zeit üblich ist, Entscheidungen gegen eine Inanspruchnahme der zur Verfügung stehenden Technologien als ebenso einschneidend und der Begleitung bedürfend behandelt werden wie Entscheidungen für deren Inanspruchnahme. Das politische Ziel orientiert sich hier an einem Technologien und Politiken verbindenden Relationismus, in dem, wie Bock von Wülfingen in Anlehnung an Haraway formuliert, im Verbund mit den Dingen und neuen Technologien »Bedeutungen und Körper, in denen sich leben lässt, in integrativ-partizipativem Sinne konstruiert werden« (Bock von Wülfingen 2007: 324).

Die Folge ist, dass die Forschung entlang der Kategorie Gender nicht mehr isoliert von diesem Geflecht von Relationen stattfindet. Gender wird in komplexer Weise als Moment einer sich in Interaktion befindlichen Vielzahl von Kategorien analysiert, die aufeinander prallen, sich überlagern und überschneiden.[10] Diese Entwicklung kann als Ende einer bestimmten Weise der Geschlechterforschung betrachtet werden, sie kann jedoch auch, wie etwa Haraway vorschlägt, als Ausweitung und Komplexitätsgewinn ausgelegt werden:

»Gender is always complexly part of many other categories that pull against it, with it, constantly. All of those issues have led feminist theorists to be writing about all sorts of things that at first blush don't look like topics in feminist theory, but are. The sensibilities of feminist theory are brought to those other topics, and those other topics turn out to be at the heart of things to do with positioning, insistence of gender, sexuality, species, being.« (Haraway 2005: 131)

Diese Forschung, in der die Kategorie Gender sich vom Konzept der Genderidentität gelöst hat, sich weder am Körper, noch an der Differenz von Natur und Kultur orientiert, sondern die Gesellschaft und die Politik in die Technologie zu integrieren sucht, ist nicht weniger dem Versuch geschuldet, anders zu denken, als das Buch von Barbara Duden. Es ist allerdings ein Denken, das sich nicht mehr auf das Paradigma der Aufklärung und dessen Denken der Geschlechterdifferenz und der Konzepte von Natur, Kultur und Technik stützt, sondern versucht, sich auf neue Wege einzulassen.

Das Studium – Gender als epistemisches Ding

Doch lässt sich diese Komplexität, um nun von der Forschung auf die Institutionalisierung der Genderforschung in der Lehre zu kommen, Studierenden vermitteln? Wie erscheint diese hochkomplexe und voraussetzungsvolle »Genderforschung«, wenn man sie aus der Perspektive der Studierenden betrachtet? Meine Beobachtung mag vielleicht überraschen: Die Komplexität ist den Studierenden zumutbar, wenn sie nur zu einem besseren Verständnis der Gegenwart führt, in der wir leben.

---

10 Diese Fokussierung auf die Interdependenz und die Interaktion macht, wie Sybille Hardmeier und Dagmar Vinz unterstreichen, auch das zentrale Charakteristikum des Ansatzes der Intersektionalität aus. »Er fokussiert«, so Hardmeier/Vinz, »erstens nicht auf die Addition von Diskriminierungsachsen, sondern auf die Interaktion und Interdependenz derselben. Intersektion verweist auf Kreuzungen, Überlagerungen und Überschneidungen. Das Konzept ist folglich mehrdimensional, soll Pluralität abbilden und zeichnet ein multiples und widersprüchliches Subjekt.« Vgl. Hardmeier/ Vinz 2007: 26.

Die Thematisierung des Verhältnisses der Kategorie Gender und Sex zu den Wissenschaften des Menschen auf der einen und den Naturwissenschaften auf der anderen Seite, die Erkenntnis der Geschichtlichkeit dieser Unterscheidung, die Beschäftigung mit Intersexualität, Transsexualität, Transgender und deren Verbindung zu medizinischen Technologien und der Geschichte der Endokrinologie, die Veränderungen der Geschlechter-, Familien- und Verwandtschaftsverhältnisse, durch die Reproduktionstechnologien, Queer Studies und die Dekonstruktion der Zweigeschlechtlichkeit – alle diese in den letzten Jahren in den Fokus gerückten Themen – lassen das Studium der Gender Studies für viele Studierende zu einem »Versuch« werden, der, um ein weiteres Mal auf Michel Foucault zurück zu kommen, eine im wörtlichen Sinn zu verstehende Denkerfahrung, eine »verändernde Erprobung seiner/ihrer selber ist«. Gender löst sich dabei von dem Konzept der Genderidentität und wird zu einem epistemischen Ding (vgl. Rheinberger 2006: 25), einem Objekt des Wissens, das Wissen zum Objekt des Begehrens und die Erkenntnis zur Übung seiner/ihrer selbst.

In diesem Sinn antwortete ein Student des im WS 2005/06 an der Ruhr-Universität Bochum eröffneten Masterstudiengangs *Gender Studies. Kultur – Kommunikation – Gesellschaft*, was es für ihn bedeute, Gender Studies zu studieren in einer E-Mail folgendermaßen:

»In allen Lebensbereichen prägt Gender das Selbstbild von Personen genau so, wie die Form ihres Umgangs mit anderen Menschen. Als Fundamentalkategorie wirkt es sowohl auf die Konstruktion persönlicher Identitäten, als auch in Form einer Strukturdeterminante, anhand derer sich Gesellschaft organisiert.
Eine wissenschaftliche Auseinandersetzung mit dem Phänomen Gender könnte also dabei helfen, die Perspektive des unmittelbaren Alltags zu ergänzen, um so zu einem umfassenderen Verständnis seiner Einflussbereiche und Wirkungsmechanismen zu gelangen. Diese Verschränkung von wissenschaftlicher Abstraktion und der alltäglichen Präsenz persönlicher Erfahrungen machen Gender Studies für mich so interessant.
Der große Einflussbereich, den die Kategorie Geschlecht innerhalb der Gesellschaft abdeckt, erfordert einen interdisziplinären Analyseansatz, sodass die vielfältigen Formen der Annäherung – beispielsweise aus philosophischer, soziologischer oder auch kunsthistorischer Perspektive – einen weiteren Anreiz für Menschen mit einem breiten Spektrum an Interessen darstellen können.
Auch die Verknüpfung mit aktuellen Debatten (demographischer Wandel, Organisation des Arbeitsmarktes, etc.) sowie die Aufhebung sozialer Ungleichheit und der Ausblick auf zukünftige gesellschaftliche Entwicklungen

als mögliche Konsequenzen eines innovativen Forschungs-Diskurses sind Gründe meiner Begeisterung für Gender Studies.«[11]

Wenn ich Gender als »epistemisches Ding« – als eine Frage des Wissens und der Forschung – bezeichne und zugleich sage, dass Studierende der Gender Studies ihr Studium im Sinne von Michel Foucault als eine Erfahrung, als eine Übung ihrer selbst verstehen können, so ist das zugleich beschreibend und programmatisch gemeint.[12] Beschreibend, weil mir die Differenzierung, die Hans-Jörg Rheinberger mit dem Begriff des epistemischen Dings zwischen technischen und epistemischen Dingen einführt, um das Verhältnis zwischen epistemischen und technischen Momenten im Forschungsprozess als beweglich zu definieren, auch für das Verhältnis von Gender, Sex, Technik, Kultur und Natur überzeugend erscheint. Programmatisch, weil die Einführung des Begriffs des epistemischen Dings die Frage provoziert und wach hält, wie Veränderungen, die Produktion von Neuem und Unvorhergesehenem möglich sind, ohne auf Konzepte wie Fortschritt und Entwicklung zu rekurrieren. So geht es Rheinberger mit der Einführung des Begriffs des epistemischen Dings zunächst um eine Differenzierung zwischen den Anteilen, welche den technischen Dingen und dem experimentellen Denken im Prozess der Forschung zukommt. Anstatt das philosophische Denken dem Technowissen gegenüberzustellen, plädiert er – im Wissen um die mythenbildende Kraft von Namen und Wörtern – mit der Kreierung des Begriffs des epistemischen Dings dafür, »das Denken als nach wie vor konstitutiven Teil experimenteller Arbeit zu begreifen, als in ihr verkörperter Bewegung des Aufschließens, das immer schon in seinen technischen Bedingungen haust, diese aber zugleich transzendiert und einen offenen Horizont für das Auftauchen unvorwegnehmbarer Ereignisse schafft« (Rheinberger 2006: 33). Rheinberger wehrt damit sowohl die Vorstellung ab, die Wissenschaft gehe als Technowissenschaft im Technischen auf, als auch deren Gegenpart, Denken könne sich in einem von technischen Dingen freien Raum ereignen. Das käme dem Versuch gleich, entmaterialisiert zu denken. Wie sehr sich das Konzept des epistemischen Dings von einem solchen Unternehmen absetzt, zeigt sich etwa in dem explizit formulierten Ziel, dem »Primat

---

11 Die E-Mail schrieb Martin Seeliger am 23. März 2007.
12 Konkret zeigt sich eine Entwicklung in diese Richtung darin, dass zunehmend Forschungsprojekte und Förderungsprogramme für PromovendInnen zum Thema Geschlecht und Wissen eingerichtet und entwickelt werden. Ein prominentes Beispiel ist das aus dem Magisterstudiengang *Gender Studies/Geschlechterstudien* an der Humboldt-Universität zu Berlin hervorgegangene Graduiertenkolleg *Geschlecht als Wissenskategorie*. Vgl. http://www.geschlecht-als-wissenskategorie.de vom 5. Mai 2007.

der Theorie« zu entgehen und auf die »Materialitäten, an denen sich die Forschung abarbeitet« (Rheinberger 2006: 23) besonderes Augenmerk zu legen. Worin aber zeigen sich diese Materialitäten? Rheinberger nähert sich ihnen auf einem Umweg, über die Erfahrung, in »nicht mehr ableitbarer Weise in epistemische Praktiken, in experimentelle Situationen verwickelt zu sein«. Eben diese Erfahrung gilt es als Ausgangs- und als Mittelpunkt des experimentellen Denkens darzustellen. Rheinberger kreiert dazu einen weiteren Begriff: den des Experimentalsystems und setzt ihn an Stelle des Begriffs des »empirischen Denkens« (Rheinberger 2006: 11). Als »kleinste Einheit der Forschung« löst das Experimentalsystem die Vorstellung des Forschungsprozesses als eines Subjekt-Objekt-Verhältnisses und eines Testverfahrens, in dem das Experiment dazu dient, Hypothesen zu verifizieren beziehungsweise zu falsifizieren, durch die Vorstellung eines Prozesses ab, an dessen Herausarbeitung der Erkenntnisgegenstand ebenso beteiligt ist wie die Forschenden und die technischen Dinge, die Aufschreibesysteme und Techniken der Darstellung. Wie Rheinberger in exemplarischen Fallstudien zeigt, sind zukunftseröffnende Experimentalsysteme so eingerichtet, »dass sie noch unbekannte Antworten auf Fragen geben, die der Experimentator ebenfalls noch gar nicht klar zu stellen in der Lage ist« (Rheinberger 2006: 25). Gut eingerichtete Experimentalsysteme entstehen, so könnte man zusammenfassen, im Rückgriff auf Vorhandenes, in einem Prozess der Wiederholung, in dessen Verlauf nach Differenzen getastet wird. Es sind Systeme, die sich differenziell reproduzieren. (Vgl. Rheinberger 2006: 89) Mit dem Modell des Experimentalsystems und des epistemischen Dings löst Rheinberger die Produktion von naturwissenschaftlichen Erkenntnissen von der Vorstellung des klassischen Repräsentationsdenkens. So entlehnt er den Begriff des »repräsentationalen Kontexts«, um den Anteil zu betonen, den die Techniken der Repräsentation an der Erscheinung des epistemischen Dings haben. Die Materialität zeigt sich mit anderen Worten immer erst nachträglich in Form von Spuren, die sich als Schrift niederschlagen: als tabellarische Aufzeichnungen, Kurven, Diagramme. Epistemische Dinge sind, wie Rheinberger unter Rückgriff auf Derridas Denken der Différance zusammenfasst, »Bündel von Inskriptionen« (Rheinberger 2006: 89). Die Materialität des epistemischen Dings erweist sich in der Variation, dessen Widerständigkeit in der Verfehlung der Wiederholung, die ohne Verfehlung und ohne Variation nicht mehr als ein repetitiver Leerlauf wäre.

Damit korrelieren die Materialität des epistemischen Dings und die Widerständigkeit sowie die spezifische, sich als Verfehlung manifestierende Materialität, die Judith Butler – ebenfalls unter Bezugnahme auf Derridas Begriff der Iterabilität und des Denkens der Différance im Hinblick auf Gender festgestellt hat: Die Materialität von Gender erweist sich in den Verfehlungen von repetitiven Anweisungen, die binären Geschlechtercodes zu wiederholen. Gender wird, ebenso wie das epistemische Ding, als ein Diskursobjekt gedacht, dessen Stabilität durch regelgeleitete Wiederholung von Aussagen und den Einsatz von bestimmten Technologien, Medien und Darstellungsweisen garantiert wird. Dabei korrelieren Materialität und Widerständigkeit insofern, dass sich in der Verfehlung der Wiederholung Unberechenbares, eben Kontingentes, ereignet, das zugleich neue Möglichkeiten und die Möglichkeit der Subversion eines identitätsfixierten und reduktionistischen Denkens eröffnet. »Wenn die Regeln, die die Bezeichnung anleiten«, so schreibt Butler in *Das Unbehagen der Geschlechter*, »nicht nur einschränkend wirken, sondern die Behauptung alternativer Gebiete kultureller Intelligibilität ermöglichen, d. h. neue Möglichkeiten für die Geschlechtsidentität eröffnen, die den starren Codes der hierarchischen Binaritäten widersprechen, ist eine Subversion der Identität nur *innerhalb* der Verfehlungen repetitiver Bezeichnung möglich.« (Butler 1991: 213) Die Frage ist, wie Butler lakonisch und pointiert daraus schließt, »nicht ob, sondern, wie wir wiederholen« (Butler 1991: 213). Mit den Konzepten des epistemischen Dings und des Experimentalsystems schreibt Rheinberger diese Frage – die Frage, wie wir wiederholen – in die Wissenschaftsgeschichte und damit zugleich in die Vorstellung ein, die wir von der Wissenschaft, den Natur-, Techno- und Lebenswissenschaften schaffen. Die Bezugnahme auf Derridas Begriffe der Spur, der Nachträglichkeit, der Schrift, des Graphems, der Wiederholung, des Kontexts ebenso wie die auf Foucaults Genealogie und Diskursanalyse sollen »das Erscheinungsbild der Wissenschaft als monolithisches Unternehmen gründlich und nachhaltig hinterfragen« (vgl. Rheinberger 2006: 225). Die Bezugnahme auf diese repräsentationskritischen Formen des Denkens und des Wissens eröffnet, wie man mit Haraway formulieren könnte, die Möglichkeit einer besseren und komplexeren Darstellung der Wissenschaft, der technischen Dinge und unserer technischen Lebensform.

Nachtrag: Gender Mainstreaming

1999 wurde Joan W. Scott mit dem Hans-Sigrist-Preis der Universität Bern für Gender Studies ausgezeichnet und hielt zu diesem Anlass eine Preisrede mit dem Titel »Die Zukunft von Gender. Fantasien zur Jahrtausendwende«.[13] Statt die Geschichte der Kategorie Gender als Erfolgsgeschichte zu präsentieren, hielt Scott einen kritischen Rückblick und bezweifelte, ob Gender als kritische Analysekategorie überhaupt eine Zukunft habe. Und dies, obwohl ›Gender‹ innerhalb kurzer Zeit zum zentralen Begriff einer der wichtigsten Bewegungen in der Wissenschaftsforschung am Ende des 20. Jahrhunderts geworden war, und obwohl Scott selbst durch ihren bereits zitierten Aufsatz *Gender: A Useful Category of Historical Analysis* aus dem Jahr 1986 dazu beigetragen hatte. Was brachte Joan W. Scott dazu, die Preisrede als Anlass für eine Abrechnung mit der Geschichte des Begriffs Gender zu benutzen?

1999 hat die EU mit der Verabschiedung des Amsterdamer Vertrags ihre Mitgliedstaaten dazu aufgefordert, im Rahmen des »Gender Mainstreaming« die Gleichstellung von Männern und Frauen zu fördern. Die Bundesrepublik setzte diese Forderung im Jahr 2002 mit der Erklärung des »Gender Mainstreaming« zum Regierungsprogramm um. Dies ist auf den ersten Blick ein politischer Erfolg, erweist sich bei genauerer Betrachtung jedoch als sehr zweischneidig, und bei dieser Zweischneidigkeit setzt Scotts Kritik an.

Mit der Einbindung der Kategorie Gender in das Regierungsprogramm »Gender Mainstreaming« geht eine Bedeutungsverschiebung einher, in deren Verlauf sich Gender aus einer kritischen Analysekategorie in ein Synonym für »Männer« und/oder »Frauen« verwandelte. Ich möchte zur Illustrierung der genannten Bedeutungsverschiebung eine Erklärung zitieren, die auf der offiziellen Homepage der EU der Einführung in das Programm des »Gender Mainstreaming« vorangestellt ist:

»Die Maßnahmen zur Gleichstellung erfordern ein ehrgeiziges Konzept, das von der Anerkennung der weiblichen und der männlichen Identität sowie der Bereitschaft zu einer ausgewogenen Teilung der Verantwortung zwischen Frauen und Männern ausgehen muss.«[14]

»Gender Mainstreaming« präsentiert sich hier als ein Programm, das mit der ausgewogenen Teilung der Verantwortung nicht nur die Geschlechterteilung, sondern auch die Vorstellung einer bestimmten weiblichen und männlichen Geschlechteridentität perpetuiert. Joan W. Scott sah diese Entwicklung bereits aus der Formulierung des »Gender Main-

---

13 Der Vortrag ist in englischer Originalversion unter dem Titel »Millenial Fantasies. The Future of Gender in the 21st Century« und der deutschen Übersetzung mit dem Titel »Die Zukunft von Gender. Fantasien zur Jahrtausendwende« dokumentiert in: Honegger/Arni 2001: 19-38; 39-64.
14 Vgl. http://europa.eu.int/comm/employment_social/equ_opp/gms_de.html; vom 21. März 2007.

streaming«-Konzepts voraus, wie es während der 4. Weltfrauenkonferenz in Peking 1995 verabschiedet wurde. Treffend beschrieb sie das Programm in der Hauptsache als eine Aufforderung, »Statistiken und statistische Prognosen nach Geschlecht aufzuschlüsseln« (Scott 1995: 58).

Wie genau Scott die Zukunft von Gender im Hinblick auf die Konsequenzen eines Regierungsprogramms »Gender Mainstreaming« voraussah, wird durch die Veröffentlichung eines Gender-Manifests bestätigt, das im Januar 2006 in Kooperation zwischen dem Genderbüro Berlin und dem GenderForum Berlin entstand.[15] In diesem Manifest, das von sechs GenderexpertInnen verfasst wurde, die zum großen Teil selbst in der Gender-Praxis, also der Gender-Beratung und Gender-Fortbildung tätig sind, formulieren die AutorInnen ihre Beunruhigung angesichts der Beobachtung, dass im Bereich von Gender-Training und Gender-Beratung Geschlechterkonzepte dominieren, welche die aktuelle heteronormative Ordnung der Geschlechter reproduzieren statt verändern. Häufig würden die Bezeichnungen »Frauen« oder »Männer« einfach ersetzt durch das populär gewordene »Gender«. Des Weiteren stellen sie fest, dass »Gender Mainstreaming« zunehmend als »neoliberale Reorganisationsstrategie zur Optimierung ›geschlechterspezifischer Humanressourcen‹« interpretiert werde. Gender diene als Analysekategorie, um Geschlechterunterschiede – zumeist mit Hilfe statistischer Verfahren – mit dem Ziel zu diagnostizieren, eine vermeintliche Geschlechtsneutralität zu widerlegen. Beunruhigend finden die VerfasserInnen des Manifests, dass dabei zugleich Unterschiede innerhalb der »Genustypen« ausgeblendet werden und eine Homogenisierung von Männern und Frauen stattfinde. Das Fazit ist ernüchternd.

Hatte Scott doch recht, als sie, »gegen einen breiten feministischen Konsens« zum Schluss kam, dass »*gender* vielleicht nicht mehr die nützliche Kategorie [ist], die sie einmal war – nicht, weil der Feind die Oberhand gewonnen hätte, sondern weil diese Kategorie die jetzt anstehende Arbeit nicht zu leisten vermag«? (Scott 2001: 42) Scott bezieht sich, wenn sie von der anstehenden Arbeit spricht, auf die Kritik des Wissenschaftsdiskurses, der im Rahmen des wachsenden Einflusses der Gentechnologie und der Fortschritte der Reproduktionsmedizin in den USA bereits zu großen Teilen von neodarwinistischen Evolutionstheorien beherrscht wird. Dies trifft auf die mit der Neurobiologie verbundenen Emotionsforschung ebenso zu wie auf die Evolutions-

---

15 Das Manifest wurde u. a. abgedruckt in: Switchboard. Zeitschrift für Männer und Jugendarbeit, Nr. 177, August-September 2006, 4-7. Der Text steht als PDF-Datei im Internet unter der Adresse: http://www.maennerzeitung.de; vom 21. Februar 2007.

psychologie, die Mikrobiologie und die Informationstechnologie. Dieser Bewegung im Wissenschaftsbetrieb sei, so lautet die These von Scott, mit der Kategorie Gender nicht mehr beizukommen. Ihre Kritik an dem Begriff Gender zielt auf zwei Punkte. Der eine betrifft die bereits behandelte Verschleifung der Kategorie Gender im Lauf ihrer Institutionalisierung, die im Gebrauch von Gender als Synonym für Frauen und Männer im Programm des »Gender Mainstreaming« kulminiert. Der andere Punkt weist auf den Zusammenhang hin zwischen dieser reduktionistischen Verwendung von Gender und der biologistischen Auslegung von Gender im Rahmen reduktionistischer Auslegungen der Evolutions- und Kognitionstheorien.

»In den Vereinigten Staaten (und in den Vereinten Nationen) ist gender zu einer Frage des allgemein üblichen Sprachgebrauchs geworden und wird gewohnheitsmäßig als Synonym für Frauen dargeboten, für die Unterschiede zwischen den Geschlechtern, für das biologische Geschlecht. Manchmal steht der Begriff für die sozialen Regeln, die Männern und Frauen auferlegt werden, aber nur selten verweist er auf das Wissen, das unsere Wahrnehmungen von Natur organisiert. [...] Kaum jedoch wird danach gefragt, wie die Bedeutungen von ›Frauen‹ und ›Männer‹ diskursiv gebildet und verfestigt werden, welche Widersprüche diese Bedeutungen durcheinander bringen, was die Begriffe ausschließen, welche Variationen subjektiv erfahrener ›Weiblichkeit‹ in verschiedenen normativen Geschlechterregimes sinnfällig gewesen sind, welches der Zusammenhang ist – und ob es einen solchen gibt – zwischen gegenwärtigen wissenschaftlichen Auf-fassungen etwa über Kognition oder Evolution einerseits und Geschlechterdifferenz andererseits.« (Scott 2001: 59)

Dies ist ein ernüchterndes Fazit. Mit dem Vorschlag, Gender als epistemisches Ding zu verstehen, habe ich versucht, eine Alternative zu formulieren, um weder die Genderforschung noch die Wissenschaften, noch unsere technischen Lebensformen in einer reduktionistischen Darstellung zu verkürzen. Ich möchte in dem Zusammenhang zum Schluss an einen Vorschlag erinnern, den Donna J. Haraway bereits 1986 formulierte: Statt die Spannung, die das Begriffspaar Sex/Gender erzeugt, aufzugeben, fordert sie, das biologische und das kulturelle Geschlecht als zwei unterschiedliche, miteinander verflochtene Wissenssysteme verstehen zu lernen. Dazu gehört, die vermeintlich natürlichen Gegebenheiten mit ihrer Medialität und ihrer spezifischen Geschichtlichkeit sowie ihren Ursprüngen aus Wissenschaften, Ökonomie und Technik zu konfrontieren. Die von Haraway vorgeschlagene Rückbindung des Sex/Gender-Systems an zwei unterschiedliche Wissenssysteme macht die Annahme unmöglich, es gäbe eine der Kultur voraus liegende Natur, die nicht ihrerseits Produkt eines wissenschaftlichen Systems – zum

Beispiel der Biologie – sei. Damit könnte die Kategorie Gender, verstanden als epistemisches Ding, entgegen Scotts Bedenken doch zu der anstehenden Arbeit einer Kritik der reduktionistischen Spielarten biowissenschaftlicher, neurobiologischer und neodarwinistischer Theorien im gegenwärtigen Wissenschaftsdiskurs befähigen. Diese Kritik könnte mit jenem Anliegen eines »verantwortungsvollen Umgangs mit der Kategorie Gender« verbunden werden, der sich, wie die AutorInnen des Gender-Manifests betonen, der »Gender-Paradoxie« bewusst ist und »die Gleichzeitigkeit der Herstellung und Überwindung von Geschlecht zum produktiven Ausgangspunkt des Handelns« nimmt. Denn die Frage ist, um Judith Butler noch einmal zu zitieren, nicht ob, sondern wie wir wiederholen.

Literatur

Butler, Judith (1991): Das Unbehagen der Geschlechter, Frankfurt a. M.: Suhrkamp Verlag.
Butler, Judith (1997): »Das Ende der Geschlechterdifferenz?«. In: Jörg Huber/Martin Heller (Hg.), Interventionen 6, Konturen des Unentschiedenen, Basel/Frankfurt a. M.: Stroemfeld, S. 25-45.
Castells, Manuel/Linchuan Qiu, Jack/Fernandez-Ardevol, Mireia/Sey, Araba (2006): Mobile Communication and Society. A Global Perspective. Information Revolution and Global Society, Cambridge, MA: MIT Press.
David-Ménard, Monique (2000): Tout le plaisir pour moi, Paris: Presses Universitaires.
David-Ménard, Monique (2005): Deleuze et la psychanalyse, Paris: Presses Universitaires de France.
Deuber-Mankowsky, Astrid (2007): Praktiken der Illusion. Kant, Nietzsche, Cohen, Benjamin bis Donna J. Haraway, Berlin: Verlag Vorwerk 8.
Dietze, Gabriele (2003): »Allegorien der Heterosexualität. Intersexualität und Zweigeschlechtlichkeit – Eine Herausforderung der Gender Studies?«. Die Philosophin. Intersex und Geschlechterstudien, 28, S. 9-35.
Duden, Barbara (1991): Der Frauenleib als öffentlicher Ort. Vom Missbrauch des Begriffs Leben, Hamburg/Zürich: Luchterhand.
Fausto-Sterling, Ann (2000): Sexing the Body: How Biologists Construct the Body, New York: Basic Books.
Fraisse, Geneviève (1995): »Die Geschichtlichkeit der Geschlechterdifferenz. Ein Programm für mögliche Lektüren«. In: Dies. (Hg.),

Geschlecht und Moderne, Archäologie der Gleichberechtigung, Frankfurt a. M.: Fischer Verlag, S. 33-51.

Franklin, Sarah (1999): »Making Representations. The Parliamentary Debate on the Human Fertilisation and Embryology Act«. In: Jeanette Edwards/Sarah Franklin/Edward Hirsch/Frances Price (Hg.), Technologies of Procreation. Kinship in the Age of Assisted Conception, New York: Haworth Press, S. 127-165.

Franklin, Sarah/McKinnon, Susan (Hg.) (2001): Relative Values. Reconfiguring Kinship Studies, Durham/London: Duke University Press.

Franklin, Sara/Roberts, Celia (2006): Born and Made. An Ethnography of Reimplantation Genetic Diagnostics, Princeton/New Jersey: Princeton University Press.

Foucault, Michel (1977): Der Wille zum Wissen. Sexualität und Wahrheit, Band 1, Frankfurt a. M.: Suhrkamp Verlag.

Hardmeier, Sybille/Vinz, Dagmar (2007): »Diversity und Intersectionality – Eine kritische Würdigung der Ansätze für die Politikwissenschaft«. Femina Politica 1, S. 23-33.

Haraway, Donna J. (1991): »›Gender‹ for a Marxist Dictionary: The Sexual Politics of a Word«. In: Dies. (Hg.), Simians, Cyborgs, and Women, New York: Routledge, S. 127-148.

Haraway, Donna J. (2005): »Conversations with Donna Haraway«. In: Joseph Schneider (Hg.), Donna Haraway. Live Theory, New York/London: Continuum, S. 114-156.

Honegger, Claudia/Arni, Caroline (Hg.) (2001): Gender – Die Tücken einer Kategorie. Joan W. Scott, Geschichte und Politik, Zürich: Chronos Verlag.

Knecht, Michi (2005): »Ethnographische Wissensproduktion und der Körper als ethnografisches Objekt im Feld moderner Reproduktionsmedizin«. In: Beate Binder/Silke Göttsch/Wolfgang Kaschuba/ Konrad Vanja (Hg.), Ort. Arbeit. Körper. Ethnographie Europäischer Modernen, Münster/New York/München/Berlin: Waxmann Verlag, S. 429-438.

Lang, Claudia (2006): Intersexualität. Menschen zwischen den Geschlechtern, Frankfurt a. M./New York: Campus Verlag.

Lindemann, Gesa (2002): Die Grenzen des Sozialen. Zur soziotechnischen Konstruktion von Leben und Tod in der Intensivmedizin, München: Wilhelm Fink Verlag.

Oakley, Ann (1972): Sex, Gender and Society, London: Temple Smith.

Palm, Kerstin (2005): »Lebenswissenschaften«. In: Christina von Braun/Inge Stephan/Claudia Benthien u. a. (Hg.), Gender@Wissen.

Ein Handbuch der Gender-Theorien, Köln/Weimar/Wien: Böhlau Verlag, S. 180-199.

Rheinberger, Hans-Jörg (2006): Experimentalsysteme und epistemische Dinge. Eine Geschichte der Proteinsynthese im Reagenzglas, Frankfurt a. M.: Suhrkamp Verlag.

Rubin, Gayle (1975): »The Traffic in Women: Notes on the Political Economy of Sex«. In: Rayna R. Reiter (Hg.), Toward an Anthropology of Women, New York/London: Monthly Review, S. 157-210.

Schlichter, Annette (2004): »Queer at Last? Straight Intellectuals and the Desire for Transgression«. GLQ: A Journal of Lesbian and Gay Studies 1/4, S. 543-564.

Scott, Joan (1996): »Gender. Eine nützliche Kategorie der historischen Analyse«. In: Dorothee Kimmich/Rolf Günter Renner/Bernd Stiegler (Hg.), Texte zur Literaturtheorie der Gegenwart, Stuttgart: Reclam Verlag, S. 416-440.

Scott, Joan (2001): »Die Zukunft von Gender. Fantasien zur Jahrtausendwende«. In: Claudia Honegger/Caroline Arni (Hg.), Gender – Die Tücken einer Kategorie. Joan W. Scott, Geschichte und Politik, Zürich: Chronos Verlag, S. 39-64.

Seier, Andrea (2007): Remediatisierung. Die performative Konstitution von Gender und Medien, Münster: Lit Verlag.

Wülfingen, Bettina Bock von (2007): Genetisierung der Zeugung. Eine Diskurs- und Metaphernanalyse reproduktionsgenetischer Zukünfte, Bielefeld: transcript Verlag.

http://europa.eu.int/comm/employment_social/equ_opp/gms_de.html; vom 21.3.2007.

Sexualität und Experiment. Biologische Forschungslandschaften um 1900

HANS-JÖRG RHEINBERGER

Das späte 19. und das frühe 20. Jahrhundert erscheinen wie besessen vom Thema der Sexualität und des Geschlechts. Hygienebewegung, die Körperkulturen der Jugendbewegung, Psychoanalyse und andere Psychotherapien, Befreiung der Homosexualität, Jugendkult und Verjüngungspraktiken sind nur ein paar, längst nicht flächendeckende Stichworte dafür. Aus physiologisch-medizinischer Sicht kann man die am Ende des 19. Jahrhunderts aufkommende Endokrinologie und Hormonforschung hinzufügen, in deren Gefolge das sexuelle Begehren selbst und seine individuelle wie soziale Regulierung zum Gegenstand experimenteller Manipulation wurden.

All das soll jedoch nicht Gegenstand meines Aufsatzes sein, wohl aber bildet es seinen Hintergrund. Ich möchte hier vielmehr den Blick auf einige Bereiche der experimentellen biologischen Forschung um 1900 richten. Über sie notierte später Max Hartmann, der noch ausführlich zu Wort kommen wird: »Um die Jahrhundertwende bildeten die Sexualitätsfragen [...] den Tummelplatz mehr oder minder phantasievoller Spekulationen.« (Hartmann 1940: 81) Wenn sie mit ihren Objekten auch vom Thema der menschlichen Sexualität weit entfernt erscheinen, so gehören sie dennoch mit ihren Fragestellungen in den kulturellen Kontext jener Obsession mit Sexualität und Geschlecht, welche die Jahrhundertwende charakterisierte. Es handelt sich um das Feld der Protozoologie, also die Erforschung einzelliger Organismen, an denen man die grundlegenden Lebensvorgänge besonders gut darstellen zu können glaubte, sowie die experimentelle Pflanzenhybridisierung. Im Zentrum stehen dabei die Arbeiten des Botanikers Carl Correns und seine Experimente zum Nachweis der Erblichkeit des Geschlechts und zur experimentellen Verschiebung der Geschlechterproportionen bei Pflanzen sowie des Mikrobiologen Max Hartmann und seine Experimente zur Trennung der Phänomene der Vermehrung und der geschlechtlichen Fortpflanzung bei Einzellern.

Die Vererbung des Geschlechts

Ich beginne mit Carl Correns, einem Biologen, dessen Experimente nicht nur in den Kontext, sondern auch zum Grundbestand der um die Wende vom 19. zum 20. Jahrhundert einsetzenden Entwicklung der klassischen Genetik gehören. Zunächst seien ein paar wenige biographische Eckpunkte genannt: Correns studierte in den 1880er Jahren in München bei Carl von Nägeli Botanik und Physiologie der Pflanzen. Nägeli galt als einer der angesehensten Botaniker seiner Zeit. Er war Antidarwinianer und einer der wenigen Zeitgenossen, die mit Gregor Mendels Arbeit vertraut waren, deren Tragweite er jedoch verkannte. Von 1892 bis 1902 arbeitete Correns als Privatdozent an der Universität Tübingen, wo er seine bekannten Kreuzungsexperimente mit Erbsen und Mais durchführte, die ihn zur Wiederentdeckung der Mendelschen Gesetze führten.[1] 1902 wurde er außerordentlicher Professor an Wilhelm Pfeffers Institut für Botanik in Leipzig, 1909 Ordinarius für Botanik und Direktor des Botanischen Gartens an der Universität Münster, bevor er 1913 als Direktor an das neu gegründete Kaiser-Wilhelm-Institut für Biologie nach Berlin-Dahlem berufen wurde.

Hier möchte ich mich auf die gut zehn Jahre von Correns' Kreuzungsversuchen konzentrieren, die zwischen dem *annus mirabilis* von 1900 – dem Jahr der so genannten Wiederentdeckung der Mendelschen Gesetze – und dem Beginn des Ersten Weltkriegs liegen, als sich die Hauptumrisse einer neuen biologischen Wissenschaft, der Genetik, etabliert hatten. (Vgl. Rheinberger 2002) In dem Jahrzehnt von 1900 bis 1910 sehen wir Correns mit annähernd zwanzig verschiedenen Pflanzengattungen in wenigstens acht unterschiedlichen Versuchsreihen experimentieren.[2] Aber wir sollten nicht vergessen, gleichzeitig auch einen Blick hinter die Kulissen zu werfen: Im noch vorhandenen Nachlass im

---

1 Vgl. dazu Rheinberger 2006a, Kapitel 4, »Carl Correns' Experimente mit *Pisum*, 1896-1899«: 75-113.
2 Für eine komplette Publikationsliste von Correns vgl. Wettstein 1939.

Archiv der Max-Planck-Gesellschaft in Berlin-Dahlem liegen für diesen Zeitraum unveröffentlichte Notizen zu Arbeiten mit etwa 50 weiteren Gattungen, die sich auf Correns' Institutsregalen in Form von Samenschachteln, Protokollen und Tabellen ansammelten.[3]

In dieser kurzen Darstellung kann ich notgedrungen nur auf eine Experimentallinie näher eingehen, die für mein heutiges Thema von Belang ist. Ich möchte aber doch gleich vorweg betonen, dass mit dem systematischen Kreuzungsexperiment im Tier- und im Pflanzenreich die Erscheinung der Sexualität in gewisser Weise zur experimentellen Grundlage der gesamten klassischen Genetik wurde. In der klassischen Genetik stellt das Phänomen der Sexualität nicht nur ein Untersuchungsobjekt dar, sondern es wird auch zum Universalwerkzeug der Analyse. Im Folgenden geht es jedoch um einen spezielleren Fall, nämlich um die Erhebung des Befunds, dass die Vererbung des Geschlechts bei bestimmten Pflanzen den Mendelschen Regeln folgt und damit selbst als genetisch bedingt und festgelegt angesehen werden muss.

Um 1900 herum begann Correns damit, an einer Serie von Experimenten zu arbeiten, die Kreuzungen zwischen Arten und Varietäten umfasste, bei denen sich die beiden Geschlechter in verschiedenen Blüten, entweder auf derselben Pflanze – dann, in der Sprache der Botanik, monözisch oder einhäusig – oder auf verschiedenen Pflanzen befanden – dann diözisch oder zweihäusig genannt. Außerdem benutzte er Pflanzen, die Darwin bereits als gynodiözisch beschrieben hatte. Das sind Gewächse, die zwei verschiedene Arten von Individuen aufweisen: einerseits solche mit nur weiblichen Blüten und andererseits solche mit zwittrigen Blüten. Was die Experimente mit monözischen und diözischen Pflanzen angeht, hatte er sich für die Zaunrübe (*Bryonia*) entschieden, bei der zweiten zunächst für das Bohnenkraut (*Satureia*) und das Leimkraut (*Silene*); später kamen die Kap-Ringelblume (*Dimorphotheca*) und der Wegerich (*Plantago*) dazu. Anfangs war Correns, so weit ich sehe, an der dominanten oder rezessiven Vererbung dieser besonderen Geschlechts*formen* interessiert, keineswegs aber an der Vererbung der Festlegung von weiblichem und männlichem Geschlecht an sich. Und tatsächlich erschien der erste Bericht über die Zaunrüben-Kreuzungen in einem Artikel, in dem Correns über weitere Beiträge zum Stand der Forschung über dominante Merkmale berichtete und zeigte,

---

[3] Archiv zur Geschichte der Max-Planck-Gesellschaft, Correns Aufsätze, Abt. III, Rep. 17, Nr. 2-162.

dass die zweihäusige Form der Zaunrübe über die einhäusige dominierte (Correns 1903).[4]

Aber die genannten Serien von Experimenten begannen einander gegenseitig zu beeinflussen, gleichzeitig auf seltsame Weise ihre eigenen dynamischen Tendenzen zu entwickeln. Ich kann das hier nur in sehr kurzer und andeutender Form darlegen. Bereits in seinem ersten vorläufigen Bericht über *Bryonia* hatte Correns als Schlussfolgerung aus seinen Beobachtungen notiert, dass es möglicherweise *ein* einziges Anlagenpaar mit zwei verschiedenen, auf die Pollenkeimzellen der zweihäusigen Zaunrübe verteilten Anlagen gab, die das Geschlecht der Hybriden bestimmten, welche sich aus der Bestäubung mit der weißen Zaunrübe ergaben (Correns 1903: 344). Ließ sich dieser Befund erhärten, so bedeutete dies jedoch, dass nicht nur die verschiedenen botanischen *Formen* des Geschlechts – einhäusige oder zweihäusige Form –, sondern das *Geschlecht selbst* auf Mendelsche Art und Weise genetisch übertragen werden konnte. Correns deutete an:

»Unser Bastard ist, worauf schon hier nebenbei hingewiesen sein mag, auch von grossem Interesse für die Lehre von der *Sexualität* [...] Er zeigt [...], dass die Keimzellen der zweihäusigen Pflanzen nicht alle dieselbe Anlage für *ein* Geschlecht enthalten, weder die für das gleiche (die Eizellen für w[eiblich], die Pollenkörner für m[ännlich]) noch die für das conträre (die Eizellen für m[ännlich], die Pollenkörner für w[eiblich]), sondern dass ein Teil (sowohl der w[eiblichen] als) der m(ännlichen) Keimzellen die Anlage für w(eiblich), ein Teil die für m(ännlich) enthält. [...] Die Versuche werden natürlich fortgesetzt«. (Correns 1903: 344)

An diesem Punkt bekamen die Experimente für Correns eine ganz neue Dringlichkeit. Der Grund dafür war, dass er, um an der Annahme einer Mendelschen Vererbung des *Geschlechts* als solchem festzuhalten, zunächst genau wissen musste, wie die unterschiedlichen *Formen* des Geschlechts bei den Pflanzen vererbt wurden. Denn sonst drohten die beiden Phänomene unentwirrbar miteinander vermischt zu werden und unklar zu bleiben. Daher war Correns nun sehr darauf bedacht, seine früheren Ergebnisse aus der Bohnenkraut- und Leimkraut-Reihe zu untermauern und sicherzustellen, dass die Ergebnisse einen allgemeingültigen Charakter hatten. 1903 und 1904 fügte er seinem Experimentiermaterial aus diesem Grunde die Kap-Ringelblume und den Wegerich hinzu. Mit einer Reihe zusätzlicher Arbeiten, mit denen er 1905 begann, bekräftigte Correns die allgemeine Tendenz gynodiözischer – d. h. zwittriger und weiblicher – Pflanzenindividuen, ihre jeweilige Ge-

---

4 Die Seitenangaben folgen der Aufsatzsammlung Correns 1924.

schlechtsform an die Nachkommen weiterzugeben. Er kombinierte dieses Ergebnis mit der Annahme, dass im Falle einer Kreuzung das phylogenetisch jeweils jüngere Merkmal das dominante sei (Correns 1905a; 1906a; 1906b). Das letztere Problem – das Verhältnis zwischen phylogenetischem Alter und Dominanz – war offensichtlich so wichtig für Correns, dass er es noch über eine andere Serie von Experimenten weiterverfolgte, die eindeutig anomale, abgeleitete – und daher mit Sicherheit als phylogenetisch jünger einzustufende – Blütenmerkmale der Glockenblume (*Campanula*) und der Gauklerblume (*Mimulus*) einschloss (Correns 1905b).

Diese Experimente hatten eine doppelte Konsequenz. Auf der einen Seite führten sie zu einer eleganten und klaren Darstellung der Vererbung des Geschlechts entsprechend den Mendelschen Regeln bei der Zaunrübe. Eine diesbezügliche Vermutung über eine chromosomengebundene Vererbung des Geschlechts hatte Clarence McClung ein Jahr zuvor, also bereits 1902, für Insekten geäußert (McClung 1902), der definitive Nachweis gelang hier aber erst Edmund Wilson 1905 (Wilson 1905). Einen endgültigen Bericht über seine Befunde gab Correns schließlich auf der Versammlung der Gesellschaft deutscher Naturforscher und Ärzte in Dresden 1907 (Correns 1907b).

Correns gehört also zu den Pionieren der Erforschung der Erblichkeit des Geschlechts. Andererseits jedoch veranlassten diese Experimente Correns zu einer weiteren langen Reihe von Experimenten, die ihn über die nächsten zwei Jahrzehnte seiner Karriere beschäftigen sollten. Mit ihnen versuchte er, seine zunächst beiläufig gemachte Beobachtung zu stützen, dass die Häufigkeit, mit der verschiedene Geschlechtsformen bei seinen gynodiözischen Pflanzen vorkamen, durch äußere Reize, wie Licht und Ernährung, beeinflusst werden konnte. Correns verfolgte diese Experimente, die eine statistische Auswertung erforderten und sorgfältige Zählungen von zehntausenden Blüten mit sich brachten (Correns 1907a)[5], mit einer Hartnäckigkeit, hinter der ein tieferer Sinn schwer auszumachen ist. Man kann allerdings vermuten, dass er darin ein erhebliches Interesse für die Pflanzen- und die Tierzucht erblickte, von der menschlichen Familienplanung ganz zu schweigen. Correns beschäftigte sich jedenfalls während seiner ganzen restlichen beruflichen Laufbahn weiter mit den Bedingungen, unter denen die numerischen Verhältnisse der Geschlechter bei Pflanzen experimentell beeinflusst werden konnten. Von den etwa 30 Publikationen zwischen 1910 und 1925 sind nicht weniger als die Hälfte mit diesem Problem befasst – darunter auch Ver-

---

5 Hier erwähnt Correns etwa auf S. 516 die Zahl von 27.733 gezählten Blüten.

suche, das Zahlenverhältnis der Geschlechter bei einer getrenntgeschlechtigen Pflanze durch Alkohol zu beeinflussen (Correns 1922). Angeregt waren diese Versuche durch die Experimente der seit 1919 ebenfalls am Kaiser-Wilhelm-Institut für Biologie tätigen Medizinerin Agnes Bluhm zur alkoholbedingten Verschiebung des Geschlechts bei Mäusen. Bluhm hatte bekanntlich noch vor dem Ersten Weltkrieg zu den Mitbegründerinnen der Gesellschaft für Rassenhygiene gehört.

Sexualität, Fortpflanzung, Verjüngung

Ich komme nun zu Max Hartmann. Zunächst wiederum ein paar Worte zur Biographie. Hartmann begann sein Studium 1895 an der Bayerischen Forstakademie in Aschaffenburg und wechselte 1897 an die Universität München, wo er 1901 bei dem Protozoologen Richard Hertwig promovierte. 1905 übernahm er die Leitung der Abteilung für Protozoenforschung am Königlichen Institut für Infektionskrankheiten in Berlin. Hier, am Robert Koch-Institut, blieb er für ein Jahrzehnt und spezialisierte sich gemäß dem Auftrag des Instituts auf pathogene Einzeller. 1911 wurde er an der Berliner Universität zum außerordentlichen Professor für Zoologie ernannt. 1914 wechselte er – fast gleichzeitig mit Correns – als Direktor an das Kaiser-Wilhelm-Institut für Biologie in Berlin-Dahlem.[6]

Im Jahre 1917, wenige Jahre nach seiner Berufung zum Direktor an das KWI für Biologie in Berlin, begann Hartmann mit der Veröffentlichung einer Serie von Arbeiten zur Entwicklung, Fortpflanzung, Befruchtung und Vererbung von Geißelalgen, einzelligen Pflanzen also.[7] Diese Untersuchungen gingen in ihren Anfängen allerdings bis auf das Jahr 1902 zurück. Damals hatte Hartmann gerade seine Dissertation über die Reifung des tierischen Eies fertig gestellt. In diesem Jahr hatte sein Lehrer Richard Hertwig der Gesellschaft für Morphologie und Physiologie in München eine Arbeit vorgelegt, in der er eine besondere Theorie des Wechselverhältnisses von Zellkern und Zellplasma entwickelte. Mit dieser Theorie zielte er auf eine physiologische Erklärung der Zellteilung. Hertwig zufolge unterlag das Massenverhältnis zwischen Kern und Zellplasma einer bestimmten Norm. Die *Zunahme* der Kernmasse während des Wachstums der Zelle war ein Signal zur Einleitung einer

---

6 Vgl. Archiv zur Geschichte der Max-Planck-Gesellschaft, Abt. III, Rep. 47, Nr. 6, Curriculum vitae Max Hartmann.
7 Vgl. auch Rheinberger 2006a, Kapitel 5, »Protozoologie, Fortpflanzung, Befruchtung. Max Hartmanns Experimente zur biologischen Regulation, 1914-1921«: 114-130.

Zellteilung, in deren Verlauf das normale Verhältnis wieder hergestellt wurde (Hertwig 1902/03). Im Jahr darauf subsumierte Hertwig auch den Vorgang der sexuellen Differenzierung und der Befruchtung unter dieses Erklärungsschema. In den Sexualzellen sah er die interessantesten Beispiele einer, wie er sich ausdrückte, »Umregulierung der gewöhnlichen Kernplasmarelation« (Hertwig 1903: 61). Das Spermium konnte eine enorme Verringerung seines Protoplasmas aufweisen, während das Ei sich in der Regel in die genau entgegengesetzte Richtung bewegte. Bei der Befruchtung wurde diese Spannung ausgeglichen und das gewöhnliche Wechselverhältnis wieder hergestellt. Die Kernplasmarelation war nach dieser Theorie die physiologische Grundlage der Erscheinungen der Sexualität sowohl im Tier- als auch im Pflanzenreich.

Hinter Hertwigs Hypothese verbarg sich eine jahrzehntelange Kontroverse, in der sich Probleme des Alterns, des Todes sowie der Funktion der Sexualität miteinander vermengten. Sie alle waren in den zeitgenössischen Diskurs der sich herausbildenden Protozoologie eingebunden, gingen jedoch weit über diesen disziplinären Rahmen hinaus. Die Protozoen wurden nämlich in dieser Zeit zu Modellorganismen für die grundlegendsten Fragen der Biologie und damit zu Experimentalobjekten einer, wie sie damals genannt wurde, »Allgemeinen Biologie«.[8] Die Kontroverse soll hier kurz in ihren Umrissen geschildert werden. Sie vermag uns auch eine Vorstellung davon zu vermitteln, wie im letzten Viertel des 19. Jahrhunderts über die biologischen Grundlagen des Lebens nachgedacht wurde.

Bereits 1876 hatte der Zoologe Otto Bütschli aus Heidelberg die Ansicht vertreten, der Vorgang der Konjugation bei Infusorien sei als ein Sexualakt zu interpretieren, und die eigentliche Bedeutung der Konjugation liege in einer periodischen »Verjüngung« der Tiere, die sie hiermit vollzogen (Bütschli 1876: 208). In den späten 1880er Jahren kam Émile Maupas, der seine Studien an einzelligen Organismen als Konservator der Nationalbibliothek in Algerien betrieb – damals konnte man noch zugleich Mediävist und Biologe sein –, eindrucksvoll auf Bütschlis Untersuchungen zur Konjugation von Einzellern zurück. Seine Experimente mit Ciliaten, die einen alternierenden Zyklus von sexueller und asexueller Vermehrung durchmachten, liefen darauf hinaus, dass diese Tiere nach einer gewissen Anzahl von Generationen verkümmerten, wenn man ihre sexuelle Vermehrung verhinderte und sie dazu zwang, sich durch Teilung allein zu vermehren. In seinen *Recherches expérimentales sur la multiplication des infusoires ciliés* (Maupas 1888) dokumentierte Maupas seine Kultivierungsversuche mit verschiedenen

---

8 Ein Beispiel dafür ist Hartmann 1927.

Spezies. So berichtete er etwa über *Stylonichia pustulata*, mit der er die ersten fortgesetzten und methodisch kontrollierten Kultivierungsanstrengungen unternommen hatte:

»Am 28. Februar 1886 hatte ich eine neue Präparation vorgenommen und eine *Stylonichia* aus einer Kultur isoliert, die bei ihrer siebenundsiebzigsten Teilung angelangt war. [...] Sie ging schließlich am 10. Juli trotz aller unternommenen Anstrengungen, sie am Leben zu erhalten, nach einer ununterbrochenen Serie von dreihundertsechzehn Teilungen zugrunde. Auch alle übrigen Stylonichien starben an Atrophie; sie waren nicht mehr fähig, sich zu ernähren und zu reproduzieren.« (Maupas 1888: 207)

Nur ein sexueller Reproduktionsakt erlaubte es ihnen schließlich, sich zu »verjüngen«, wie Maupas mit Bütschli betonte. Es gab also so etwas wie Altern und Degeneration nicht nur im Leben eines Individuums, sondern auch in einer Generationenfolge, ein Effekt, der durch gelegentliche sexuelle Reproduktion aufgehoben werden konnte, und Maupas machte sich anheischig, dafür eine experimentelle Bestätigung geliefert zu haben. Die Begriffe der »Degeneration«, der »Depression« und der kompensierenden »Verjüngung«, mit denen die Autoren das Problem benannten, waren dabei in Resonanz mit einer viel breiteren kulturellen Debatte über Entartung, die sich bekanntlich über die ganzen letzten Jahrzehnte des 19. Jahrhunderts hinzog.

Auch der Zoologe August Weismann erkannte die Notwendigkeit einer sexuellen Fortpflanzung bei niederen Organismen an und sah sie demnach als ein universelles biologisches Phänomen. Er gab ihr jedoch mit seiner Theorie der Amphimixis eine völlig andere Interpretation (Weismann 1891). Die Theorie der Amphimixis erklärte die Notwendigkeit sexueller Fortpflanzung nicht physiologisch, sondern durch die evolutionär günstigen Auswirkungen einer regelmäßigen Vermischung unterschiedlicher individueller Keimplasmen.

Der bereits zitierte Hertwig, der seine ersten Untersuchungen über die Befruchtung von Pantoffeltierchen schon 1889 veröffentlicht hatte (Hertwig 1889), war mit diesen Beobachtungen und Überlegungen natürlich bestens vertraut. Anstatt aber die ziemlich vage Idee der sexuellen Verjüngung weiter zu verfolgen, hatte er wie gesagt versucht, sie durch eine messbare, periodische »Reorganisation« der lebendigen Substanz zu ersetzen (Hertwig 1899: 146).

Aber die Situation war durch eine Reihe von weiteren Beobachtungen nicht einfacher geworden. Zu ihnen zählten besonders die sich über Jahrzehnte erstreckenden Versuche mit Algen und niederen Pilzen von Georg Klebs. Im Verlaufe dieser Arbeit kam Klebs zu Schlüssen, die den sexuellen Verjüngungstheoretikern ebenfalls widersprachen. Denn in seinen sorgfältig gepflegten Kulturen war es ihm möglich, einzellige Pflanzen und Pilze über eine Vielzahl von Generationen hinweg ganz ohne Sexualakt und ohne alle Anzeichen der Abnutzung zu vermehren. Im Hinblick auf seine *Chlamydomonas*-Kulturen – Grünalgen – bemerkte er etwa folgendes: »Es ist mir nicht im geringsten zweifelhaft, dass man die ungeschlechtlichen Generationen jahrelang wird auf diese Weise fortführen können.« (Klebs 1896: 432)

Hartmann vermutete aufgrund der Experimente Klebs' nun, dass die sexuelle Reproduktion bei einzelligen Organismen gänzlich zu entbehren sein könnte. Das würde dann aber auch bedeuten, dass man die Idee überhaupt verwerfen musste, die Sexualität habe eine verjüngende oder reorganisierende Funktion für das Leben des Organismus. Was war dann aber die Ursache für das Vorkommen von Sexualität und des Phänomens der Befruchtung? Weismanns Idee der Amphimixis war für Hartmann keine Lösung. Für ihn war die Mischung der Keimplasmen nicht die physiologische Ursache für die Befruchtung, sondern vielmehr ihr *Resultat*. Weismann argumentierte auf der Ebene einer Theorie der Vererbung, Hartmann hingegen suchte nach einer physiologischen Erklärung.

In dieser etwas konfusen und ungeklärten Situation fasste Hartmann den Gedanken, das Forschungsprojekt von Klebs – die Bestimmung der äußeren Bedingungen für den Ausschluss sexueller Vermehrung – mit Hertwigs Bemühungen zu verbinden, die inneren physiologischen Ursachen der Fortpflanzung durch Zellteilung zu ergründen. Dazu benötigte er aber einen Experimentalorganismus, der zwei Bedingungen erfüllte:

»Für die Wahl der Objekte schienen zwei Forderungen geboten, einmal eine leichte Züchtbarkeit und einfach überblick- und kontrollierbare Außenbedingungen, wie sie Formen mit pflanzlichem Stoffwechsel aufweisen, und dann das Vorkommen sowohl von geschlechtlicher Vermehrung, wie von Fortpflanzung durch einfache Zweiteilung einzelliger Individuen, da nur hier das Grundproblem der Fortpflanzungsphysiologie [...] angepackt werden kann.« (Hartmann 1919: 3)

Seine Wahl fiel auf eine Ordnung der Grünalgen. Das Projekt nahm aber erst Konturen an, als Hartmann im Sommer 1914 dem Ruf als Direktor einer Abteilung am neu gegründeten Kaiser-Wilhelm-Institut für Biologie in Berlin-Dahlem gefolgt war.

Mittlerweile hatte Victor Jollos, einer der ersten Mitarbeiter Hartmanns, der ebenfalls bei Hertwig in München studiert hatte, aufgrund seiner Experimente mit Protisten, unter anderem *Paramaecium*, die

Existenz zweier, voneinander unabhängiger materieller Faktoren postuliert, eines Teilungsfaktors und eines Wachstumsfaktors, auf deren »korrelativer Verknüpfung«, wie Hartmann sich ausdrückte, das Verhältnis von Zellwachstum und Zellteilung beruhte (Hartmann 1919: 5). Aber alles andere blieb vorerst ungelöst. Hartmann bemerkte, dass »selbst die einfache Frage, ob die geschlechtliche Fortpflanzung ohne irgendwelche Schädigung oder Ersatz durch einen andersartigen Regulationsvorgang ausgeschaltet werden kann, nicht gelöst« war (Hartmann 1919: 5). In Dahlem entschied sich Hartmann, dieses letztere Problem zuerst anzugehen. Dazu bedurfte er eines geeigneten Organismus mit möglichst einfachen Kernverhältnissen. Schließlich entschied er sich für die Grünalgenart *Eudorina elegans*. Auch hier bedurfte es einer geraumen Zeit und einiger »trüber Erfahrungen« (Hartmann 1917: 763), wie Hartmann berichtete, um die richtigen Zuchtbedingungen zu finden. Aber nach der Überwindung dieser Schwierigkeiten gelang es ihm, seinen Experimentalorganismus *Eudorina* auf agame Weise, d. h. ohne Dazwischentreten eines Zyklus sexueller Differenzierung, für eine unbegrenzte Anzahl von Generationen fortzupflanzen. Als er 1917 zum ersten Mal über diese Experimente berichtete, belief sich die Folge von rein agamen Fortpflanzungszyklen bereits auf 550 Generationen – »ohne Depression«, wie Hartmann stolz berichtete (Hartmann 1917: 766). Als er seinen Bericht über diese Experimente 1920 fortsetzte, war er bereits bei 1200 agamen Generationen angelangt. Damit schien ihm »die endgültige Entscheidung über die Verjüngungshypothese der Befruchtung gefallen« – nämlich gegen sie (Hartmann 1920: 557).

Für Hartmann ergaben sich aus seiner langen Reihe von Kultivierungsversuchen zwei Schlüsse. Erstens sah er seine Ergebnisse als entscheidende Evidenz für die Behauptung, dass der Sexualakt *keine* unabdingbare biologische Notwendigkeit für das Überleben darstellte. Konsequenterweise waren also die beiden Vorgänge der Fortpflanzung und der Befruchtung streng voneinander zu trennen. Sie gehorchten jeweils eigenen Prinzipien. Die Physiologie der Sexualität musste demnach gesondert untersucht werden. Außerdem konnte die Bedeutung der Befruchtung und mit ihr der Sexualität nicht mehr in einer Art periodischer Verjüngung gesehen werden, wie es Hertwig und viele andere angenommen hatten. Es musste ihr vielmehr eine andere Funktion zugeschrieben werden.

Zweitens konnte nun auch die Frage gestellt werden: Ist die periodische Fortpflanzung eine absolute Notwendigkeit für den Organismus? Wenn es möglich war, einen Einzeller beliebig lange ohne dazwischentretenden Sexualakt fortzupflanzen, war es dann nicht vielleicht auch möglich, biologische Systeme, wie Hartmann sich ausdrückte, »dauernd im Wachstum zu erhalten ohne Alters- und Degenerationserscheinungen und ohne Reduktion des Systems durch Teilung (Fortpflanzung) oder sonstige Regulierung«? (Hartmann 1917: 772) Alle Experimente in dieser Richtung waren bisher allerdings gescheitert. Für den Augenblick kam Hartmann zu dem Schluss, dass »die Verjüngungsfrage [...] von der Befruchtung auf die Fortpflanzung verlegt, und letztere nicht nur als ein Vermehrungs-, sondern auch als ein Verjüngungsprozeß« – im Sinne eines Regulationsvorgangs – »angesprochen [wird]« (Hartmann 1920: 557). Es kann hier festgehalten werden, dass Hartman in der Tradition von Hertwig weiterhin die Zellteilung als eine Form der Regulation auffasste. Dementsprechend nahm er an, »daß ein Altern auch bei den Protozoenindividuen vorkommt und die Fortpflanzung nicht nur eine Vermehrung, sondern auch eine Verjüngung der lebenden Substanz bedeutet« (Hartmann 1921: 278-279). Mit seinen *Eudorina*-Experimenten war es Hartmann gelungen, zu zeigen, dass ein *generationsbedingtes* Altern seiner Protisten verhindert werden konnte; sie schienen die Fähigkeit zu haben, sich unbeschränkt auf asexuellem Wege fortzupflanzen. Aber es war auch klar geworden, dass es so etwas wie ein *individuelles* Altern gab, dem durch periodische Fortpflanzung vermittels Zellteilung Einhalt geboten wurde. Interessanterweise verlieh also der Ausschluss der einen Regulationserscheinung – sexuelle Verjüngung – einem anderen Regulationsphänomen – Verjüngung durch Zellteilung – schärfere Konturen. Für Hartmann bedeutete die Schärfung dieser subtilen Unterscheidungen nicht bloß ein Spiel mit Begriffen, sie half ihm vielmehr, über neue experimentelle Verfahren nachzudenken und neue Experimentalanordnungen auszuprobieren.

Auch wenn die Sexualität im Reich der Einzeller also nicht der Verjüngung diente, so blieb sie doch eine weitere Grundform der Regulation, die durch die Irreversibilität von biologischen Differenzierungsvorgängen bedingt war. Ein erheblicher Teil der späteren Forschung Hartmanns diente dann der Aufklärung der Physiologie des sexuellen Befruchtungsvorgangs und der in ihn involvierten Faktoren, der von ihm so genannten »Gamone« (vgl. Hartmann 1940). Diesen Arbeiten, in die auch der später in einen Fälschungsskandal verwickelte Franz Moewus involviert war (vgl. Sapp 1990), kann ich an dieser Stelle jedoch nicht weiter nachgehen (vgl. Heng-an Chen 2003).

Ich habe hier zwei Beispiele unter vielen weiteren herausgegriffen, mit denen ich mich aus jeweils anderen Gründen bereits etwas näher beschäftigt habe. Um nur beim Kaiser-Wilhelm-Institut für Biologie zu bleiben: Richard Goldschmidt ließe sich hinzufügen, der mit seinen, sich über zwanzig Jahre erstreckenden Untersuchungen zur Intersexualität bei Insekten nicht weniger beansprucht als »das gesamte Geschlechtsproblem auf eine einheitliche Basis zu stellen«, wie es im Vorwort zu seinem Buch über *Sexuelle Zwischenstufen* heißt (Goldschmidt 1931: V). Man könnte also sagen, das gesamte Kaiser-Wilhelm-Institut für Biologie widmete sich in den ersten zwanzig Jahren seines Bestehens in allen seinen drei großen Abteilungen der Erforschung der Sexualität an Modellorganismen von Einzellern, Pflanzen und Tieren. In der klassischen Genetik wurde das Phänomen der geschlechtsgebundenen Vererbung in ein wirkmächtiges experimentelles Werkzeug der Aufklärung von Vererbungsverläufen und der Genkartierung verwandelt. In den Wissenskulturen der klassischen Genetik wie der protozoologischen Forschung um 1900 war das Geschlecht also nicht nur ein zentraler Untersuchungsgegenstand, sondern auch ein analytisches Instrument. Es war, um es in meiner Terminologie zu formulieren, eine der wesentlichen technischen Bedingungen der entscheidenden Experimentalsysteme der allgemeinen Biologie des frühen 20. Jahrhunderts, und es war zugleich eines jener rätselhaften »epistemischen Dinge« (Rheinberger 2006b), die in diesen Systemen erforscht wurden.

Literatur

Bütschli, Otto (1876): Studien über die ersten Entwicklungsvorgänge der Eizelle, die Zelltheilung und die Conjugation der Infusorien, Frankfurt a. M.: Christian Winter Verlag.

Chen, Heng-an (2003): Die Sexualitätstheorie und »Theoretische Biologie« von Max Hartmann in der ersten Hälfte des zwanzigsten Jahrhunderts, Wiesbaden: Franz Steiner Verlag.

Correns, Carl (1903): »Weitere Beiträge zur Kenntnis der dominierenden Merkmale und der Mosaikbildung der Bastarde«. Berichte der Deutschen Botanischen Gesellschaft 21, S. 195-201.

Correns, Carl (1924): Gesammelte Abhandlungen zur Vererbungswissenschaft aus periodischen Schriften 1899-1924, Berlin: Springer Verlag.

Correns, Carl (1905a): »Weitere Untersuchungen über die Gynodioecie«. Berichte der Deutschen Botanischen Gesellschaft 23, S. 452-463.

Correns, Carl (1905b): »Einige Bastardierungsversuche mit anomalen Sippen und ihre allgemeinen Ergebnisse«. Jahrbücher für wissenschaftliche Botanik 41, S. 458-484.

Correns, Carl (1906a): »Ein Vererbungsversuch mit Dimorphotheca pluvialis«. Berichte der Deutschen Botanischen Gesellschaft 34, S. 162-173.

Correns, Carl (1906b): »Die Vererbung der Geschlechtsformen bei den gynodiöcischen Pflanzen«. Berichte der Deutschen Botanischen Gesellschaft 24, S. 459-474.

Correns, Carl (1907a): »Zur Kenntnis der Geschlechtsformen polygamer Blütenpflanzen und ihrer Beeinflussbarkeit«. Jahrbücher für wissenschaftliche Botanik 44, S. 124-173.

Correns, Carl (1907b): »Die Bestimmung und Vererbung des Geschlechtes, nach Versuchen mit höheren Pflanzen«. Verhandlungen der Gesellschaft deutscher Naturforscher und Ärzte, S. 794-802.

Correns, Carl (1922): »Alkohol und Zahlenverhältnis der Geschlechter bei einer getrenntgeschlechtigen Pflanze (Melandrium)«. Die Naturwissenschaften 10, S. 1049-1052.

Correns, Carl (1924): Gesammelte Abhandlungen zur Vererbungswissenschaft aus periodischen Schriften 1899-1924, Berlin: Springer Verlag.

Goldschmidt, Richard (1931): Die sexuellen Zwischenstufen, Berlin: Springer Verlag.

Hartmann, Max (1917): »Untersuchungen über die Morphologie und Physiologie des Formwechsels (Entwicklung, Fortpflanzung, Befruchtung und Vererbung) der Phytomonadinen (Volvocales). II. Mitteilung. Über die dauernde, rein agame Züchtung von Eudorina elegans und ihre Bedeutung für das Befruchtungs- und Todesproblem«. Sitzungsberichte der Preussischen Akademie der Wissenschaften zu Berlin, S. 760-776.

Hartmann, Max (1919): »Untersuchungen über die Morphologie und Physiologie des Formwechsels (Entwicklung, Fortpflanzung, Befruchtung und Vererbung) der Phytomonadinen (Volvocales). Programm der Untersuchungen und I. Mitteilung: Über die Kern- und Zellteilung von Chlorogonium elongatum Dangeard«. Archiv für Protistenkunde 39, S. 1-33.

Hartmann, Max (1920): »Otto Bütschli und das Befruchtungs- und Todproblem«. Die Naturwissenschaften 8, S. 555-558.

Hartmann, Max (1921): »Untersuchungen über die Morphologie und Physiologie des Formwechsels (Entwicklung, Fortpflanzung, Befruchtung und Vererbung) der Phytomonadinen (Volvocales). Programm der Untersuchungen und III. Die dauernd agame Zucht von Eudorina elegans, experimentelle Beiträge zum Befruchtungs- und Todproblem«. Archiv für Protistenkunde 43, S. 223-286.

Hartmann, Max (1927): Allgemeine Biologie. Eine Einführung in die Lehre vom Leben, Jena: Gustav Fischer Verlag.

Hartmann, Max (1940): »Das Wesen und die stofflichen Grundlagen der Sexualität«. Bremer Beiträge zur Naturwissenschaft 6, S. 81-117.

Hertwig, Richard (1889): »Über die Conjugation der Infusorien«. Abhandlungen der Bayerischen Akademie der Wissenschaften, Mathematisch-Naturwissenschaftliche Klasse, Bd. 17, 151-233.

Hertwig, Richard (1899): »Mit welchem Recht unterscheidet man geschlechtliche und ungeschlechtliche Fortpflanzung?«. Sitzungsberichte der Gesellschaft für Morphologie und Physiologie München, S. 142-153.

Hertwig, Richard (1902/03): »Über das Wechselverhältnis von Kern und Protoplasma«. Sitzungsberichte der Gesellschaft für Morphologie und Physiologie München, S. 77-100.

Hertwig, Richard (1903): »Über Korrelation von Zell- und Kerngröße und ihre Bedeutung für die geschlechtliche Differenzierung und die Teilung der Zelle«. Biologisches Centralblatt 23, S. 49-62, S. 108-119.

Klebs, Georg (1896): Die Bedingungen der Fortpflanzung bei einigen Algen und Pilzen, Jena: Gustav Fischer Verlag.

Maupas, Émile (1888): »Recherches expérimentales sur la multiplication des infusoires ciliés«. Archives de Zoologie Expérimentale et Générale. Deuxième Série, Tome Sixième, Paris: Librairie de C. Reinwald, S. 165-277.

McClung, Clarence E. (1902): »The accessory chromosome – sex determinant?«. Biological Bulletin 3, S. 43-84.

Rheinberger, Hans-Jörg (2002): »Carl Correns und die Mendelsche Vererbung in Deutschland zwischen 1900-1910«. In: Astrid Schürmann/ Burghard Weiss (Hg.), Chemie – Geschichte, Festschrift für Hans Werner Schütt anlässlich seines 65. Geburtstages, Berlin: Verlag für Geschichte der Naturwissenschaften und der Technik, S. 339-351.

Rheinberger, Hans-Jörg (2006a): Epistemologie des Konkreten. Studien zur Geschichte der modernen Biologie, Frankfurt a. M.: Suhrkamp Verlag.

Rheinberger, Hans-Jörg (2006b): Experimentalsysteme und epistemische Dinge. Eine Geschichte der Proteinsynthese im Reagenzglas, Frankfurt a. M.: Suhrkamp Verlag.

Sapp, Ian (1990): Where the Truth Lies: Franz Moewus and the Origins of Molecular Biology, Cambridge: Cambridge University Press.

Weismann, August (1891): Amphimixis oder: Die Vermischung der Individuen, Jena: Gustav Fischer Verlag.

Wettstein, Fritz v. (1939): »Carl Erich Correns«. Berichte der Deutschen Botanischen Gesellschaft 56, S. 140-160.
Wilson, Edmund B. (1905): »The Chromosomes in Relation to the Determination of Sex in Insects«. Science 22, S. 500-502.

UM 1900 – VITAL UND QUEER

Queeres Begehren –
signaltechnisch verdinglicht

CHRISTIANE KÖNIG

Einleitung

Ich möchte hier ein paar Gedanken skizzieren, die das aktuelle Verhältnis der Kategorie Gender zu den Lebenswissenschaften problematisieren. Die daraus entstehende epistemologische Position bezüglich Gender, aus der eine Analysemethode für Sexualität, Körperlichkeit, Begehren und Geschlechterverhältnisse ableitbar wird, lässt sich nicht nur kritisch, sondern konstruktiv zum Dispositiv der Lebenswissenschaften mit seinen Technologien sowie den dazu gehörigen Medien in Bezug setzen. Im nächsten Schritt werde ich diese Methode nutzen, um eine genealogische Linie von *queeren* Sexualitäten aufzuzeigen, indem ich mit Hilfe dieser Position eine besondere Begehrenskonstellation zu Beginn des 20. Jahrhunderts genauer betrachte. Zu diesem historischen Zeitpunkt etabliert sich das Sexualitäts- und Bevölkerungsdispositiv mit seiner Machttechnologie der ›Sorge um das Leben‹. Einige Aspekte meines Konzepts männlich-queerer Verdinglichung sind dabei bewusst spekulativ.

Die Irritationen, die die Gender Studies aktuell kennzeichnen, hängen sicherlich in erster Linie damit zusammen, dass sich jene Kategorien, aus denen lange Zeit die feministischen und die Gender Theorien ihre politische und erkenntnistheoretische Stärke bezogen – Körper, Sexualität, Begehren, biologischer Sex und kulturelles Geschlecht sowie sexuelle Differenz – im soziokulturellen sowie Bedeutungswandel befinden. Sie verändern damit auch ihre Positionen als Scharniere und Schnittstellen von diskursiven Ereignissen, von Subjektivierungs- und

Regulierungsweisen, das heißt von Machttechnologien innerhalb von Gesellschaften. Ohne allzu streng mit Michel Foucault von einer »kulturellen Krise« sprechen zu wollen, erscheint es doch so, dass man mit Blick auf das seit Beginn des 20. Jahrhunderts etablierte Sexualitäts- und Bevölkerungsdispositiv (Foucault 1983) von einer kulturellen Transformation ausgehen kann. Marie-Luise Angerer prognostiziert in ihrem Buch *Vom Begehren nach dem Affekt* (Angerer 2007) ein neues Dispositiv, nämlich das des Affekts. Darin bekommt die vormalige Sorge um das Leben eine neue Dimension, insofern Medien, Technologien und biologische Paradigmen so miteinander verschaltet werden, dass das Humane am Menschlichen zu verschwinden droht, da es ganz im Biologisch-Organischen aufzugehen scheint. Im aktuellen, auf diese Weise zugespitzten Dispositiv der Sorge um das Leben, das dennoch immer noch machttechnologisch auf die Verwaltung desselben hinarbeitet, verliert die Sexualität als (diskursive, an die Sprache geknüpfte) Machttechnologie, die an die zu disziplinierenden Körper angeschlossen ist, durch die direkte Verschaltung von Biologischem und Technisch-Medialem scheinbar zunehmend ihre Bedeutung. Dagegen nimmt die Verwaltung des Lebens und des Todes (Risiko) im Zeichen der Optimierung materieller Ressourcen immer größere Ausmaße an. Die Lebenswissenschaften selbst erfahren einen Paradigmenwechsel von deskriptiven zu vermehrt synthetisierenden Methodologien.

Deshalb stellt sich die dringliche Frage, welche Funktion, welche Relevanz die Kategorie Geschlecht (noch) besitzt, wenn Einfluss und Bedeutung von Sexualität als Machttechnologie schwinden. Aufgrund dessen verlaufen schließlich Subjektivierungsweisen weniger primär über das Geschlecht, über Hautfarbe, ethnische und/oder insbesondere religiöse Zugehörigkeit, als vielmehr auf der Basis biologischer Bestimmungen, Codierung und Regulierungen, und dies vornehmlich auf einer globalen Landkarte, vermittelt und orchestriert durch Medientechnologien. Die Gender-Theorien müssen sich darauf einlassen, unter diesen veränderten Vorzeichen ihre Methodologie und Epistemologie zu reflektieren. Dazu zählt insbesondere die Erkenntnis, dass Subjekt- aber auch Denkkategorien, wie sexuelle Differenz oder auch die Sex-Gender-Dichotomie, Phänomene darstellen, die ihre Genealogien besitzen und somit Elemente kultureller Transformationen bilden, deren Wirkungen sich auf ihre eigene Konstitution und Konfiguration zurückwenden. Unter diesen soziokulturellen sowie gedanklichen Voraussetzungen ist es sinnvoll, Gender als Produktion (kritischen) Wissens zu bestimmen, das sich einerseits immer wieder neuen Aspekten der sozialen, technischen und ›natürlichen‹ Lebenswelt zuwendet und sich andererseits dadurch selbst immer wieder transformiert. So bleibt der vorwiegend politische, feministische Auftrag, die Kategorien am Schließen zu hindern, erhalten und zugleich können immer wieder die Gegenstände auf deren Transformationen und Komplexitätssteigerungen hin überprüft werden. Im Prozess dieser wechselseitigen Konstituierung verdeutlicht sich, dass Gender intersektional in Bezug auf Identitätskategorien ebenso funktioniert wie in Bezug auf Technik, Technologien und Medialität. Zugleich können von dieser epistemologischen Warte des Wissens vom Geschlecht aus, dessen wiederholte Aktualisierungen als Spuren verschiedener Art verstanden werden: materiell-technische, materiell-semiotische, materiell-mediale beispielsweise.

Hierin ist auch zuallererst die kulturwissenschaftlich-feministische Motivation zu sehen, sich mit den Epistemologien der feministischen Science Studies zu befassen.[1] Die Allianzbildung mit den feministischen Science Studies ermöglicht es, in Bezug auf die alten Oppositionen von Natur und Kultur, von Natur und Technik, von Materie und Diskurs, von Essentialismus und Konstruktivismus zu intervenieren und diese neu zu denken. Diese Epistemologien verschieben wiederum die in den Diskursen der Wissenschaften erzeugten Wahrheiten und Evidenzen bezüglich der Kategorien Körper, Fortpflanzung, Reproduktion, Sexualität und Begehren. Sie machen sie zugänglich für Verstehensweisen veränderter Lebenswelten, die sich durch vermehrte Technisierung und Medialisierung auszeichnen, und für eine erneute Wissensproduktion, die den konservativen, biopolitischen Kräften entgegengesetzt werden kann. Die Biologin Donna Haraway beispielsweise vertritt die expliziteste Position einer feministischen Wissenschaftskritik, mit der sie nicht müde wird, das eurozentristische, weiße, heterosexuelle, männliche Erkenntnissubjekt und seine Wissensproduktionen sowie -ordnungen zu dekonstruieren. Vor diesem politischen Hintergrund erklärt sie die Nicht-Differenzierbarkeit von tierischer, menschlicher und künstlich hergestellter Materie dezidiert zu einer neuen Ontologie, die sie im Zeitalter der Post-Cyborg gegen jegliche andro-, eurozentristisch fundierte Ontologie hoch hält.[2] Auf der Folie dieser Position kann man insbesondere drei Schlussfolgerungen ziehen: nämlich einmal in epistemologischer

---

1 Sie rührt bekanntlich seit ca. einem Jahrzehnt aus einer tief greifenden Skepsis gegenüber dem dominanten Konstruktivismus in den Geisteswissenschaften, gepaart mit dem Vorwurf der Vernachlässigung der Seite der Materialität, insbesondere des (sexuierten) Körpers. Dies steht in einer Art Schräglage zur Tradition der Dekonstruktion eines kategorischen Naturbegriffs in eben den Natur-Wissenschaften, hinter die die feministischen Theorien keineswegs zurück können oder wollen.
2 Unter Berücksichtigung von Haraways aktuellen gedanklichen Parametern wäre der Begriff der Onto-Genese vermutlich passender. Vgl. hierzu Haraway 2008.

Hinsicht, dass Geschlecht, in seiner Formation von anatomisch-biologischem Geschlecht, sexueller Wahl und Geschlechteridentität, immer schon das Ergebnis einer Konstellation von biologischer Materie,³ semiotischen und Erkenntnisprozessen sowie Medientechniken war und ist. Und zum Zweiten kann man mit Hilfe von Gender als Analysemethode diese Konfigurationen in ihrer genealogischen Formierung untersuchen. Zum Dritten ist es im politischen Sinn möglich, dabei die kritische Wissenschaftsepistemologie noch einmal auf sich selbst abzubilden, indem man in der Frage nach Geschlecht als Ergebnis eines materiellen, spurenhaften Herstellungsprozesses auch jene Instanz in die Analyse mit einbezieht, die scheinbar Quelle und Zielpunkt der Erkenntnis ist: das Erkenntnissubjekt.

In diesem Zusammenhang sind nicht nur die technischen Artefakte, die Apparate von Bedeutung, sondern auch jene ›Medien‹, die die Erkenntnis festhalten, also Systeme der Notation, mittels derer man die Gegenstände in Gestalt gewonnener Erkenntnis als Wissen ordnen kann. Auch diese symbolischen Maschinen erzeugen und bilden eine materiale Ordnung des Wissens, insofern sie eine konkrete materielle Qualität besitzen. Gerade technische Medien basieren auf ›natürlichen‹ physikalischen Phänomenen, ihre Funktionsweisen aber sind mathematischer und das bedeutet symbolischer ›Natur‹. Anders formuliert, technische Medien implementieren symbolische und mathematisch-symbolische Funktionen, von denen sie geregelt und gesteuert werden. In umgekehrter Richtung modellieren sie aber auch aktiv die Gegenstände und Phänomene der Materie sowie in der Funktion von Wahrnehmungstechnologien jene erkennende Instanz selbst, zu deren Unterstützung sie vormals entwickelt wurden (im Sinne von *agency*).⁴ Das Erkenntnissubjekt kontrolliert dabei die Mechanismen dieser Techniken nur partiell.⁵ Die Art und Weise wie diese Aufschreibesysteme vermehrt seit

---

3 Zur Bedeutung von Materialität vgl. auch Bath/Bauer/Bock von Wülfingen/Saupe/Weber 2005.
4 Insofern bildet das aktuelle Beispiel der Nanotechnologie, auf die sich Parisi im vorliegenden Band bezieht, eine besondere Verbindung von anorganischer und organischer Materie sowie technischem Artefakt beziehungsweise Medium. Die Nanopartikel sind einerseits mathematisch durchorganisiert und stellen geschlossene Mediensysteme dar, andererseits besitzen sie ein Höchstmaß an Autonomie und Handlungsmacht. Mit diesen Merkmalen unterwandern sie die traditionelle Unterscheidung von belebter und unbelebter Materie, wie sie Biologie und Physik klassischerweise zugeordnet wird.
5 Denn, wie Foucault schreibt, sind die Regeln der Erzeugung von Wissensordnungen ja bekanntlich nicht gewusst, sondern werden erst durch die archäologische Arbeit erkennbar. Vgl. Foucault 1974.

Ende des 19. Jahrhunderts und vor allem auch die (technischen) Medien diese Instanz positionieren, wirft zudem die Frage nach den Adressierungsweisen derselben auf, aus denen wiederum Bestimmungen der Selbstwahrnehmung erwachsen. Diese können in der Folge zur Definitionsgrundlage von Subjektivierungsweisen werden.

Einer solchen Konstellation möchte ich nun nachgehen und sie im Hinblick auf Gender als Wissenskategorie fruchtbar machen, indem ich die Analysemethode anwende, den sexuierten Körper, Begehren und Geschlecht als materiell-technische, materiell-semiotische, spurenhafte Entität im machtpolitischen Rahmen der Technologien des ›Lebens an sich‹ zu denken, die das Sexualitäts- und Bevölkerungsdispositiv zu Beginn des 20. Jahrhunderts bestimmten.

Das Ziel des Aufsatzes liegt also primär darin, aufzuzeigen, inwiefern die Epistemologien der Natur- und Lebenswissenschaften, also der Physik, der Physiologie und der Biologie, um 1900 das Potenzial enthalten, Geschlecht jenseits des normierenden Drucks des Sexualitätsdispositivs zu denken. Meine These lautet an dieser Stelle, dass das ›Geschlecht‹ in der von der scheinbar biologistischen Geschlechterordnung vorgegebenen ›Natur des Geschlechts‹ nicht aufgeht, weil diese ›Natur des Geschlechts‹ lediglich eine materielle Spur innerhalb einer Wissensordnung bildet, deren Zeichenpraktiken schon die der technischen Medien sind. Diese wiederum bedingen nicht nur die »epistemischen Dinge« (Rheinberger 2001) der physikalischen Welt, sondern strukturieren die Wahrnehmung jener denkenden Instanz, die ich in Klammern als Erkenntnissubjekt bezeichnen möchte. Inwiefern man darin nun eine andere Sexualität erkennen kann, welche zudem in einem Konzept *queerer* Männlichkeit fassbar ist, werde ich im folgenden Abschnitt herleiten. Hieran schließt sich die zweite These an, dass man es bei diesem Phänomen mit einem historisch und kulturell spezifischen (westlich, europäischen) zu tun hat, wodurch ihm eine genealogische Qualität zukommt.

Die ›Natur des Geschlechts‹ bringt (nicht-gewusst) eine *queer performativity* hervor

Für den Beginn des 20. Jahrhunderts hat Hannelore Bublitz bereits 2000 in ihrer Diskursanalyse auf die »politische Anatomie« der anglo-europäischen Nationalstaaten mit ihrer Biopolitik der Reproduktion und Sorge um das Leben hingewiesen. Ihre Machttechnologien der Körperdisziplinierung sowie der ›Rasse-tüchtigkeit‹ werden am Körper ausgetragen und über die Sexualität als Scharnier gesteuert (Bublitz/

Hanke/Seier 2000: 19-96).[6] Bublitz hat auch die machtpolitische Funktion der Lebens- und Humanwissenschaften herausgearbeitet, die zur Produktion und Stabilisierung der Gesellschaftsform beitragen, indem sie Geschlecht und sexuelle Reproduktion nicht nur technisch objektiv handhaben, sondern das Soziale an Geschlecht und Sexualität biologisch begründen. Geschlecht und Sexualität bilden ab 1900 mittels eines Verweisungssystems die zentralen Normalisierungsinstrumente der symbolischen Gesellschaftlichkeit. Obwohl also, so Bublitz, das Geschlecht ein reglementierendes Ideal bildet, wird es über das Scharnier des sexuellen Begehrens, das zugleich seine Grundlage bildet, zu einer materiellkörperlichen, die Gesellschaft als Ganzes regulierenden Existenzweise. Die verwendeten technischen, scheinbar objektiven Verfahren des Messens, (Aus-)Zählens und Vergleichens sind dabei an soziale Differenzierungskategorien angeschlossen. »Das Biologische des Gesellschaftlichen«, so Bublitz, »konstituiert sich im Feld des biologisch und physiologisch Messbaren« (Bublitz/Hanke/Seier 2000: 81).

Mit Michel Foucault zeigt Bublitz die Phasen der Normalisierung sowie eine Neubildung der Geschlechternorm um 1900 auf, die das Ergebnis einer kulturellen Transformation darstellt, welche durch Verschiebungen der gesellschaftlichen Machtpole vor 1900 eingeleitet wurde. (Vgl. Foucault 1977) Indizien bilden die Begriffe ›Degeneration‹ und ›Entartung‹ im allgemeinen Diskurs über die ›kulturelle Krise‹. Bezüglich des Geschlechts wird mit der Produktion von »Geschlechterwissen« ein Streuungsfeld von Differenzen erzeugt, was Michel Foucault in *Sexualität und Wahrheit* als die Einpflanzung von Perversionen beschrieben hat. Diese dienen zunächst der Klassifizierung, aber auch schon der Erzeugung eines Rasters von Normalisierungen, auf dessen Folie sich später jene spezifische kategoriale Differenz der binären Geschlechter etablieren kann, die zur neuen Norm gerinnt. (Vgl. Foucault 1977: 50-66, bes. 58/59)[7] Das Geschlechterprogramm der Moderne produziert dabei die Geschlechterbinarität als Teilprogramm der Bevölkerungssteuerung, das biologisch begründet und dabei heterosexuell ausgerichtet wird. Nach Errichtung dieser kategorischen Differenz werden sämtliche, nun ebenfalls biologisch begründete Abweichungen durch die Produktion von Rasse- und Geschlechterwissen zur Stabilisierung dieser Norm herangezogen. Die Strukturachse, die sich ab 1900 durch alle geschlechtlichen Differenzierungen und

---

6 In der Debatte um die sogenannte »Kulturkrise« arbeitet Bublitz dabei die zentrale Diskursfigur der »Feminisierung der Kultur« heraus.
7 In diesen Kontext stellt Foucault die Arbeiten der Psychologie und Psychiatrie, aber auch gerade der Sexualwissenschaften.

Verhältnisse ›Norm – Abweichung‹ zieht, ist dabei die Homo-Hetero-Binarität.[8]

Das bedeutet epistemologisch, dass sich die Vielfalt der Beziehungsweisen insbesondere unter Männern bis zum Ende des 19. Jahrhunderts enorm verdichtet, sich um 1900 vollständig an der binären Geschlechterdifferenz und damit der biologisch begründeten sexuellen Differenz ausrichtet.[9] Geschlecht als Identität wird, laut David Halperin (1990), taxonomisch dadurch geordnet, dass das Körpergeschlecht bestimmt wird, indem man es am Geschlecht jener Person misst, mit der eine Person partnersexuell aktiv ist. Das bedeutet, dass um 1900 der Norm gemäß letztlich nur mehr zwei Geschlechter-Optionen existieren: eine gleichgeschlechtliche, eine gegengeschlechtliche. Erst im Zuge dessen wird die Liebe eines Menschen zu einem anderen vom gleichen Geschlecht zur Liebe des Gleichen (*same-sex-love*). Der Binarismus homo-hetero geht dabei bruchlos im Binarismus gleich-anders auf, weil Männlichkeit und Weiblichkeit nun kategorisch gedacht und exklusiv auf das jeweilige (›andere‹) anatomische Geschlecht bezogen werden. Davor spielten – wie in den Modellen der Sodomie, Päderastie und des Lesbianismus – weitere Differenzierungsmerkmale, die nicht ausschließlich körperlicher, sexueller oder auch psychischer Art waren, in den Beziehungsweisen eine Rolle. Unter diesen epistemologischen Voraussetzungen wird also die Liebe eines Mannes zu einem anderen Mann zur Liebe zum Gleichen. Entsprechend dieser Logik existieren ab 1900 ausschließlich zwei Sätze von Relationen, die die Beziehung unter zwei Männern bedeuten können: Identifizierung (mit dem ›Gleichen‹) und Liebe (zum ›Anderen‹).

In *Epistemology of the Closet* arbeitet die Kulturwissenschaftlerin Eve Kosofsky Sedgwick heraus, dass diese epistemologischen Voraussetzungen zweier Sätze von Relationen die Möglichkeitsbedingungen

---

8   Vgl. hierzu Magnus Hirschfelds Theorie der sexuellen Zwischenstufen. Sie geht von zwei (idealen) Geschlechtern aus. Die ›Wirklichkeit‹ wird jedoch durch ein endloses Kontinuum von Geschlechtermischungen abgebildet. Vgl. Hirschfeld: 1899-1923.

9   Vgl. hierzu auch Chauncey 1983: 114-145; Halperin 1990. Genau hier ist in Bezug auf männliche Homosexualität der epistemologische Unterschied zwischen Carl Westphals These zur »conträren Sexualempfindung« und Hirschfelds »Theorie der Homosexualität des Mannes und des Weibes« anzusiedeln. Wenn Westphal Mitte des 19. Jahrhunderts von der »Natur« der geschlechtlichen Empfindung spricht, meint er damit eine bestimmte Form der Empfindungsweise, eine seelische Lage, die einem Selbst zueignet. Aber dies ist nicht (schon) das Produkt einer biologischen Natur, die diese Empfindungen zwangsläufig hervorbringt, wie es die Begründung Hirschfelds um 1900 suggeriert. Vgl. Westphal 1869: 73-108, sowie Hirschfeld 1913; 1914; 1928.

dafür darstellen, die Verschiebungen in den Symbolisierungen von männlichem Begehren und männlicher Seinsweise darzustellen (vgl. Sedgwick 1990). Während solches Verrutschen weder beim Inversionsmodell (männliche Seele in weiblichem Körper und *vice versa*) noch in den prämodernen Konzepten der Päderastie und Sodomie möglich ist, kann dies erst, so Sedgwick, der Homo-Stil (»homo style«) der Homosexualität leisten. Dieser Stil entsteht im Zuge der allgemeinen, diskursiv gestützten Sichtbarmachung von Homosexualität als minoritäre Kategorie der Identität. Erst unter diesen Voraussetzungen entwickeln sich Strategien der Repräsentation und Symbolisierung, die eine Verschleierung gleichgeschlechtlichen männlichen Begehrens und dessen gleichzeitige Zurschaustellung ermöglichen.[10] In diesem historischen Moment entsteht die Repräsentationsfigur des Verstecks (*closet*). Sie bildet eine Grenzfigur, die einer Doppelstruktur von Rahmung und Gerahmtem entspricht, bei der einmal der Inhalt, einmal der Rahmen betont wird, ohne dass jedoch eines der beiden Elemente eindeutig bestimmbar wäre.[11]

Man kann im Wesentlichen von einem Mechanismus sprechen, bei dem das begehrte Objekt eine unwiderstehliche Faszination ausübt, dies jedoch aufgrund der homophoben Kultur über eine mit Scham besetzte Verbotsschranke hinweg. Allerdings entsteht die Faszination erst und nur durch die Aura des Geheimnisses, gerade weil sie sich über diese Verbotsschranke hinweg konstituiert. Das Phänomen selbst zeichnet sich intrinsisch durch Uneindeutigkeit aus. Diese ist – durch eine bestimmte Art von Scham determiniert – an dieses Verbot gebunden. Zudem handelt es sich um eine spezifische Implikation, die wie ein affektives

---

10 Es herrscht also um 1900 ein definitorischer Zwang, Männlichkeit jeweils entweder eindeutig als homo oder eindeutig als hetero zu definieren, bei gleichzeitiger Unmöglichkeit der Epistemologie, dies leisten zu können. Grund dafür ist, dass beide Termini wechselseitig konstitutiv sind und daher residual im jeweils anderen fortwirken. Homosexualität, so Sedgwicks These, ist im Grunde lediglich als Störfunktion innerhalb der heteronormativen Matrix bestimm- und auffindbar.

11 Um das ›offene Geheimnis‹ einer zugegebenen schwulen Identität zirkuliert eine Wissensmacht, beim ›leeren Geheimnis‹ wird eine anspielungsreiche Rhetorik um einen Hohlraum erstellt. Beide sind jeweils in einer minorisierenden, das heißt auf die Zuschreibung einer Minderheitenidentität oder aber universalisierend, das heißt auf die Subsumption unter eine Allgemeinheit interpretierbar. So funktioniert beispielsweise Oscar Wildes Roman *Das Bildnis des Dorian Gray* (1896) wie eine Verdichtung von offenem und leerem Geheimnis, indem die erotische Beziehung unter Männern in das Thema des ›gespaltenen Selbst‹ überführt wird. Zudem ist er sowohl mit ›vollem‹ schwulem Inhalt genauso lesbar wie als Reflexion über das ›allgemeine‹ Thema von ›Kunst und Leben‹.

Triggern funktioniert: Nur wer eine bestimmte Erfahrung gemacht hat, wird davon affiziert, kann dieses Unbestimmte an einem Objekt oder als Wahrnehmungsqualität wiedererkennen. Deshalb ist es unmöglich, dieses dem Objekt selbst als intrinsische Qualität zuzuschreiben, es besitzt keine Essenz. Vielmehr verdinglicht sich diese spezifische Form männlich-männlichen Begehrens durch Wahrnehmungskonstellationen und -qualitäten. Man kann hier durchaus von einem Mechanismus der Oszillation sprechen. Hierdurch werden die Beziehungsweisen von Subjekt und Objekt als wiederholte, daher prozessuale und dynamische relationale Lektüren, Affizierungen, Formen der Wieder-Erkennung lesbar. Durch dieses Mapping werden Sein und Bedeutung männlich-männlichen Begehrens und männlich-männlicher Identität komplex miteinander verwoben. Diese Art der wechselseitigen, oszillierenden Konstituierung von Bedeutung und Sein geht ebenso wenig vollständig im Homo-Hetero-Binarismus wie in einer geschlechtlichen Identität auf, die aus der biologisch fundierten Geschlechterbinarität hervorgeht. Sie ist nicht mit einer wie auch immer (ontologisch oder epistemologisch) gefassten, kategorischen Identität kongruent, die eine ›innerpsychische Struktur‹ besitzt. Dennoch, und das ist von großer Wichtigkeit, kann diese männlich-männliche Begehrenslogik erst beziehungsweise nur innerhalb der epistemologischen Rahmenbedingungen entstehen, die durch das Geschlechter- und Sexualitätsdispositiv um 1900 errichtet werden. Man muss diese Logik unbedingt als historisch singulären, korrelativen Effekt der Biologisierung des Geschlechts mit der Zweigeschlechtlichkeit (sexuelle Differenz) und der Heteronormativität verstehen.

Auf diese ›Natur des Geschlechts‹ um 1900 möchte ich nun einen Blick werfen, um Gender als Kategorie der Produktion kritischen Wissens als einen Aspekt dieses Dispositivs zu beleuchten und ihn für eine andere Lesart von Sexualität beziehungsweise für andere, *queere* Sexualitäten fruchtbar machen zu können. Hierzu ist es wichtig, Körper, Geschlecht und Begehren eben nicht – wie zu diesem Zeitpunkt in normierender Hinsicht üblich – als identitäre Kategorien, die Identität definieren, zu denken, sondern als Spur innerhalb der wissenschaftlichen Konstellationen, in denen sich Experimentalanordnungen, Erkenntnisweisen, Apparate und nicht zuletzt technische Medien in den Disziplinen der Biologie und Physik um 1900 befinden.

Wesentlich für diese ›Natur des Geschlechts‹ um 1900 ist, dass die Natur selbst als Kategorie installiert wird, indem sie unter der Ägide der Biologie zur primären und unausweichlichen Ursache für das Geschlecht gerinnt. Dies ist unabhängig davon, ob Fortpflanzung nun sexuell oder asexuell definiert ist. Der epistemologische Mechanismus in der Biologie implementiert die Natur in die Körper in der Funktion eines Operators, um von dort aus über das anatomische Geschlecht, die Sexualität und das Begehren die Kategorie Identität beziehungsweise die Identität als Kategorie zu konstituieren (Gender-Identität). Dabei muss diese Natur, also die Natur der belebten Materie, selbst erst binär vergeschlechtert werden. Die zentralen Fragestellungen, was Leben ist und wie ein Organismus funktioniert, kommen bis Ende des 19. Jahrhunderts ohne das Geschlecht aus. Das biologische Konzept ›Leben‹ besitzt vielmehr eine verdeckte, exklusiv männliche Genealogie (vgl. Palm im vorliegenden Band).[12] Davor, so Bublitz, hat Geschlecht als ›Natur des Geschlechts‹, das an eine biologisch fundierte sexuelle Differenz gebunden ist, nicht existiert. Zur Zeugung, also sexuellen Fortpflanzung, waren zwar männliches und weibliches Prinzip vonnöten, aber dies wurde nicht im Kontext der Art und Weise, wie sich Organismen entwickeln, welche generative Evolution sie durchmachen, gesehen. Der Aspekt der Unausweichlichkeit hängt zudem mit einem besonderen epistemologischen Umstand zusammen: Die Natur folgt um 1900 weder einem göttlichen Plan noch allein mechanischen Gesetzmäßigkeiten, die das Immergleiche wiederholen. Die Gesetze der Evolution sorgen zwar für Konstanz, aber ebenso halten sie Sprünge im Kontinuum bereit. Die Natur ist in diesem Sinn ein geschichtliches Wesen, das zwar nicht vollkommen chaotisch und unvorhersehbar funktioniert, jedoch einer gewissen, zwangsläufigen »Logik des Lebenden« (François Jacob) folgt. Sie ist in ihrem Ausgang aber nicht vorhersehbar und geht nicht mehr völlig in einem teleologischen Fortschrittsnarrativ auf.

Zentral ist dabei der Aspekt, dass die Natur um 1900, epistemologisch gesehen, den Status einer selbsttätigen Entität erhält, die autonom von den Formen wissenschaftlicher Erkenntnis und frei vom Willen des Erkenntnissubjekts abläuft. Wenn dieses nun diese Erkenntnis auf sich selbst anwendet, gerinnt es zum Teilelement des quasi-automatischen Ablaufprozesses der so verstandenen Natur. Das bedeutet, dass die ›natürliche‹ Konstituierung des Menschen als Wesen/Subjekt so verläuft, dass dieses sich in Bezug auf seine Funktionsweisen selbst partiell entzogen ist. Durch den so entstehenden Riss im männlichen Wissenschaftler- und Erkenntnissubjekt wird das traditionell männliche, geistige Prinzip wortwörtlich verkörpert. Um 1900 bekommt das universale männliche Subjekt, epistemologisch betrachtet, also nicht nur einen

---

12 Im Gegensatz dazu ist die Natur der unbelebten Materie traditionellerweise weiblich konnotiert. Dieser Bezug zum Geschlecht ist aber kein biologisch begründeter, sondern hat mit der westlich-abendländischen Tradition zu tun, die das Verhältnis Idee und aktive Formgebung zur passiven Materie bestimmt.

Riss, weil sich die biologischen Prozesse seiner erkenntnistheoretischen Kontrolle partiell entziehen, sondern es wird zudem mit eben diesem biologischen Geschlecht ausgestattet, das es erkenntnistheoretisch nicht hundertprozentig fassen kann, welches es aber zugleich als menschliches Wesen biologisch begründet. Dieses Subjekt erhält einen Geschlechtskörper, der sich seinem Willen und seiner Vernunft partiell entzieht und von der Natur geschaltet wird. Zudem bildet dieser Geschlechtskörper in der Bestimmung als unausweichlicher Ursprung der nun vergeschlechterten Identität vermehrt eine materielle Ressource. In diesem Kontext kann er im Sinne des Geschlechter- und Sexualitätsdispositivs in das binäre Schema der Zweigeschlechtlichkeit und Heterosexualität eingeordnet werden, zu dessen (Re-)Produktivität er eingesetzt wird. Es ist aber auch möglich, was – mit pejorativem Unterton beziehungsweise Melancholie – Riss und Unverfügbarkeit genannt wird, im positiven Sinn als Dopplung von männlichem Subjekt und männlichem Körper, männlicher Identität und männlichem Geschlecht aufzufassen. Ich komme auf diese nuancierte Differenzierung nochmals zurück.

Von entscheidender Wichtigkeit ist dabei, dass die Wissenschaft von der lebenden Materie seit Mitte des 19. Jahrhunderts ihre Modelle, Prinzipien und Paradigmen weitestgehend den Wissenschaften von der unbelebten Materie entlehnt. Die Biologie übernimmt Mitte des 19. Jahrhunderts aus der Physik das Modell des Organismus als operativ geschlossenes System. In der Physik können sich die Newtonschen Maschinen nämlich gemäß des ersten Hauptsatzes der Thermodynamik (Erhalt der Kräfte) selbst und theoretisch endlos regulieren. Entsprechend dieses Vorbildes herrscht im 19. Jahrhundert auch die Vorstellung, die Physiologen könnten die Funktionsabläufe des Menschen modellieren. (Vgl. Osietzki 1998: 313-346)

Doch in der Wissenschaft von der unbelebten Materie ist die Natur, wie es Bernhard Siegert in *Passage des Digitalen* (Siegert 2003) darstellt, seit spätestens Mitte des 19. Jahrhunderts keine newtonsche Maschine mehr. Sie stellt kein System mehr dar, in dem die Variablen gleichförmig reversibel voneinander abhängen. Ihr Raum bildet keine stabile Entität mehr, in dem für sich stehende Objekte existieren, die auf andere über die Ferne hinweg einwirken. Alle grundlegenden Phänomene der Natur wie Wärme, Schall, Äther, Strom, Licht sind dynamisch, beweglich, operieren zeitbasiert in Frequenzen, in denen sie sich rasch ausbreiten. Dadurch ist das Kräftegleichgewicht durch eine wellenförmige Nahwirkung substituiert. Natürliche, materielle Objekte sind durch Überlagerung dieser Frequenzen konstituiert. Davon kann man das meiste nicht mit bloßem Auge sehen. Man kann es mathematisch berechnen, und man kann die Spuren dieser Phänomene im Experiment sich selbst aufzeichnen lassen und sie retroaktiv lesen. Die stabile Kategorie des Raumes löst sich somit buchstäblich in Äther auf. Technische Medien entstehen unter diesen experimentellen Bedingungen, um Wirkungsweisen physikalischer und physiologischer Phänomene zu speichern, die sich aufgrund ihrer Geschwindigkeit der Wahrnehmung und Analysefähigkeit des Subjekts entziehen. Das bedeutet auch, dass sie das Nicht-Analytische entbergen und dabei die Art der Aufzeichnung selbst problematisch werden lassen. Siegert spricht in diesem Zusammenhang davon, dass aus den Experimentalanordnungen der Physik die technischen Medien als Systeme der Selbstregistratur auftauchen. Aus diesen ist das Subjekt im Sinne einer Instanz, die (sich) selbst wahrnimmt und diese Wahrnehmungen notiert, ausgeschlossen.

Die zentralen Phänomene stellen in diesem Kontext Elektrizität und Magnetismus dar, deren Eigenschaften im Laufe des 19. Jahrhunderts zunächst »künstlich« hervorgerufen und dann in operativ geschlossenen Systemen manipuliert werden können. Alle natürlich vorhandenen Phänomene existieren somit nur noch – epistemologisch gesehen – in Form von endlosen, sich wiederholenden Schwingungen, deren Frequenzen groß oder auch unendlich klein sein können. Der Wahrheitsanspruch, den die physikalischen Wissenschaften für sich in Anspruch nehmen, tritt im Verlauf des 19. Jahrhunderts in der modernen westlichen Welt an die Stelle der Metaphysik. Die Physik verkündet das Wesen der Dinge aber im Gegensatz zur Philosophie nicht in Form einer Ontologie, sondern sie bringt sie in Form einer spezifischen wissenschaftlich-experimentell beglaubigten Onto-Logik hervor, nämlich die des Digitalen: AN/AUS (ON/OFF): Etwas ist, etwas ist nicht, wie Siegert eine Aussage von Leibniz kolportiert. Mit der Entstehung der technischen Medien auf dieser physikalischen Grundlage wird die Ordnung der klassischen Repräsentation von der Ordnung des Signals abgelöst. Ihr zugehörig ist eben das Dispositiv der Oszillation: endlose Schwingungen, elektromagnetische Binärzustände von Fließen – Unterbrechung, Muskelkontraktionen, Bewusstseinsschwellen,[13] alles unterliegt der Onto-Logik des AN/AUS (ON/OFF), bei der für jede Existenz gilt, dass sie keinen festen Grund besitzt. Hierbei fällt die Trägermaterie mit dem Übertragenen, fallen Repräsentiertes und Repräsentierendes zusammen. Es gibt keine Zeichen mehr, sondern nur noch Signale, die unabhängig

---

13 Émile Du Bois-Reymonds elektrophysiologische Experimente an Tieren fördern z. B. die Erkenntnis zutage, dass die Funktionsweise von Nerven und Muskeln des tierischen und des menschlichen Körpers derselben Ordnung der Induktionselektrizität folgen, wenn ein Verhältnis von Reiz zur Muskelkontraktion gemessen wird. Vgl. Siegert 2003: 345-357.

sowohl von den Inhalten als auch von den Sinnen, an die sie gerichtet sind, funktionieren.[14]

»Das Signal ist eine an einen physikalischen Träger (in Form von Speicherung oder Übertragung) gebundene Funktion der Zeit, Raum oder Frequenz, die im Inneren des Zeichens als dessen materiales Substrat haust. Anders ausgedrückt: Signale sind konkrete physikalische Ereignisse, die Zeichen mit Hilfe einer geeigneten Codierung speichern oder übertragen, d. h. überhaupt realisieren. Zeichen und Signale adressieren indes den Menschen in sehr unterschiedlicher Weise. Während Zeichen das Vorstellungs- bzw. Erkenntnisvermögen (Seele oder Verstand) adressieren, sind Vorstellung und Erkenntnis im Fall des Signals nur Relais für die Auslösung einer »motorischen« Aktion oder Reaktion.« (Siegert 2003: 256)

So entsteht aus der Natur ein infinitesimales und zugleich in diskrete Einheiten zerlegbares Kontinuum. Dies kann experimentell nachgewiesen und auch mathematisch (mittels unsteter Funktionen) angeschrieben werden. Zugleich entzieht sich diese Natur völlig der Anschauung des Subjekts.[15] Das »Wirkliche« besteht in der Onto-Logik

---

14 Erst mit dem Relais-Prinzip gelingt es technisch und experimentell aus diesem Endloskreislauf heraus zu treten, indem nur noch so viel mechanische Arbeit geleistet werden muss, dass eine Auslösung erfolgen kann. Man kann damit bei gegen Null strebendem Energieaufwand, also mit kleinstem energetischem Aufwand größte Wirkungen erzielen, wie bspw. die Modulation von Nieder- und Hochfrequenz beim Radio. Siegert demonstriert die epistemologische Wirkung des Relais-Prinzips, die darin liegt, das bis dahin durch den ersten Hauptsatz der Thermodynamik garantierte Kausalitätsprinzip zu dekonstruieren. Mit dem Relais-Prinzip ist aber nicht nur eine Übertragung, sondern eine Steuerung, das heißt Kontrolle von Signalen möglich. Das bedeutet, epistemologisch kann zwischen Zeichen und Signal sowie zwischen Batterie und Energie besser differenziert werden. Das Ergebnis ist energielose Information. Damit bewegt sich die Physik und mit ihr die technischen Medien bereits auf dem Terrain der Nachrichtentechnik. Vgl. Siegert 2003: 369-383.
15 Siegert stellt die These auf, dass die Mathematik das Empirische durch das Reelle ersetzt. Dieses digitalisierte Reelle ist auch das Reale Jacques Lacans. Die Problematik des diskreten Teilens bis ins unendlich Kleine wird in der Mathematik von der programmatischen Formalisierung aufgefangen, beginnend mit Cantor, im 20. Jahrhundert mit Hilbert endend: Die Axiomatik der Mengenlehre ersetzt dabei den Funktionsbegriff der Analysis durch den der Menge. Anstatt der Abbildung eines Werts als Funktion von physikalischen Größen wird nun eine Ordnung durch Sortieren erstellt, das heißt Punkt-zu-Punkt-Zuordnung erstellt, was bereits einem digitalen Zugriff auf Zahlen entspricht. Die dazugehörige Abbildung ist nur noch atomarer Staub. Die Darstellung ist dabei aber nicht nur gegenstandslos, sondern dem informationstheoretischen Rauschen äquivalent, weil sie ein endloses, permanentes Hin-und-Her-Springen von Teilchen bedeutet. Am

des AN/AUS nur mehr aus nicht-synthetisierten, verstreuten Sinnesreizen. Die Medienanordnungen, die dabei entstehen, implementieren zunächst einmal die Theorie der oszillierenden Funktionen und mit ihnen die Arithmetisierung der Wirklichkeit, insofern sie deren unendlich Kleines per Zerhackung aufscheinen lassen, um es dann künstlich wieder zu synthetisieren (wie etwa beim Film).[16] Symbolisch-mathematisches Anschreiben und anschauliche Vorstellbarkeit driften also immer mehr auseinander, so dass für das Erkenntnissubjekt eine ganzheitliche Vorstellung von Natur verloren geht. Da sich die Verhaltensweisen der Phänomene im Bereich des unendlich Kleinen (räumlich, zeitlich oder materiell) abspielen, können immer nur Spuren retroaktiv ihre Existenz beglaubigen. Das Subjekt bleibt vom Vorgang medialer Selbstaufzeichnung meist ausgeschlossen. Es bleibt aber auch, wie parallel die physiologischen Experimente verdeutlichen, beim Verstehen seiner selbst außen vor beziehungsweise kommt immer zu spät.[17] Hier-

---

Grund dieser Stunde Null der anschauungslosen Abstraktion der Mengenlehre findet, so Siegert, um 1900 die kulturelle Transformation durch die technischen Medien statt, die das Kontinuum zerhacken und wieder synthetisieren. In Bezug auf visuelle Wahrnehmung und die Frage danach, wie wir angesichts der analytischen oder besser arithmetischen Anschauungslosigkeit (noch) erkennen können vgl. auch Rieger 2003. Rieger verdeutlicht, dass die Verfahren der Bildübertragung, also die Bildzerlegung in unanschauliche Komponenten, wie Elektrizität, und ihre Rekonstruktion die wissenschaftliche Wahrnehmung für das Paradigma von Original und wieder erkennbarer Kopie schärfen. Hierdurch wird die Frage virulent, wie dies im menschlichen Organismus vor sich geht.

16 Wenn Bublitz davon spricht, dass sich die Welt um 1900 durch Quantifizierung auszeichnet, muss man von der Quantifizierung des unendlich Kleinen und zudem schon von Quantelung, also Sprunghaftigkeit, sprechen. Denn die Sprunghaftigkeit, die Raum, Zeit und Materie ist, fällt in den Zuständigkeitsbereich der Quantenphysik. Diese versucht, die Unstetigkeit, Richtungslosigkeit, Diskretheit von Teilchen experimentell nachzuweisen. Erst dadurch, dass in der Mathematik dieses endlose, unendlich Kleine abgebrochen wird, physikalische Größe und Notation dieser Größe nicht mehr im Verhältnis einer Funktion abgebildet werden, sondern als Sortierung, Zuordnung von Listenplätzen (also einer digitalen Verarbeitung) behandelt wird, bringt die Mathematik wieder Ordnung in das Datenchaos des »Staubs dieses Reellen«. Dies können erst die vollelektronischen, operativ geschlossenen Mediensysteme leisten. Denn in ihnen ist es möglich, das Relais-Prinzip, welches das Kausalitätsprinzip zerstört, nochmals auszudifferenzieren in Energie und Information. Das Prinzip der Information besteht darin, dass mit gegen Null gehender Energie ausgelöst und das heißt, übertragen werden kann. Das technische Instrument hierzu ist der vollelektronische Flip-Flop-Schalter, der ab 1919 gebaut wurde.
17 Auch die Zeichenhaftigkeit des Seelenausdrucks verändert seine Konnotation. Denn die elektrophysiologische Induktion der Gesichtsnerven, wie

durch, so Siegerts Argument, wird es letztlich um 1900 als Erkenntnissubjekt verabschiedet. Zugleich mutiert es in epistemologischer Hinsicht zum Signalmedium. Denn zu Beginn des 20. Jahrhunderts wird mit der Ausdifferenzierung von Energie und Information, das heißt mit der nachrichtentechnischen (Befehls-)Steuerung von Signalen, auch aus dem Gehirn ein operativ geschlossenes System. Wenn das Reiz-Reaktionsschema völlig arbiträr ist, kommt es nicht darauf an, was ein Signal bezeichnet, sondern an welchem Ort es verarbeitet wird. Das Bewusstsein eines Subjekts, einer intelligiblen Instanz ist dieser Schalteinheit stets nachgeordnet, insofern es nur eine nicht sichtbare, nicht anschauliche, unendlich schnelle Information ist.

Somit gründet das zerrissene männliche Subjekt der Moderne im ontologischen Sinn auf einer Grundlosigkeit, die sich aber aus den wissenschaftlichen Erkenntnissen und aus dem Auftauchen der technischen Medien ergibt. Diese haben darin ihre Funktion, Aufschreibesysteme dessen zu sein, was an der physikalischen und physiologischen Natur nicht analysierbar ist. Dies wiederum bedeutet, dass ihr Wesen darin besteht, materiell-semiotische Spuren einer Grund-, Inhalts- und Anschauungslosigkeit, des (mathematischen) Reellen selbst zu sein.

Im Gegensatz zu Siegert möchte ich an dieser Stelle – eher mit Deleuze' und Guattaris Auffassung von der wechselseitigen, aber dennoch differenten Konstituierung von Wissenschaft und Philosophie (Deleuze/ Guattari 2000) – dieses männliche Erkenntnissubjekt eben gerade nicht als krisenhaftes, zerrissenes Subjekt der Moderne verstehen. Ich würde eher als spekulative Geste sagen: Dieses männliche, zerrissene Subjekt bildet Produkt und Ergebnis der Wissensordnung des Signals mit ihren Experimenten und Experimentalanordnungen physikalischer und physiologischer Phänomene, die sich im Feld von Repräsentation, Technik, Materialität und Erkenntnis aufspannen. Es ist ein Medium, das von signaltechnisch aufbereiteter, physikalischer Materie adressiert, geschaltet und gesteuert wird. Siegert gibt dieses männliche Subjekt nicht preis, auch wenn er von einer ontologischen Verabschiedung spricht. Deshalb würde ich hier lieber mit Donna Haraway von einer materiellsemiotischen Einheit sprechen. Diese Einheit existiert als Spur physikalischer und physiologischer Phänomene, sie ist epistemologisch ein Medium, bestehend aus organischer Materie. Im Wesentlichen trifft auf diese Einheit folgendes zu: Die Onto-Logik des AN/AUS bestimmt dieses Subjekt als Einheit ohne Grund. Während Siegert diesbezüglich

---

beispielsweise in den Experimenten Duchenne du Boulognes verdeutlicht, dass es sich eben nicht mehr um Zeichen, sondern um Signale handelt, die am Körper ablesbar werden; anders formuliert, dass die Seele ein technisches Medium ist.

vom Subjekt der *différance* spricht, würde ich dies anders formulieren. Das ›Wesen‹ dieses männlichen ›Subjekts‹ besteht in den Zuständen von An- und Abwesenheiten und in Wiederholungen von Zuständen, die von immateriellen Signalen ausgelöst und als Daten verarbeitet werden. Zugleich ist es ein materiell-technisch und materiell-semiotisch vergeschlechterter männlicher Körper und eine männliche Instanz, die sich technisch-materiell und technisch-semiotisch als männliche wahrnimmt.

Gegen Siegert würde ich zudem einwenden, dass das moderne männliche Erkenntnissubjekt im Lichte seiner epistemologischen Demontage gerade dann kategorisch weiter existieren darf, wenn man es als operativ geschlossenes System auffasst. Aufgrund der Arbitrarität, die das Verhältnis von Reizen/Daten und Reaktion/Verarbeitung bestimmt, und des quasi Gleichzeitigkeitsverhältnisses zwischen Signal und Wirkung, bleibt stets ein Moment des Nicht-Fassbaren, des Nicht-Analytischen, des Nicht-Vorhersehbaren bestehen. Dadurch sind die relationalen Verbindungsweisen mit den physikalischen Phänomenen, die man eventuell als Signale, jedenfalls aber als nicht-anschauliche, nicht-analysierbare, vielfältige Intensitäten interpretieren kann, nicht vorhersehbar. Diese materiell-semiotische Einheit bildet kein operativ geschlossenes System, insofern die Adressierung durch Elemente/Reize/Signale gerade nicht hundertprozentig steuerbar ist. Dass es sich aber um eine relationale Affizierung von Materiepartikeln – seien sie ›human‹, technisch oder physikalisch – handeln muss, lässt sich immer nur retroaktiv an den Spuren ablesen, die sie in dieser materiell-semiotischen Einheit erzeugen. Wir können die Spuren als Substrat dieser materiell-semiotischen Einheit immer nur an ihren (wiedererkennbaren) Handlungen festmachen. Diese physiologisch-physikalische Einheit besitzt keinen Ursprung, sie besitzt ebenso wenig eine innerpsychische Struktur. Ihre ›Gestalt‹ wird durch eine Adressierung hervorgerufen, deren ›Inhalt‹ erst nachträglich in der Form einer durch ein Signal erzeugten Spur als eine bestimmte Identität lesbar wird. Der signaltechnischen Adressierung entspricht als Relais zwischen Signal und Reaktion der Affekt, insofern er sich an die materiell-semiotischen Einheiten nur wie ein »freies Radikal« (Sedgwick 2005: 33) anheftet. Er ist, so führt Sedgwick mit der Affekt-Theorie Silvan Tomkins aus, eine Art Verstärker für physiologische Zustände, die er übersetzt, jedoch ohne die Ergebnisse zu determinieren. Er bietet die Flexibilität, sich auf vielfältige Weise an ganz verschiedene Objekte zu heften, das bedeutet, er lässt mehr Differenzierungen in Bezug auf die Darstellung der affektiven Erfahrung zu.

Dieses Konzept einer materiell-semiotischen Einheit eröffnet die Chance, jenseits einer normativen geschlechtlichen Adressierung eine

Art begehrensstrukturierte Seinsweise aufzuführen, die weder in der homo/hetero noch in der normativen Geschlechterbinarität und damit im Geschlecht als Identitätskategorie – ob sie nun als normal/ideal oder ›natürlich‹ abweichend (wieder)erkennbar ist – aufgehen muss. Das Dispositiv der Oszillation birgt die Chance, jeweils die Position von begehrenswertem Objekt (männlicher Körper) und begehrendem Subjekt (männliche Identität) in endlose Schwingung zu versetzen.

Unter den Bedingungen des Geschlechter- und Sexualitätsdispositivs um 1900, mit seinen Vorgaben der Zweigeschlechtlichkeit und der Heterosexualität, sehe ich hier so etwas wie die entstehenden Bedingungen für die Verschränkung von Bedeutung, materiellem Sein und Sexualität gegeben, die ich als *queere* Performativität bezeichnen möchte. Bei dieser Auslegung einer männlich-männlichen Begehrenslogik hängt deren Existenz allein von den nachträglich lesbaren, wiedererkennbaren Spuren in einer materiell-semiotischen Einheit ab. Dieses Konzept entspricht damit in zweifacher Hinsicht Sedgwicks historischer Auslegung von Butlers Performativitätskonzept, wie sie es in ihrem Aufsatz *Queere Performativität* (Sedgwick 2005) skizzierte. Es umfasst die Bedeutung der technischen Medien und ihre Auswirkungen auf die Subjektivierungsweisen um 1900 und zeigt zugleich den Mechanismus der grundlosen Wiederholung auf, der durch diese installiert wird und durch den die Subjekte bereits im Wesentlichen konstituiert sind.

In *Queere Performativität* beschreibt Sedgwick die Doppelstruktur von Performativität als Extraversion des Schauspielers und Intraversion des Signifikanten, also von Theatralität und Absorption. Mit diesen beiden Mechanismen ist das paradoxe Verhältnis einer »›verirrten‹ Beziehung [des Performativen] zu seiner eigenen Referenz« bezeichnet. Sie zeugen von »der Torsion, der gegenseitigen Perversion, wie man sagen könnte, von Referenz und Performativität« (Sedgwick 2005: 15). Das Bedeutungspotenzial wird dabei zur retroaktiven, spatiotemporalen Strukturierung eines ›Innenraums‹ der Identität verwendet, der keine Essenz besitzt. Zugleich umfasst das Moment der Theatralität eine (wieder)erkennbare Zurschaustellung eben dieser Identitätsproduktion (für andere). Beide basieren im Grunde auf narzisstischen Kreisläufen, durch die das Subjekt immer wieder auf sich selbst bezogen wird. Unerlässlicher Dreh- und Angelpunkt zwischen beiden Kreisläufen bildet dabei der Affekt, der als Substrat und Spur zur spezifischen Aufführung spezifischer ›Identitäten‹ führt. Sedgwick erläutert dies anhand von Henry James' 1907 erschienenem Werk *The Art of the Novel* (James 1907-1909; 1960), das er in einem Vorwort zugleich kommentierte. In diesem Vorwort etabliert James im Sinne einer Aneigungs- und Überwindungsgeste dieser Scham rückblickend ein Verhältnis wohlwollender

Neigung, ja Liebe zu seinen männlichen Figuren, Helden und Anti-Helden. Durch dieses Verfahren der liebevollen Rückwendung, durch die per Scham und Begehren doppelt ausgestattete, strukturelle Verzeitlichung und Verräumlichung, die seine Identität ist, produziert James erfolgreich ein Sinnhaftes, das aktuell und in den Augen seiner Leserschaft als männlich-queere Subjektivität erkennbar wird.

So hängt es von der jeweiligen Spur ab, auf welche Weise die Adressierung durch das normative Geschlecht unter den Voraussetzungen des etablierten Geschlechterdispositivs ›verarbeitet‹ wird, das heißt zu welcher Art der Aufführung bei gleichzeitiger Strukturierung eines Innenraums es kommt. Aufgrund des historisch spezifischen Kontextes gibt es um 1900 nur eine Erfahrung beziehungsweise Ereignishaftigkeit, die mit Verbot und Scham belegt ist, nämlich die Liebe eines Mannes zu einem anderen Mann. Deshalb, so Sedgwick, kann nur dieser Affekt für die von der Zweigeschlechtlichkeit und Heteronormativität abweichende Spur dieser materiell-semiotischen Einheit stehen. Diese Spur bildet aber auch zugleich den Operator dafür, sich im Sinne einer performativen Geste der Dekonstruktion dieser Norm gegenüber anders aufzuführen. Das bedeutet, die affektive Erfahrung der Scham wird nicht im Sinne der gesellschaftlich normierten Inhalte figurativ gestaltet, sondern kann sozusagen umgelenkt und im produktiven Sinn einer Annahme des männlich-männlich-liebenden Selbst figurativ dargestellt werden.

Literatur

Angerer, Marie-Luise (2007): Vom Begehren nach dem Affekt, Zürich/Berlin: diaphanes.
Bath, Corinna/Bauer, Yvonne/Bock von Wülfingen, Bettina/Saupe, Angelika/Weber, Jutta (Hg.) (2005): Materialität denken. Studien zur technologischen Verkörperung – hybride Artefakte, posthumane Körper, Bielefeld: transcript Verlag.
Bublitz, Hannelore/Hanke, Christine/Seier, Andrea (2000): Der Gesellschaftskörper. Zur Neuordnung von Kultur und Geschlecht um 1900, Frankfurt a. M./New York: Campus Verlag.
Butler, Judith (1991): Das Unbehagen der Geschlechter, Frankfurt a. M.: Suhrkamp Verlag.
Chauncey, George Jr. (1983): »From sexual Inversion to Homosexuality: Medicine and the Changing Conceptualization of Female Deviance«. Salmagundi, Nr. 58-59, Herbst/Winter, S. 114-145.

Deleuze, Gilles/Guattari, Félix (2000): Was ist Philosophie?, Frankfurt a. M.: Suhrkamp Verlag.
Foucault, Michel (1977): Der Wille zum Wissen, Band 1: Sexualität und Wahrheit, Frankfurt a. M.: Suhrkamp Verlag.
Hagen, Wolfgang (2001): Radio Schreber. Der ›moderne Spiritismus‹ und die Sprache der Medien, Weimar: Verlag und Datenbank für Geisteswissenschaften.
Halperin, David (1990): One Hundred Years of Homosexuality. And other Essays on Greek Love, London/New York: Routledge.
Haraway, Donna (1995): Die Neuerfindung der Natur. Primaten, Cyborgs und Frauen, Frankfurt a. M./New York: Campus Verlag.
Haraway, Donna (2008): When Species meet, Minneapolis: University of Minnesota Press.
Hirschfeld, Magnus (1899-1923): Jahrbuch für sexuelle Zwischenstufen, Leipzig: Max Spohr Verlag.
Hirschfeld, Magnus (1913): Geschlechtsübergänge, Leipzig: Max Spohr Verlag.
Hirschfeld, Magnus (1914): Die Homosexualität des Mannes und des Weibes, Berlin: Walter de Gruyter.
Hirschfeld, Magnus (1928): Geschlechtskunde, Band 2: Folgen und Folgerungen, Stuttgart: Püttmann Verlag.
James, Henry (1907-1909): The New York Edition, New York/London: Scribner's Sons, Macmillan.
James, Henry (1960): The Novels and Tales of Henry James, New York: Charles Scribner's Sons.
Osietzki, Maria (1998): »Körpermaschinen und Dampfmaschinen. Vom Wandel der Physiologie und des Körpers unter dem Einfluss von Industrialisierung und Thermodynamik«. In: Philipp Sarrasin/Jakob Tanner (Hg.), Physiologie und industrielle Gesellschaft. Studien zur Verwissenschaftlichung des Körpers im 19. und 20. Jahrhundert, Frankfurt a. M.: Suhrkamp Verlag, S. 313-346.
Rheinberger, Hans-Jörg (2001): Experimentalsysteme und epistemische Dinge. Eine Geschichte der Proteinsynthese im Reagenzglas, Göttingen: Wallstein Verlag.
Rieger, Stefan (2003): Kybernetische Anthropologie. Eine Geschichte der Virtualität, Frankfurt a. M.: Suhrkamp Verlag.
Sedgwick, Eve Kosofsky (1990): Epistemology of the Closet, Berkeley/Los Angeles: University of California Press.
Sedgwick, Eve Kosofsky (2005): »Queere Performativität«. In: Matthias Haase/Marc Siegel/Bettina Wünsch (Hg.), Outside. Die Politik queerer Räume, Berlin: b_books, S. 13-37.

Siegert, Bernhard (2003): Passage des Digitalen. Zeichenpraktiken der neuzeitlichen Wissenschaften 1500-1900, Berlin: Brinkmann & Bose.

Westphal, Carl (1869): »Die conträre Sexualempfindung«. Archiv für Psychiatrie und Nervenkrankheiten 1, S. 73-108.

Unbewusstes Leben – Neovitalismus um 1900 als produktives Krisenphänomen

KERSTIN PALM

»Im tiefsten Grunde sind wohl die vitale ›Entelechie‹ und die unbewusste Seele, im engeren Sinne des Wortes, ein und dasselbe« (Driesch 1935: 90), stellt der Biologe Hans Driesch Anfang des 20. Jahrhunderts als Quintessenz seiner nahezu vierzigjährigen Arbeit an einer neuen vitalistischen Perspektive in der Biologie fest. Driesch nimmt hier Anteil an einer umfangreichen Umstrukturierung des Organismus- und Lebensbegriffs, die nötig erschienen war, nachdem der mechanistische Ansatz des 19. Jahrhunderts zunehmend als unzureichend für die Lösung vieler biologischer Fragen angesehen wurde. Im Folgenden wird am Beispiel der Überlegungen Drieschs dargestellt werden, dass neovitalistische Lebensvorstellungen teilhaben an einer produktiven Bewältigung einer vergeschlechtlichten Krise der Moderne.[1]

Die neomechanistische Offensive

Noch einige Jahrzehnte vor Drieschs Feststellung hatte eine Gruppe überwiegend in Berlin ansässiger Mediziner wie Julius Robert Mayer, Hermann L. F. von Helmholtz, Carl F. W. Ludwig, Ernst Wilhelm von Brücke und Emil H. du Bois-Reymond eine neue experimentelle kausal-

---

1 Der Text enthält modifizierte und stark komprimierte Auszüge meiner noch unveröffentlichten Habilitationsschrift »Existenzweisen des Lebens – Fragmente einer Kulturgeschichte des biologischen Lebensbegriffs 1700-2000«.

analytische Physiologie ausgerufen, die die vitalistischen und naturphilosophischen Ansätze des 18. und beginnenden 19. Jahrhunderts selbstbewusst zurückweist und stattdessen alle Lebenserscheinungen auf physikalische und chemische Gesetzmäßigkeiten zurückführen will. Insbesondere über die neue thermodynamische Betrachtung der Organismen soll den vorher unbilanzierbaren Lebenskräften entgegen getreten werden, die spontan aus dem Nichts heraus zu entstehen und zu wirken schienen. Die Kräfteökonomie des lebenden Körpers, im Vitalismus noch in Termini des Perpetuum mobile (Lebenskraft) gedacht, verschiebt sich mit den thermodynamischen Konzepten in Richtung einer quantitativen Haushaltsführung, bei der die Energie eines Brennstoffs (Nahrung) als Investition in Arbeitskraft (Lebensvorgänge im Körper) und das Entweichen der Wärme bei der Arbeit als Effektivitätsverlust gesehen wird. Energie kann dabei gemäß den Hauptsätzen der Thermodynamik weder entstehen noch vergehen, sondern wechselt bei konstanter kosmischer Gesamtsumme allenfalls ihre Form und ihre Intensität, geht also beispielsweise von Bewegungsenergie in Wärmeenergie über.

An die Stelle einer spekulativen Betrachtung des ganzen Organismus, beziehungsweise der Annahme zweckmäßig agierender Lebenskräfte, sollte eine experimentell-induktive, kausalanalytische Forschung treten, die konkrete Teilbereiche eines Organismus funktional untersucht. Dieses einflussreiche antiobskurantistische Programm hat den Lebenswissenschaften des 19. Jahrhunderts sowohl methodisch als auch theoretisch für einige Jahrzehnte eine ganz neue Richtung gegeben, die teilweise bis heute die biologische Praxis und auch Theoriebildung bestimmt.

Mit diesem Neomechanismus des 19. Jahrhunderts verschwindet aber nicht etwa die selbsttätige produktive Substanz, sondern sie wird nun als Grundlage von Naturforschung, als denkende Substanz in die Forscherperson selbst hineinverlegt und zugleich von den ›organischen Physikern‹ gemeinsam mit der ersten Ursache aller Bewegung und dem Wesen von Materie und Kraft als Unerklärliches im mechanistischen Erklärungszusammenhang deklariert.[2]

Der Traum der Mechanisten, sämtliche Naturvorgänge rational zu durchdringen, radikalisiert also einerseits die Idee vom autonomen Subjekt, das unbeeinflusst von körperlichen Bedingungen und gesellschaftlichem Kontext die vernünftige Organisation des Kosmos entdeckt. Das nach außen hin so optimistisch anmutende und ergebnis-

---

2   Die radikalen Monisten wie z. B. Ludwig Büchner (1824-1899), Jakob Moleschott (1822-1893) und Karl Vogt (1817-1895) versuchten allerdings auch, Geist und Moral materialistisch zu begründen.

reiche mechanische Programm, anfangs durch zahlreiche kämpferische Ausrufungen des Neuen und polemisch-vernichtende Kritiken des Traditionellen bestimmt, wird aber auf der anderen Seite zunehmend von dem melancholischen Kommentar begleitet, dass eine ontologische Erkenntnis von Natur und eine Selbsterkenntnis des Menschen unmöglich wäre. Anders als die an Descartes orientierten theologischen Mechanisten des 17. Jahrhunderts können die neuen Mechanisten des 19. Jahrhunderts nämlich nicht mehr davon ausgehen, dass ihre Erkenntnisse eine gottgegebene Ordnung wiedergeben, die ihnen zugleich durch die göttliche Gnade offenbar wird. Das neue metaphysische Zentrum ist vielmehr das auf sich allein gestellte Subjekt in technischer Auseinandersetzung mit der materiellen Welt, die um den bürgerlichen Kernbegriff von männlicher Emanzipation und Identität, nämlich um industrielle Arbeit, angeordnet ist. Der Preis für eine solche Selbstregierung des Subjekts und eine umfassende Naturverfügung ist allerdings die völlige Intransparenz ihrer Voraussetzungen. Weder kann geklärt werden, wodurch das Subjekt herrscht noch worüber eigentlich. Nur dass es herrscht, kann behauptet werden: mittels einer bestimmten Methode, mit dem Ziel der Befreiung von materiellen und obskuren Zwängen und mit dem Erfolg, das materiell Existente in ein formal Denkbares transformieren zu können.

Das bedeutet aber auch, dass eine Selbstbegründung des rationalen Subjekts, wie sie noch durch Transzendentalphilosophie, Vitalismus und romantische Naturphilosophie möglich war, jetzt unmöglich geworden ist. Anstelle der transzendenten oder auch positiv bestimmten Bereiche entstehen im konsequenten Materialismus immer mehr leere ontologische Felder oder, wie du Bois-Reymond es in agnostischer Diktion nennt, Bereiche mit der Aufschrift »Ignorabimus«.

Das Konzept der selbsttätigen lebenden Natur mündet unter dieser neuen Perspektive in einen neuen Dualismus, bei dem der tätige männliche Geist, der selbst nicht mechanistisch eingeholt oder begründet werden kann, einer krafterfüllten Materie gegenübertritt, die sich nicht mehr vitalistisch spontan, sondern mechanistisch gesetzmäßig bewegt und daher rational und technisch verfügbar ist. Der organische Physiker findet dabei eine belebte Natur vor, die in einer eigenartigen Ambivalenz einerseits durch die postulierten Maschinenanalogien sein eigenes technisches Produkt sein könnte, andererseits aber die gleiche Bildungskraft zugewiesen bekommt wie ein Ingenieur und damit als Selbstbildung erscheint. Die Natur als einen bewunderungswürdigen ›Techniker‹ zu bezeichnen, wie Ludwig es tut, klingt dabei eher wie eine technisch gewendete produktivistische Naturphilosophie als eine allen spekulativen Tendenzen abgeschworene neue Physiologie. Die technische Rationalität des Kosmos kommt dabei im Ingenieur beziehungsweise Naturforscher gewissermaßen zu sich selbst.

Das Leben der Vitalisten des 18. Jahrhunderts sitzt in einer emanzipierten Materie, als deren höchstentwickelte, weil ›autonomste‹ Materieformation der menschliche Mann gilt. Das Leben der Mechaniker hat sich in das Bewusstsein des Menschenmannes in Gestalt des weisen Technikers zurückgezogen, ist immateriell geworden und fast nicht mehr von dieser Welt. Konnte in der vitalistischen Argumentation die Lebenskraft nicht mit mechanistischen Herleitungen eingeholt werden und musste entweder positiv oder regulativ als teleologisches Prinzip formuliert werden, so ist es nun in der mechanistischen Argumentation männliche Subjektivität, die nicht dem Mechanismus und auch nicht den Gesetzen der Energieerhaltung unterliegt. Der menschliche Geist schöpft vielmehr aus geheimer Quelle die Kraft der Imaginationen und des Willens – die letzte Bastion eines Perpetuum mobile. Allenfalls das vom Geist in Dienst genommene Gehirn und das Nervensystem können ermüden und benötigen wie die gesamte Körpermaschine regelmäßig neuen Treibstoff – der Geist selbst ist von dieser ›Materialermüdung‹ nicht betroffen (vgl. Auerbach 1902).

Der göttliche Trick

Was in der paradoxen Haltung der mechanischen Physiologen exemplarisch zum Ausdruck kommt, haben Gender- und Race-Theorien treffend mit Begriffen wie ›unmarkiertes Subjekt‹ oder auch ›Blick von nirgendwo auf alles‹ gefasst. Foucault beschreibt in *Die Ordnung der Dinge* das Auftauchen ›des Menschen‹ im 18. Jahrhundert noch als den Startpunkt der Selbstreflexivität, die das denkende und sprechende Subjekt selbst als Repräsentant des Repräsentierten sichtbar macht (vgl. Foucault 1974). Wie aber beispielhaft an der mechanischen Physiologie rekonstruiert werden kann, hat diese Selbstreflexivität im 19. Jahrhundert eine charakteristische Grenze, jenseits derer eine spezifische Formation von Maskulinität unsichtbar aufbewahrt wird und sich gerade aufgrund dieser Unsichtbarkeit zu einer außerhalb von Geschichte, sozialem Kontext und persönlichen Vorlieben stehenden machtvollen Instanz geriert, die ein universales Wissen und eine allgemeine Moral aus sich schöpft.

Dieser »göttliche Trick« (vgl. Haraway 1995) lässt die organischen Physiker auf der undurchschauten Grundlage einer dualistischen Unterscheidung zwischen einem aus sich selbst schöpfenden freien Geist und einer determinierten Materie ihren Materialismus ausrufen, der den gesamten Kosmos einschließlich der Lebewesen als mechanischen Wirkzusammenhang entwirft. Nur dadurch, dass das unmarkierte Subjekt sich selbst nicht in seiner spezifischen Aktivität repräsentiert, kann es zugleich ohne Zweifel an seinem Universalismus bleiben. Dass die Gesetze der Natur mit den technischen Konstruktionsgesetzen kongruent sind, die wiederum der eigenen Rationalität entspringen, wird dabei nicht mehr kantisch als Selbstgesetzgebung des Geistes reflektiert, sondern naturphilosophisch als Teilhabe der eigenen Rationalität an der Vernünftigkeit der Natur.

Dieser trotz allem komfortable, optimistische Status des Subjekts sollte Ende des 19. Jahrhunderts erschüttert werden, als sowohl die Universalität bürgerlicher Männlichkeit als auch die Souveränität des menschlichen Erkenntnisvermögens fraglich werden. Nicht zuletzt der Darwinismus, die Psychoanalyse und die sozialen Verschiebungen im Geschlechterverhältnis bilden den Untergrund für eine tief greifende Wende im biologischen Lebensbegriff, der mit dem Eintritt ins 20. Jahrhundert ganz neuen Spannungsverhältnissen ausgesetzt ist.

Die Somatisierung des Ich

Mit neovitalistischen Ansätzen wird Ende des 19. und Anfang des 20. Jahrhunderts noch einmal der Versuch unternommen, jenes teleologisch agierende Prinzip der organismischen Organisation, das in der Biologie als regulative Idee vorausgesetzt wird und nicht konkretisierbar erscheint, von neuem durch eine (positive) Bestimmung zu füllen. Anders als der mit idealistischen Bewusstseinsbegriffen, wie Lebenskraft operierende Vitalismus des 18. Jahrhunderts, orientiert sich der neue Vitalismus allerdings jetzt an Vorstellungen vom Unbewussten und nimmt auf diese Weise Anteil an der Krise der Moderne und der Dezentrierung des (männlichen) Vernunftsubjekts.

In Literatur, Kunst, Philosophie und Musik intensivieren sich um 1900 Debatten um eine Krise der Moderne, die sich vor dem Hintergrund einer voranschreitenden Industrialisierung, Urbanisierung, Säkularisierung und ›Vermassung‹ abspielen und sich durch intensivierte Reflektionsprozesse auf die unsicher gewordenen Grundlagen der Kultur und Gesellschaft auszeichnen (vgl. Wunberg 1984; Le Rider 1999; Wagner 1982; Fick 1993). Neben die Irritationen durch den Zivilisationsprozess tritt außerdem ein im Rahmen von fortschreitender Säkularisierung und Rationalisierung stattfindender weiterer Zersetzungsschub des christlich-abendländischen Denkens durch die Abstammungstheorien Darwins, welche die Geschichte der Zivilisation als willkürlichen Konflikt ohne Ziel erscheinen lässt. Der Gedanke einer göttlichen Abstammung des Menschen, welcher auch dem Entwurf des autonomen Subjekts zugrunde lag, verblasst immer mehr zugunsten der Idee vom animalischen Ursprung des Menschen. Die eigentlich bestimmenden Kräfte des menschlichen Entwicklungsprozesses sind aus dieser Perspektive nicht mehr die zivilisatorischen Impulse eines souveränen männlichen Geistes, sondern vielmehr die eigenlogisch agierenden Anlagen des Körpers. Insgesamt erhalten auf diese Weise Phänomene, die bis dahin unter die menschliche/männliche Erkenntnisfähigkeit und Autonomie subsumiert worden waren, eine eigene Wirkmächtigkeit. Als eines dieser wirkmächtigen Phänomene gilt dabei zunehmend das Unbewusste.

Die Annahme eines Unbewussten durch die Psychoanalyse und die Lebensphilosophie erschüttert bekanntlich den Glauben an die Allmacht der Vernunft und die Befähigung des (männlichen) Subjekts, sich selbst vollständig transparent zu sein. Unbewusste seelische Vorgänge, die dem Vernunftvermögen nicht zugänglich sind, aber umgekehrt Bewusstsein, Vernunft und Handlungsentscheidungen beeinflussen oder sogar weitgehend bestimmen – diese Vorstellung markiert einen deutlichen Bruch mit dem traditionellen Verständnis vom ›Menschen‹ und stellt, wie Freud selbst anmerkt, neben der kopernikanischen und darwinistischen Wende eine dritte, schwere narzisstische Kränkung des Menschen (der Neuzeit und Moderne) dar. Die Idee von einem unbewussten wirkmächtigen Bereich im Körper hat zwar in den vorherigen Jahrhunderten zahlreiche Vorläufer (vgl. Ellenberger 1985; Gödde 1999), die sich auch in einigen biologischen Konzepten vitalistischer und naturphilosophischer Art wieder finden, im 19. Jahrhundert aber zunächst durch Vernunftkult und Fortschrittsoptimismus in den Hintergrund treten. Erst mit Sigmund Freuds Ausarbeitung der Tiefenpsychologie und lebensphilosophischer Entwürfe, etwa von Schopenhauer und Nietzsche, findet das Unbewusste dann eine breitere Aufnahme auch in den Mainstream verschiedener wissenschaftlicher Bereiche.

Freud übernimmt für den Neuentwurf des psychischen Apparates aus den zeitgenössischen Naturwissenschaften die Annahme der psychischen Determiniertheit durch äußere und körperinterne Bedingungen und versucht, die menschliche Psyche – nicht zuletzt als langjähriger Schüler und Mitarbeiter des organischen Physikers Ernst W. von Brückes – in zeitgemäßer mechanistischer und thermodynamischer Ausrichtung zu beschreiben. Affekte und Triebe erscheinen in einem psychischen Energiemodell, das mit Vorstellungen von aufgestauten Affektbeträgen (psychischer Energie) beziehungsweise seelischer Homöostase und psychischen Gleichgewichten deutlich an thermodynamische Gesetzmäßigkeiten angelehnt ist. Der psychische Apparat hat dabei die Fähigkeit, psychische Energien, die durch Reizung vermehrt und durch Abfuhr vermindert würden, in verschiedenen Zuständen zu entfalten und zu steuern. Analog zu Energieumwandlungskonzepten der Thermodynamiker könnten sich auch die Energieformen des Körpers, beispielsweise psychische Energie und Bewegungsenergie, ineinander umwandeln, wie Freud am Konzept der Konversion verdeutlicht: »Bei der Hysterie erfolgt die Unschädlichmachung der unverträglichen Vorstellung dadurch, dass deren *Erregungssumme ins Körperliche umgesetzt* wird, wofür ich den Namen *Konversion* vorschlagen möchte.« (Freud 1952: 63)

Der Trieb als körperinterne Energieform entstammt nach Freud dem Somatischen, wird aber in der Trieb*repräsentanz* psychisch wirksam und besteht dort aus einem Vorstellungsanteil (Gedanken, Vorstellungen) und einem Energieanteil (Affekte, Gefühle). Triebe haben damit – in der Tradition des neuzeitlichen Spiritus beziehungsweise dann der Nervenkraft – eine Mittlerfunktion, die den Zusammenhang zwischen seelischem und körperlichem Geschehen herstellen.

Freud fügt dem thermodynamischen Kosmos mit dem Begriff des Triebes eine organismische Energieart hinzu, die reizphysiologisch als körperinternes Reizensemble bestimmbar ist. Die Reizphysiologie, im 18. Jahrhundert als Basis der emanzipativen Ich-Werdung diskutiert, wird damit zu einem Theorienfeld, mit dem nun das Ausgeliefertsein an die Eigenlogik des Körpers dargestellt werden kann. Reizbarkeit bedeutet jetzt nicht mehr so sehr souveräne Weltoffenheit, sondern viel eher Verfallensein an eine selbsttätig reizbare und reizende Materie – so dass auch der Geist damit nicht mehr in einem klaren Nutzungsverhältnis zu den Sinnesdaten steht, sondern vielmehr von den Sinnen überwältigt zu werden droht. Der Bereich der Triebrepräsentanzen ist dabei das Unbewusste, der Quell der Bedürfnisse und Energien, die das Leben in Gang hält. Das Ich und das Über-Ich wurzeln zeitlebens im Unbewussten und erfahren dessen Einfluss.

Hannelore Bublitz bezeichnet die Umbrüche um 1900 insgesamt als eine Vergeschlechtlichung der Moderne, die sich sowohl in einer Verweiblichungstendenz der Moderne durch die Somatisierung des Geistes als auch einem Verweiblichungsbegehren männlicher Kulturträger in einem neuen Sinnlichkeits- und Erlebniskult zeige (vgl. Bublitz/Hanke/Seier 1998). In der Kulturkrisendebatte um die Jahrhundertwende erscheine nämlich »die europäische Kulturkrise der Moderne als Krise einer männlichen Identität, in deren Zentrum eine visionär erscheinende Verweiblichung der Kultur und eine damit zugleich auftretende Fragmentierung des männlichen Ich steht.« (Bublitz 1998: 19)³ Im Zuge dieser Krise werde ›der Mann‹ zunehmend vergeschlechtlicht, indem er als männlich-partikulare Verkörperung erscheine und dieser in verschiedener Weise ausgeliefert ist. Die bisherige, aus einem allgemeinmenschlichen männlichen Pol und einem ganz vom Geschlechtlichen durchdrungenen weiblichen Pol bestehende Geschlechterordnung wird dadurch in eine aus zwei Geschlechtswesen und (über den Eintritt der Frauen in das öffentliche Leben) einer bisexuellen Kultur bestehende Ordnung überführt (vgl. Bublitz 1998: 43).

Diese symbolischen Verschiebungen ereignen sich nicht nur in Literatur, Kunst und Philosophie, sondern erreichen auch die Naturwissenschaften, wie am Beispiel des einflussreichen Neovitalisten Hans Driesch gezeigt werden kann, der mit seinem Begriff der Entelechie viele Aspekte der kursierenden Lebensphilosophie und der freudschen Konzepte aufnimmt.

Die neovitalistische Offensive

Hans Driesch ist anfangs eher der mechanistischen Lehre zugeneigt (vgl. Driesch 1891) und wird erst nach einigen Jahren experimenteller Arbeit in der Entwicklungsbiologie, wie seine Schriften und auch Selbstbekenntnisse dokumentieren, zum überzeugten Vitalisten.

Zunächst begeistern ihn die technisch ganz neuartigen entwicklungsbiologischen Experimente des Entwicklungsmechanikers Wilhelm Roux, der, ähnlich wie der Keimplasmatheoretiker August Weismann, davon ausging, dass der Entwicklungsvorgang von der undifferenzierten Eizelle zum hochdifferenzierten vielzelligen Organismus durch die Teilung einer im Ei angelegten, hochkomplexen Struktur zustande käme, die die Spezialisierung der einzelnen Zellen durch ihre räumlich spezifisch angeordneten Bruchstücke gewissermaßen präformierte. Roux tötete 1888 in einem berühmten Experiment nach der ersten Zellteilung einer befruchteten Froscheizelle eine der beiden Zellen und erhielt theoriegemäß einen Halbembryo aus der verbleibenden zweiten Zelle. Als Driesch dieses Experiment 1891 mit einem Seeigelei wiederholen will und die Furchungszellen des Zweizellstadiums voneinander trennte, erhält er jedoch aus jeder der beiden Zellen einen ganzen Seeigelembryo. Dieses Ergebnis lässt sich nicht mehr mit einer präformierten Struktur

---

3 Dem entspricht auch die berühmte Formel des Physikers und Philosophen Ernst Mach von der »Unrettbarkeit des Ich«, mit der Mach die Auflösung des Ich in einen Strom von Empfindungen bezeichnet, der jegliche Selbstidentität, Kohärenz und klare Einheit zunichte macht. Vgl. Mach 1886.

der Eizelle erklären, sondern erfordert, so Drieschs Folgerung, eine ganz neue Entwicklungstheorie, die, statt von fixierten Vorstrukturen, von einer auf das Ganze des Körpers zielenden Gestaltungspotenz, d. h. der »harmonischen Äquipotentialität« der Eizelle und des daraus entstehenden Körpers, ausgehen müsse. Driesch rekapituliert im Rückblick:

»Mehrjähriges Experimentieren über das gestaltliche Regulationsvermögen der Organismen und ein fortdauerndes Durchdenken der Gesamtheit meiner seit 1891 ausgeführten entwicklungsphysiologischen Versuche, daneben eine Analyse alles physiologischen Regulationsgeschehens überhaupt, zumal aber der sog. ›Handlung‹, führte mich dann zu einer vollkommenen Wendung meiner Ansichten und zur Legung des Grundes für ein künftiges vitalistisches System.« (Driesch 1922: 174)

Diese Wende zum Neovitalismus vollzieht Driesch also durch einen grundlegenden Perspektivenwechsel auf die zweckmäßige Formierung und Bewegung des Organismus, der allerdings weniger als Umsturz der mechanistischen Biologie, sondern eher als sinnvolle, logische Ergänzung erscheint und von Driesch auch explizit so verstanden wird. Während die Mechanisten bisher eine statische Teleologie betrieben hätten, indem sie eine zweckmäßige Form als gegeben setzten und diese dann hinsichtlich ihrer physiologischen Teleologien, d. h. Funktionsweisen untersuchten, sei es jetzt an der Zeit, eine dynamische Teleologie einzuführen, die die *Entstehung* und *Erhaltung* dieser Form in den Blick nimmt. Damit träten für die Biologie neue Untersuchungsaufgaben und -felder in den Mittelpunkt, vor allem *Entwicklungs*biologie, aber auch die schon von Claude Bernard betrachteten Selbstregulationsvorgänge zur *Erhaltung* der zweckmäßigen Form. Nicht nur Entwicklungs-, sondern auch Regulations- und Bewegungsvorgänge und eigentlich die gesamte Phylogenie ließen sich dabei nicht mehr mit mechanischen Logiken, Kausalitäten und Konzepten erklären, sondern erforderten die Annahme eines zusätzlichen Faktors E, der ordnend und ganzmachend in das materielle Geschehen eingreife. Der Faktor E oder Entelechie ist keine neue Energieform oder Kraft, also keine Lebenskraft im Sinne des Aufklärungsvitalismus und auch kein Trieb im Sinne Freuds, sondern ein von Driesch ontologisch größtenteils unbestimmt gelassenes, immaterielles Ordnungsprinzip, das für die logische Argumentation zur Beschreibung von Lebewesen unentbehrlich ist.

In seiner um 1900 verfassten *Geschichte des Vitalismus* sammelt und systematisiert Driesch die Ansätze des Vitalismus seit Aristoteles, beziehungsweise stellt die Argumente des von ihm diagnostizierten Vitalismus-Mechanismus-Streits gegeneinander, um daran zu demonstrieren, dass es schon immer vitalistische Deutungen des Lebens gegeben hätte, die – den mechanistischen Deutungen wissenschaftlich überlegen – letztlich die einzig angemessene Beschreibungsform des Lebendigen seien (vgl. Driesch 1922). Erst die zeitgenössischen Ansätze des Vitalismus und insbesondere sein eigener, *empirisch bewiesener* vitalistischer Ansatz, so sein fortschrittsmetaphysisches und selbstbewusstes Urteil, hätte diesen Erklärungsvorteil endlich auch mit einer ausreichenden wissenschaftlichen Reife ausgestattet.

Seine empirischen ›Beweise des Vitalismus‹, zu denen er dann in mehreren Schriften anhebt, sind indirekter Art, indem sie vorführen, dass eine mechanische Erklärung für zentrale Lebensvorgänge, die die individuelle und die Artentwicklung sowie die regulative Selbsterhaltung durch Handlung betreffen, *nicht* gefunden werden kann und nur eine nichtmechanische Theoretisierung der Phänomene weiterhilft. Zusammenfassend kann Driesch festhalten:

»Wir wollen den aus der Analyse der Differenzierung harmonisch-äquipotentieller Systeme [Einzelorganismen] im Bereiche der Formbildung gewonnenen Beweis des Vitalismus den *ersten* Beweis des Vitalismus nennen; der aus der Erörterung der Genese komplex-äquipotentieller Systeme [Lebensgemeinschaften aller Organismen], welche die Grundlage der Vererbung und vieler morphologischer Regulationen sind, gewonnene Beweis mag der *zweite* Beweis des Vitalismus heißen. Dann können wir einen *dritten* Beweis des Vitalismus in unserer Analyse des Prinzips der ›Individualität der Zuordnung‹ erblicken, welches eines der Hauptkennzeichen der Handlung ist. [...] [Für alle Phänomene gilt:] irgendeine Maschine, sei sie auch noch so kompliziert, ist hier nicht ersinnbar.« (Driesch 1928: 254)

Stattdessen, so Driesch weiter, sei eben jener autonome, nicht aus einer Kombination anderer Agenzien resultierende, sondern in sich elementare Naturfaktor hier am Werke, »dieser Faktor als solcher mag daher jetzt analogienhaft ein *dynamisch-teleologischer* Faktor heißen; in sein Wirken ist etwas ›Teleologisches‹ einbeschlossen.« (Driesch 1928: 284) Er verwirft bei der weiteren Beschreibung dieses Faktors die in Umlauf befindliche These von der lebenden Substanz, denn keine chemische Substanz könne über ihre extensive Stofflichkeit eine organische Ordnung höherer Mannigfaltigkeit veranlassen, d. h. also, die eigene Mannigfaltigkeit (heute: Komplexität) übersteigen (vgl. Driesch 1928: 338f). Erst Mitte des 20. Jahrhunderts sollte über eine neue Betrachtung chemischer Substanzen nicht nur *materiell* als räumlich ausgedehnte Materie, sondern *strukturell* als Codes wieder behauptet werden können, dass Materie durch einen spezifischen Aufbau eine ihre eigene, strukturelle Mannigfaltigkeit übersteigende Metastruktur veranlassen kann – an

Stelle von Drieschs ›intensiver Mannigfaltigkeit der Entelechie‹ wird dann die ›Information des Codes‹ treten.

Entelechie verkörpere die »Substanzialität der Form« (Driesch 1901: 178) und sei daher über den Begriff der Entelechie an den gleichnamigen aristotelischen Ausdruck angelehnt, wenn auch nicht damit identisch, da experimentell gewonnen. Das wesentliche Kennzeichen der Entelechie sei nicht Quantität oder Qualität, sondern Ordnung (vgl. Driesch 1901: 205). Die Entelechie sei die Grundlage des Ursprungs eines organischen Körpers und die Grundlage der Handlung. Sie sei eine intensive Mannigfaltigkeit, deren Leistung nicht räumlich ist, wenn sie auch Räumliches schafft. Der lebende Körper als extensive Mannigfaltigkeit habe also ihren Grund in einer intensiven Mannigfaltigkeit. Sie sei ein kausaler Faktor, der eine Ziel gerichtete, lokalisierte Formbildung veranlassen kann – ein zureichender Grund also für eine raumzeitlich zweckmäßige Formbildung, die weder in inneren chemischen Zersetzungsprozessen noch äußeren Reizen zu suchen sei.

Insbesondere zu den thermodynamischen Energiegesetzen, die mit dem neuen Kraftbegriff eine Quantifizierung von Kausalität vorgenommen haben, muss Driesch natürlich im Zusammenhang mit dem Faktor E Stellung nehmen, waren diese Sätze doch im 19. Jahrhundert ins Feld geführt worden, um die Existenz einer Lebenskraft und insgesamt den Vitalismus zu widerlegen. Der Fehler in dieser Argumentation der organischen Physiker liege nun aber darin, so Driesch, die Lebenskraft deshalb als unvereinbar mit den Energiegesetzen anzusehen, weil sie selbst als Energie betrachtet wurde. Entelechie sei aber nun gerade keine besondere Energieform, da ihr alle quantitativen Kennzeichen fehlten – hier unterscheidet sich Driesch, wie erwähnt, deutlich von Freud. Sie erschöpfe sich vielmehr, so Driesch weiter, in Ordnungsleistungen und *nutze* bloß die Energie zu dieser Tätigkeit (vgl. Driesch 1928: 298). Mit anderen Worten, da die Entelechie keine Energieform sei, gerate sie auch nicht mit der Thermodynamik in Konflikt.

Driesch schlägt außerdem im Gegensatz zu den ›alten‹ Vitalisten vor, statt des psychologisch besetzten Begriffs der Zweckmäßigkeit eher den logischen Begriff der Ganzheitsbezogenheit zu verwenden. Auch hier wird wieder deutlich, dass die Entelechie für Driesch eher ein Ordnungsprinzip, eine Ordnungsdynamik als eine Lebenskraft im Sinne der Aufklärungsvitalisten ist. Sie ist also im Gegensatz zur subjektivistischen Lebenskraft viel strukturaler gefasst, ein auf Gestaltung, Steuerung und Regulation bezogener Ordnungsbegriff. Leben ist vor diesem Hintergrund der strukturale Ausdruck eines tätigen organischen Unbewussten, das auf ein harmonisches Ganzes hin ausgerichtet wirkt.

Das neovitalistische Leib-Seele-Verhältnis

Insbesondere in seinen späteren Schriften versucht Driesch sich auch des Leib-Seele-Verhältnisses anzunehmen, das bisher entweder als Kausalverhältnis oder als psychophysischer Parallelismus – oder gar, wie bei du Bois-Reymond, als un-bestimmbar – diskutiert worden war (vgl. Driesch 1923). Driesch verwirft alle diese Möglichkeiten. Der psychophysische Parallelismus, der davon ausgeht, dass das Physische und das Psychische zwei völlig getrennte Bereiche sind, die sich aber in einer Art prästabilisierten Harmonie strukturell entsprechen, hält Driesch vor allem deshalb für unmöglich, weil für ihn das Physische notwendig den statischen chemisch-physikalischen Gesetzen unterliegt, die einen eindeutigen Jetztzustand bestimmen, das Psychische jedoch dynamisch ein Bereich der Freiheit ist, der durch Erfahrung und Gedächtnis zugleich individuell gestaltet ist.

Vielmehr schlägt er vor, dass zwar die Entelechie mit der Materie wechselwirke, hier also kein Parallelismus, sondern ein Kausalverhältnis vorliegt, das eigene Bewusstsein aber aufgrund einer zwar anderen Seinszugehörigkeit, aber ähnlicher Mannigfaltigkeit, wie die Entelechie, in einem speziellen ›psychoentelechialen Parallelismus‹ des Erlebens zu dieser stände. Die Wahrnehmungsentelechie steht dabei mit dem Empfinden in einer eindeutigen Zuordnung, ebenso korrespondiert der Wille mit der Bewegungsentelechie. Das unabhängig von *unmittelbaren* äußeren Einflüssen stattfindende Denken und Urteilen schließlich – ein unablässiger Strom innerer Bewusstseinszustände – ließe das Innerentelechiale erleben und damit die vitale Gesetzlichkeit selbst.

Wichtig, so Driesch, sei dabei, dass Bewusstseinszustände und entelechiale Zustände nicht deterministisch aufeinander bezogen seien, sondern in Abhängigkeit von der Geschichte des individuellen Körpers eine jeweils individuelle Zuordnung zwischen Hirnzuständen, Entelechie und entsprechendem Bewusstsein stattfänden. Nur im eigenen Bewusstsein sei dabei so etwas wie eine Unmittelbarkeit des Lebens gegeben – Driesch nennt es geradezu einen direkten Beweis des Vitalismus – nicht aber etwa durch die Analyse eines anderen Lebewesens. Dieses Erleben des eigenen Lebens sei das Erleben der tätigen Entelechie.[4] Daraus folge, dass nicht kausale Deduktion, sondern *intuitive Schau* die Natur des Lebens begreiflich mache.

---

4   Driesch fügt seinen Ansatz damit in den weit verbreiteten Erlebniskult um 1900 ein, wie er auch in Literatur, bildender Kunst und Philosophie zum Ausdruck kommt. Vgl. Fick 1993.

Driesch unterscheidet in diesem Zusammenhang das Ich vom Selbst und dieses wieder von der Seele und nähert sich damit deutlich dem freudschen Entwurf des psychischen Apparates mit seiner Dreiteilung in Ich, Über-Ich und Es. Allerdings erscheint das Selbst bei Driesch eher im Sinne des freudschen Vorbewussten konzipiert und nicht so sehr wie die Gewissensinstanz des Über-Ich. Das Ich ist bei Driesch so etwas wie ein aktuelles Bewusstsein vom Hier und Jetzt, während das Selbst das mit Erfahrung und Erinnerung angefüllte individuelle Bewusstsein ist. Die Seele nun ist demgegenüber »das stetig gefasste *mein Selbst*, oder anders: sie ist *mein Selbst* durch unbewusstes (aber nicht physisches!) Sein und Haben vervollständigt.« (Driesch 1923: 97) Die Seele sei dabei »wie ein unbewusster, d. h. nicht-ich-bewußter unanschaulicher Organismus mit immanentem Wirkungsgesetz. Sie ist *Bewahrerin* (›Gedächtnis‹) und *Ordnerin*.« (Driesch 1923: 98f.) Während das Ich nur ein bewusstes, wissendes, schauendes Prinzip sei und das Selbst ein erfahrungsgetränktes Gedächtnis, sei die denkende und wollende Seele ein tätiges Prinzip und kontinuierliche, unbewusste Grundlage des Selbst. Der Leib sei schließlich ein materielles System von nichtmechanischer, d. h. vitalistischer Gesetzlichkeit. Niemals könne das bewusste Ich in die Vorgänge des lebenden Körpers eingreifen, dies könnten nur die unbewusst-psychischen Seelenvorgänge. Dieses seelisch-unbewusste Leben sei etwas, das nur geschaut werden könne, nicht aber bewusst beeinflusst – Leben bedeutet also eine der bewussten Steuerung entzogene Selbsttätigkeit, ein jenseits von Bewusstsein und Mechanismus vorhandener Bereich, der auf die Entstehung und Erhaltung einer bestimmten Ordnung ausgerichtet ist. Driesch veranschaulicht diesen Lebensbegriff immer wieder anhand von Beispielen wie dem folgenden:

»Wenn meinem Leibe eine Wunde zugefügt worden ist und dann ›heilt‹, so erlebe ich diese Heilung nicht als einen bewussten Prozeß; ich ›will‹ diesen Prozeß auch nicht (obschon ich ihn ›wünschen‹ kann). ›Ich‹ weiß ja gar nicht, wie man das macht: eine Wunde heilen oder etwa im Hirn nach Verletzungen Regulationen des Leitungsbetriebes einrichten. [...] Aber ist es denn beim Ablauf der bewussten Erlebnisse eigentlich so wesentlich anders? ›Mache‹ *ich* da Etwas; ja, weiß *ich*, wie man das ›macht‹, was in Frage steht? Nein – auch hier ›mache‹ *Ich*, macht das bewusste ›Ego‹ *nichts*! Eben dieses ist eine grundlegende Einsicht der neuen Psychologie: sowohl bei dem, was man ›äußere‹, wie bei dem, was man ›innere‹ Willenshandlung zu nennen pflegt, bin *Ich* nur der Erlebende, der Zuschauer gleichsam, aber nicht der eigentlich Tuende.« (Driesch 1935: 88f.)

Hier ist die Dezentrierung eines handelnden und denkenden Subjekts ganz deutlich formuliert. Die sinn- und planvoll handelnde Instanz ist nicht mehr das Bewusstsein, das die Welt aktiv setzt, und der Wille eines Subjekts, sondern eine hinter/jenseits des Bewusstseins stehende, aktive Instanz ist die Quelle der Wirklichkeit und des Erlebens. Auch die eigene ›Person‹ ist entsprechend dezentral positioniert: »Ich will meinen Leib als ein von Entelechie kontrolliertes System, zu dem psychische Parallelkorrespondenz, in Form meines Erlebens, besteht, meine *psychophysische* Person nennen.« (Driesch 1928: 361) Wie für viele Lebensphilosophen bietet auch für Driesch dieser Bezug zwischen organischem Unbewussten und psychischem Unbewussten eine Quelle der Selbsterkenntnis. Auch das unbewusste Seelische ist nach diesem Analogieschluss ein tätiges, ganzmachendes, denkendes und gedächtnishaftes Prinzip. Über die Schau des Lebens gelangt Driesch auf diese Weise zu einer Schau des psychischen Unbewussten.

Vorbereitungen für ein postmodernes Leben

Die Mechaniker des 19. Jahrhunderts hatten die Herkunft und Entstehung der zweckmäßigen organismischen Form noch als naturgegeben vorausgesetzt und damit einen theologischen Rest von gegebener Schöpfung aufbewahrt – und zugleich die Logik der Zweckmäßigkeit als völlig kongruent mit der Zweckmäßigkeit menschlicher Technik betrachtet. Die Schöpfung schien damit durch ihre vollständige technische Nachvollziehbarkeit total in die Verfügung menschlicher Subjektivität überführt.

Driesch stellt mit seiner neovitalistischen Intervention diese vollständige Verfügung in Bezug auf das Leben in Frage, indem er eine Lücke biologischer Theoriebildung aufzeigt, die seiner Ansicht nach von den Mechanisten unbearbeitet geblieben war, nämlich die Bestimmung des Agens biologischer Zweckmäßigkeit. Damit verweist er zum einen auf den erwähnten theologischen Rest der Mechaniker und fordert zum anderen eine naturwissenschaftliche Theorie auch der Entstehung (Schöpfung) der Zweckmäßigkeit. Das Agens hinter der Zweckmäßigkeit soll nicht länger als verborgene Voraussetzung alles Organischen mitgeschleppt, sondern der wissenschaftlichen Verfügung zugeführt werden – dies erinnert auffällig an Freuds Rationalisierungsanspruch, aus Es solle durch psychoanalytische Verfahren Ich werden. Es ist nicht mehr identisch mit technischer Rationalität, sondern folgt der Eigenlogik eines seelischen Organisationsprinzips, das wie ein eigenes zweites Bewusstsein lenkt und nicht mit dem Ichbewusstsein identisch ist.

Was Driesch um 1900 als Auslassung des mechanistischen Denkens in der Biologie aufzeigt, nämlich das Problem der *Entstehung* der technischen Form als funktionsfähiges Ganzes, war für die Mechaniker selbst noch kein Problem oder keine Lücke in ihrem Theoriegebäude, da sie sich den ganzen Kosmos als eine zweckmäßig aufgebaute Maschine dachten. In einer Art säkularem Deismus waren ihnen die mechanischen Naturgesetze und die daraus resultierende sinnvolle Ordnung schlicht gegeben, zugleich der menschlichen Naturerkenntnis vollständig zugänglich und mit dem menschlichen Technikvermögen kongruent. Dem liegt zugleich ein naturalisiertes Technikverständnis zugrunde, das Technik als bloße Nachahmung der Natur versteht und technische Artefakte als organischen Part bei der Erfüllung des naturgegebenen Auftrags einer beständigen Höherentwicklung des Menschen ansieht.

Driesch hingegen kann die Nichtberücksichtigung der Entwicklung von Lebewesen als Auslassung empfinden, weil er die Voraussetzungen der mechanistischen Sichtweise nicht mehr teilt. Er geht nicht mehr davon aus, dass der zweckmäßige Naturmechanismus und das mit ihr korrespondierende, rationale Bewusstsein das einzig Gegebene sind, sondern er fügt nun noch eine zweite Naturteleologie (Entelechie) hinzu, der ein Unbewusstes (Seele) korrespondiert. Damit erweitert er nicht nur die Naturagenzien, sondern dezentriert auch die rationale Subjektivität. Zugleich bereitet Driesch eine neue Rationalisierung dieses neuen Agens vor, indem er die Logik ihrer Wirkungsweise genau aufzuschlüsseln sucht. Die von Driesch nur *ex negativo* bestimmte Entelechie als ein Naturfaktor, der weder materiell noch energetisch ist und dennoch von den materiellen Bedingungen affiziert wird, beziehungsweise umgekehrt auf die materiellen Bedingungen einwirkt, taucht dabei strukturell im 20. Jahrhundert in einem Begriff wieder auf, der für die technoholistische Ausrichtung der postmodernen Biologie von unschätzbarem Wert ist: die Information.

Der Neovitalismus und gerade Drieschs zentrale Schrift *Philosophie des Organi-schen* erschien vielen seiner Zeitgenossen, aber auch späteren Generationen von Biologen als kurze metaphysische oder gar esoterische Verirrung einer Biologie zu Beginn des 20. Jahrhunderts, die den mechanistischen Mainstream neovitalistisch konfrontiert, aber dann wieder angesichts besseren Wissens verschwindet. Meines Erachtens können Driesch und andere Neovitalisten aber als Wegbereiter einer erneuerten postmechanischen Biologie angesehen werden, die mit der sorgfältigen Charakterisierung der Erklärungslücken der neomechanistischen Biologie des 19. Jahrhunderts neue Forschungsdesiderate und konzeptuelle Impulse für das 20. Jahrhundert formulieren halfen. Daran anknüpfend unternimmt die Biologie des 20. Jahrhunderts dann in verschiedene Richtungen Anstrengungen, diese Leerstellen, wie beispielsweise den Faktor E, zu materialisieren – allerdings nicht wieder als materielles Substrat oder als numinose Kraft, sondern, wie erwähnt, als informationsförmige *Struktur* des Materiellen im Rahmen eines kybernetischen Begriffs von Leben. Das Unbewusste des Lebens ist, so wird es die biologische Theorie des 20. Jahrhunderts in diesem Zusammenhang ausarbeiten, die Information. Diese neue Deutung des somatischen Unbewussten weist auffällige Parallelen zu Jacques Lacans postfreudianischer Fassung des Unbewussten als sprachlich strukturiertem Bereich auf und lässt den *linguistic turn* als umfassenden Interdiskurs erscheinen, der verschiedene wissenschaftliche Felder und ihre Konzepte neu organisiert. Die Information ist nun keine lebensphilosophische Weltseele mehr, sondern, strukturalistisch-postmaterialistisch gewendet, die funktionale *Form* der Materie und damit zugleich in den Verfügungsbereich naturwissenschaftlicher Rationalität gerückt.

Erst durch die neuen Leittechnologien Computer und selbstregulierende technische Systeme (Cruise missile, Kühlschrankthermostaten, etc.) sowie neue physikalische Theorien der Selbstorganisation von Ordnungszuständen sollte es dabei möglich werden, sich auch konkret vorzustellen, dass durch bestimmte materielle Konstellationen sowohl Sprache beziehungsweise Schrift als auch Zweckmäßigkeit und Gedächtnis technisch selbständig, ohne die Anweisungen eines Ich-Bewusstseins entstehen können, und Selbstgestaltung auf dieser Grundlage selbst-anweisend ›bewusstlos‹ ablaufen kann.

Während Driesch die Erklärungslücken des mechanischen Ansatzes als noch vorhandene Unvollständigkeiten der Biologie ansah und damit schlicht von *einer* richtigen Lebenstheorie ausging, der er sich jetzt endlich näherte, können seine Reformvorschläge aus einer kulturhistorischen Perspektive noch einmal anders, nämlich als Ausdruck neuer ontologischer und epistemologischer Ausrichtungen um 1900 gelesen werden, die sich vor allem in einer Dezentrierung des männlichen Vernunftsubjekts durch verschiedene Tendenzen der Verkörperung des bewussten Ich äußerten. Der lebende Körper, von den organischen Physikern als technisches Ding identifiziert und im Rahmen einer rigorosen Körper-Geist-Trennung für potentiell völlig transparent erklärt, erhält in diesem Zusammenhang Eigenpotenzen, die ihn dem rationalen Zugriff (zunächst) entziehen und sogar durch seinen möglichen Einfluss auf das Bewusstsein die scharfe Grenzziehung zwischen Geist und Körper und damit die Selbstkontrolle des Ich gefährden.

Wie viele andere KulturtheoretikerInnen weist jedoch auch Monika Fick zu Recht darauf hin, dass die Krisensituation um 1900 zugleich auf die »Schöpfung neuer Sicherheiten« zielte:

»Die ›Entdeckung‹ des Unbewussten zum Beispiel führt zugleich zu einer Entwicklung von Strategien zu dessen Erkenntnis und Beherrschung. Indem das ›Wesen‹ der Welt nicht länger als ›Geist‹, sondern als das Irrationale, ja, bewusstseinsfeindliche, bestimmt wurde, wurde wie im Gegenzug nunmehr in der physischen Welt die Offenbarung und Inkarnation des ›Absoluten‹ gesehen: was ja dessen ›Einholung‹ in das Sinnlich-Nahe bedeutet.« (Fick 1993: 3)

Wie sie anhand vieler Beispiele aus bildender Kunst, Philosophie und Literatur erläutert, kommt es dabei zu einer Annäherung von Spiritualität und Sinnlichkeit, durch die »in dem Maße, in dem das ›Geistige‹ sensualistisch gefasst wird, auch das Körperliche bzw. ›Materielle‹ eine neue Deutung erfährt« (Fick 1993: 7). In diesem Sinne wird meines Erachtens auch das alte Problem einer Bestimmung des Menschen im Spannungsfeld zwischen Naturbeherrschung und Naturverfallenheit beziehungsweise Naturalisierung und Entnaturalisierung des Geistes neovitalistisch in neuer Weise zu lösen versucht. Aus dieser neuen Perspektive wurzelt der Mensch, beziehungsweise sein Bewusstsein in einer bewusstseinsähnlichen Natur, die er nicht mehr ganz durchschauen kann, die ihn aber bestimmt und ihn leben und erleben lässt. Dieses anzuerkennen, ist zwar eine Zurücknahme eigener Macht, aber zugleich startet durch die wissenschaftliche Rationalisierung des Unbewussten ein neuer Ermächtigungsversuch, der bisherigen Erklärungsversuchen in der Biologie zunächst sogar überlegen erscheint.

Um die Biologie der Jahrhundertwende zu reformieren und über neue Begriffe wie Ganzheitskausalität und Entelechie für die im 20. Jahrhundert bestimmend werdenden Ansätze wie Systemtheorie, Kybernetik und Informationstheorie den Weg zu ebnen, wird in diesem Zusammenhang das vormals weiblich kodierte, außerhalb des Bewusstseins agierende Organische in den Horizont von Leben und Subjekt gerückt und damit gewissermaßen den neuen Lebens- und Bewusstseinsbegriffen einverleibt. Durch diese Kontamination ›des Menschen‹ mit dem imaginierten Weiblichen verlagert sich die in der Aufklärung angelegte vergeschlechtlichte Urduplizität des Kosmos in das Innere des lebenden Körpers, um dort als Ich und Unbewusstes den Kampf um Autonomie und Heteronomie des Ich erneut aufzunehmen. Im 20. Jahrhundert taucht dieser Konflikt im Streit um die Frage wieder auf, ob ein körperliches Merkmal oder eine Fähigkeit angeboren (durch das als Code vorliegende, organische Unbewusste bestimmt) oder durch Erziehung erworben sei (durch menschliche Selbstbestimmung verfügt). Die Vergeschlechtlichung dieser Pole bleibt dabei allerdings noch lange, eigentlich bis heute, erhalten.

Thomas Mann hat in seinem 1924 abgeschlossenen Roman *Der Zauberberg* eine eindrucksvolle Beschreibung der Lebensauffassung der Jahrhundertwende gegeben, die, auf ein drittes Prinzip jenseits von Geist und Materie verweisend, zwischen einer süßen Hingabe des Ich an das Körperliche und einem erschauernden Ekel vor der Somatisierung der eigenen Existenz taumelt:

»Was war also Leben? Es war Wärme, das Wärmeprodukt formerhaltender Bestandlosigkeit, ein Fieber der Materie, von welchem der Prozeß unaufhörlicher Zersetzung und Wiederherstellung unhaltbar verwickelt, unhaltbar kunstreich aufgebauter Eiweißmolekel begleitet war. Es war das Sein des eigentlich Nicht-sein-Könnenden, des nur in diesem verschränkten und fiebrigen Prozeß von Zerfall und Erneuerung mit süß-schmerzlich-genauer Not auf dem Punkt des Seins Balancierenden. Es war nicht materiell, und es war nicht Geist. Es war etwas zwischen beidem, ein Phänomen, getragen von Materie, gleich dem Regenbogen auf dem Wasserfall und gleich der Flamme. Aber wiewohl nicht materiell, war es sinnlich bis zur Lust und zum Ekel, die Schamlosigkeit der selbstempfindlich-reizbar gewordenen Materie, die unzüchtige Form des Seins. Es war ein heimlich-fühlsames Sichregen in der keuschen Kälte des Alls, eine wollüstig-verstohlene Unsauberkeit von Nährsaugung und Ausscheidung, ein exkretorischer Atemhauch von Kohlensäure und üblen Stoffen verborgener Herkunft und Beschaffenheit. Es war das durch Überausgleich seiner Unbeständigkeit ermöglichte und in eingeborene Bildungsgesetze gebannte Wuchern, Sichentfalten und Gestaltbilden von etwas Gedunsenem aus Wasser, Eiweiß, Salz und Fetten, welches man Fleisch nannte, und das zur Form, zum hohen Bilde, zur Schönheit wurde, dabei jedoch der Inbegriff der Sinnlichkeit und der Begierde war. Denn diese Form und Schönheit war nicht geistgetragen, wie in den Werken der Dichtung und Musik, auch nicht getragen von einem neutralen und geistverzehrenden, den Geist auf eine unschuldige Art versinnlichenden Stoff, wie die Form und Schönheit der Bildwerke. Vielmehr war sie getragen und ausgebildet von der auf unbekannte Art zur Wollust erwachten Substanz, der organischen, verwesend-wesenden Materie selbst, dem riechenden Fleische...« (Mann 1999: 381f.)

Literatur

Auerbach, Felix (1902): Die Weltherrin und ihr Schatten. Ein Vortrag über Energie und Entropie, Jena: Gustav Fischer Verlag.

Bublitz, Hannelore (Hg.) (1998): Das Geschlecht der Moderne. Genealogie und Archäologie der Geschlechterdifferenz, Frankfurt a. M./New York: Campus Verlag.

Bublitz, Hannelore (1998): »Das Geschlecht der Moderne – Zur Genealogie und Archäologie der Geschlechterdifferenz«. In: Dies. (Hg.), Das Geschlecht der Moderne: Genealogie und Archäologie der Geschlechterdifferenz, Frankfurt a. M./New York: Campus Verlag, S. 26-48.
Driesch, Hans (1891): Die mathematisch-mechanische Betrachtung morphologischer Probleme der Biologie, Jena: Gustav Fischer Verlag.
Driesch, Hans (1901): Die organischen Regulationen. Vorbereitungen zu einer Theorie des Lebens, Leipzig: Engelmann Verlag.
Driesch, Hans (1922) [1905]: Geschichte des Vitalismus, Leipzig: Barth Verlag.
Driesch, Hans (1923): Leib und Seele. Eine Untersuchung über das psychophysische Grundproblem, Leipzig: Reinicke Verlag.
Driesch, Hans (1928): Philosophie des Organischen. Gifford-Vorlesungen, gehalten an der Universität Aberdeen 1907-1908, 2 Bände, Leipzig: Quelle & Meyer.
Driesch, Hans (1935): Die Überwindung des Materialismus, Zürich/Leipzig/Stuttgart/Wien: Rascher Verlag.
Ellenberger, F. Henry (1985): Die Entdeckung des Unbewussten. Geschichte und Entwicklung der dynamischen Psychiatrie von den Anfängen bis zu Janet, Freud, Adler und Jung, Zürich: Diogenes Verlag.
Fick, Monika (1993): Sinnenwelt und Weltseele. Der psychophysische Monismus in der Literatur der Jahrhundertwende, Tübingen: Niemeyer Verlag.
Foucault, Michel (1974): Die Ordnung der Dinge, Frankfurt a. M.: Suhrkamp Verlag.
Freud, Sigmund (1952): »Werke aus den Jahren 1892-1899«. In: Ders., Gesammelte Werke, Band I, Frankfurt a. M.: Fischer Verlag.
Gödde, Günter (1999): Traditionslinien des »Unbewußten«. Schopenhauer – Nietzsche – Freud, Tübingen: edition diskord.
Haraway, Donna (1995): »Situiertes Wissen. Die Wissenschaftsfrage im Feminismus und das Privileg einer partialen Perspektive«. In: Dies. (Hg.), Die Neuerfindung der Natur: Primaten, Cyborgs und Frauen, Frankfurt a. M./New York: Campus Verlag, S. 73-97.
Le Rider, Jacques (1999): Das Ende der Illusion. Die Wiener Moderne und die Krisen der Identität, Wien: Österreichischer Bundesverlag.
Mach, Ernst (1886): Beiträge zur Analyse der Empfindungen, Jena: Gustav Fischer Verlag.
Mann, Thomas (1999): Der Zauberberg, Frankfurt a. M.: Fischer Verlag.

Wagner, Nike (1982): Geist und Geschlecht. Karl Kraus und die Erotik der Wiener Moderne, Frankfurt a. M.: Suhrkamp Verlag.
Wunberg, Gotthart (Hg.) (1981): Die Wiener Moderne. Literatur, Kunst und Musik zwischen 1890 und 1910, Stuttgart: Metzler Verlag.

KUNST UND LEBEN (IM FILM/ALS FILM)

Cloning Films with a Difference:
Zur Herstellung von Leben
und der Animation von Gender

JACKIE STACEY

>»If a living organism is a system that reacts
independently to individual existence, then the
dynamic image system that consists of multi-
sensory variables and reacts to input is also a
living organism.«
(Weibel 1996, zitiert nach Szope 2003: 172)

»Human beings have always done this [changed
the rules at the risk of coming to grief] in the
symbolic order, now they will do it in the
biological order. [...] The incredible violence of
genetic simulation [cloning] is the final phase of
our modern process. [...] our modern
technologies have simply speeded up the process
of an ideal counterfeiting of the world, allied to
the phantasm of an immortal recurrence. In other
words, the perfect crime: the work of finishing
off the world, for which we now have to undergo
a process of mourning.«
(Baudrillard 2002: 199-200)

Aus diesen Zitaten geht das Interesse der beiden Autoren an neuen Grenzziehungen zwischen Mensch und Technologie hervor. Dabei werfen sie folgende Frage auf: Worin besteht die Besonderheit des organischen Lebens und wie kann dieses durch Technologie nachgeahmt werden? Nach Weibels Position, nach der ein dynamisches und interaktives, multisensorisches Bildsystem als ein lebendiger Organismus begriffen werden kann, wird ›Leben‹ als reaktives autonomes Leben neu definiert. Wenn wir Jean Baudrillards Erklärung folgen, steht das Klonen für »das perfekte Verbrechen«, hervorgerufen durch das Streben nach Unsterblichkeit, eine trügerische Nachahmung des Lebens. Konsequenterweise erwarten wir eine Zerstörung der Partikularität des menschlichen Lebens durch den sinnlosen Wahnsinn moderner Technologie. Obwohl Weibel und Baudrillard sich in gegensätzliche Richtungen bewegen (die Potenzialität der Reiteration des Lebens gegen das Ende des Lebens, wie wir es kennen), teilen sie doch ein Interesse an der Transformation des menschlichen Lebens im Verhältnis zur Künstlichkeit digitaler Informationssysteme auf der einen Seite und der Gentechnik auf der anderen.

1

Das größere Projekt, dem dieser Artikel entnommen ist, bringt die feministischen Debatten über die Reproduzierbarkeit biologischer Substanzen durch Gentechnik und Klonen in einen Dialog mit der Reproduzierbarkeit des Bildes durch fotografische und filmische Techniken (mitsamt den damit einhergehenden Debatten über den Wechsel vom Analogen zum Digitalen). In diesem Projekt verwende ich die feministischen *Cultural Studies* der Technowissenschaften, um das »kinematische Leben des Gens« zu untersuchen (vgl. Stacey, im Erscheinen): eine Filmsprache, die derzeit eine genetische Neudefinition des Lebens produziert, um die Potenzialitäten des Körpers zu rekonfigurieren und neue humantechnologische Kräfte zu imaginieren. Der Begriff des kinematischen Lebens des Gens spielt mit den konvergierenden Wünschen, das Leben in den Wissenschaften und im Kino nachzuahmen, und verortet den Frauenkörper im Zentrum des Studiums neuer Formen, die das Leben in beiden Sphären visualisieren.

Da sowohl das Kino als auch die Genetik Technologien der Nachahmung sind, insofern sie versuchen, das Leben zu imitieren – das Kino als kulturelle und die Genetik als biologische Technologie – erläutert dieser Artikel das mächtige Zusammenwirken ihres gemeinsamen mimetischen Vorhabens. Ich bin an den ›kulturellen Verstörungen‹ interessiert, die durch die Genetik und insbesondere durch das Klonen im Hinblick auf die althergebrachten Grundannahmen der westlichen Kultur hervorgerufen wurden, besonders in Bezug auf die Sichtbarkeit von Differenz und dem linearen Fluss der Genealogien durch körperliche Reproduktion. Ich erörtere diese Verstörungen anhand des Begriffs des »genetischen Imaginären«, wie er von Sarah Franklin in *Global Nature, Global Culture* (Franklin/Lury/Stacey 2000: 198) eingeführt wurde. Ich reformuliere dieses Konzept als eine Szene des Begehrens und der Ängste angesichts genetischer Manipulation, einer fantastischen Landschaft, die von künstlichen Körpern bewohnt wird, die die konventionellen Teleologien von Geschlecht, Rassialisierung, Reproduktion und heterosexueller Verwandtschaft stören. Durch dieses genetische Imaginäre schwirrt eine grundsätzliche Angst vor einer Neuordnung der traditionellen Dynamik von Gleichheit und Differenz durch die Kulturen, die die normativen Modalitäten des Körpers und der Relationalität strukturiert. Im genetischen Imaginären werden posthumane Lebensformen erfunden, deren Geschichte kontrolliert werden kann, die sich in Zukunft jedoch weiter ausbreiten und den kontrollierenden Blick wissenschaftlicher Technologien überschreiten und dessen Autorität dauerhaft hinterfragen könnten.

Abgesehen von einigen herausragenden, aber seltenen Arbeiten, die danach fragen, wie Begehren, Fantasie und Subjektivität zur Konstituierung des Körpers in den Technowissenschaften beitragen, gibt es so gut wie keine Forschung, die mit dem psychoanalytischen Begriff des Unbewussten untersucht, wie Wissenschaft kulturelles Begehren produziert.[1] Genau diesen Schritt vollzieht der kurze, collagenhafte Animationsfilm *Genetic Admiration*, (2005), der kanadischen Filmemacherin Frances Leeming auf brilliante Weise.[2] Leeming benutzt die Methode der freien Assoziation der surrealistischen/dadaistischen Collagetechniken (die unter anderem von Hannah Höch beeinflusst wurden), um die unbewussten Assoziationen wissenschaftlicher Projekte auszustellen und sie mit den Ikonographien und Narrativen der populären Kultur zu verbinden. Indem sie Bilder von Disneyworld, Jahrmärkten, Ausstellungen, Werbungen und Hollywoodstars mit visuellen und musikalischen Stilen des Melodrams, des Western und des Historienfilms burlesk kombiniert, verwandelt sie in *Genetic Admiration* die Unterhaltungskultur des zwanzigsten Jahrhunderts in ein Spektakel der Künstlichkeit und Warenförmigkeit und überträgt dieses auf die mikros-

---

1 Diese Ausnahmen sind: David Le Breton über genetischen Fetischismus (Le Breton 2004); zu poststrukturalistischen Arbeiten zur Genetik, die über die Idee des »genetischen Imaginären« hinausgeht, vgl. Egorova/Edgar/Pattison 2006; und vor allem Haraway 1995 sowie Roof 1996; 2007.

2 Um den Film zu kaufen oder zu leihen, wenden Sie sich an folgende Adresse: Vtape, 401 Richmond St. W., Suite 452, Toronto, Ontario, Canada M5V-3A8; www.vtape.org.

kopischen Aktivitäten des reproduktiven Zelllebens: die Gene. In diesem Sinne können wir den Film als ein Ausagieren jener Elemente verstehen, die das genetische Imaginäre formen. Dass das Begehren, den weiblichen Körper zu zerlegen und zu kontrollieren, als ein Ausagieren der Kontrolle über die Natur selbst begriffen werden kann, wird in dieser collagenhaften Animation mit Komik inszeniert. *Genetic Admiration* ist eine feministische Dekonstruktion der Logik des genetischen Imaginären, das in Baudrillards Schriften so eloquent ausgebreitet wird. In dem Film wird die männliche Eitelkeit untergraben, die in den Kulturen der Genomik Körper, Bilder und Waren miteinander verschmelzen lässt.

Anders als Baudrillard, für den die Gentechnik das Ende der Biologie in ihrer Funktion, ein Grundpfeiler der Kultur zu sein, ist, vertreten Autoren wie Eugene Thacker und Adrian Mackenzie die These, dass die neuen Biotechnologien eine Revision alter Denkweisen erfordern. Wie können neue Formen genetisch veränderten Lebens zum Beispiel in Begriffen des Affekts gedacht werden? Oder, um es kurz zu fassen, wie es Eugene Thacker in seinem Buch Biomedia tut: »what is ›biomolecular affect‹? What would such an analysis say concerning our common notions of embodied subjectivity?« (Thacker 2004: 31) Thacker fordert uns heraus, jenseits des Dualismus von Mensch und Technologie, Körper und Maschine zu denken, weil sein Fokus weniger auf der »technology as a tool« als vielmehr auf der »technical reconditioning of the ›biological‹« liegt (Thacker 2004: 5). Wie die Arbeit von Mackenzie, auf die ich später zurückkommen werde, formuliert Thacker in seinem Buch *Biomedia* das Verhältnis zwischen Körpern und Technologien neu und fordert uns auf, darüber nachzudenken, »what would it mean to approach the body as media in itself?« (Thacker 2004: 9) Nicht-menschlichen biologischen Wesen Affekte zuzuschreiben, wirft die Frage danach auf, wie der Affekt als Antwort auf oder in Verteidigung gegen die Bedrohung der Duplikation, die sowohl die Gentechnik als auch die digitale Manipulation produziert, zu *dem* Kennzeichen des Menschlichen oder zum Merkmal für Authentizität wird.[3] Die Fähigkeiten, Emotionen zu entwickeln, auf Ereignisse affektiv zu antworten oder ein Gegenüber in Rührung zu versetzen, werden wiederholt in Debatten über die Grenze zwischen dem Menschlichen und dem Künstlichen zur Sprache gebracht. Für Thacker verspricht die Möglichkeit eines biomolekularen Affekts die Auflösung dieser traditionellen Grenzen. Was mich daran interessiert ist, inwieweit die Suche nach dem

---

3 Die Kontroverse über den *affective turn* wird in den Human- und Geisteswissenschaften umfassend geführt: zu der Bedeutung dieses *turns* für die feministische Theorie vgl. Brennan 2004; Ahmed 2004; Hemmings 2005; Buchanan/Colebrook (Hg.) 2000; Braidotti 2006 und Angerer 2007.

Affekt in Klonen als ein Wunsch nach Authentizität in einer Welt der technologischen Konvergenz gelesen werden kann. Wie ich zeigen werde, ist die Bedeutung eines verkörperten (statt eines nur ausagierten) Affekts zentral, um eine geklonte Zukunft projizieren zu können. Wenn der Affekt nicht mehr länger exklusiv oder originär menschlich ist, wie können wir dann seine Präsenz wahrnehmen und welche technisch vermittelten Ebenen sind in diesem Prozess implizit enthalten?

In seiner Formulierung der »Biomedien« bezieht sich Thacker auf Richard Grusin und David Bolters Theorie der doppelten Logik der »remediation«. Sie erkennen in dem aktuellen kulturellen Begehren nach »immediacy and hypermediacy« den widersprüchlichen Imperativ, »multiply its media and to erase all its traces of mediation« (Thacker 2004: 9). Thacker diagnostiziert eine ähnliche Struktur in den aktuellen kulturellen Debatten zum Körper: »our culture wants to *render the body immediate, while also multiplying our capacity to technically control the body*« (ebd.: 9). Für Thacker ist die Gentechnik Teil einer Rebiologisierung des Körpers, »the recontextualisation of a ›body more than a body‹ where the body you get back is not the body you began with« (ebd.: 6). Er definiert Biomedien als

»particular mediations of the body, optimizations of the biological in which ›technology‹ appears to disappear altogether. With biomedia, the biological body is not hybridized with machines [...] Nor is it supplanted by the machine [...] [Instead] the intersection between genetic and computer ›codes‹ facilitates a qualitatively different notion of the biological body – one that is technically enhanced but still fully ›biological‹. [...] a particular instance in which the ›bio‹ is transformatively mediated by the ›tech‹, so that the ›bio‹ reemerges more fully biological.« (Thacker 2004: 6-7)

Diese Konzeption des unmittelbaren Körpers, die durch unsere Auffassung des Körpers als biologische Präsenz verstärkt wird, während jede technische Vermittlung negiert wird, könnte zu einer veränderten Wahrnehmung des körperlichen Subjekts und seiner affektiven Präsenz in der Welt führen. Die Spannung zwischen der Darstellung des Körpers als ›unmittelbar‹ und dem Wunsch nach einer ›technischen Kontrolle über den Körper‹ ist eines der zentralen Themen dieses Artikels.

2

Ich werde diese Spannung anhand eines Films über das Klonen ausführen, nämlich *Code 46* des unabhängigen britischen Filmemachers Michael Winterbottom aus dem Jahr 2003.[4] Dafür werde ich insbesondere Thackers Begriff der Biomedien benutzen (als simultanes Begehren nach der Unmittelbarkeit des Körpers, während die Spuren jeder technischen Kontrolle des Körpers ausgelöscht werden), um darüber nachzudenken, wie der Film mit dem Begehren nach einer verkörperten affektiven Transparenz in Zeiten des embryonalen Klonens umgeht. Diese Probleme der Gentechnik und des Klonens werden in einer Architektur der Überwachung in der *Global City* Shanghai durchgespielt, wo Geschwindigkeit und Mobilität in einem Spannungsverhältnis zu den Beschränkungen und der staatlichen Kontrolle eines panoptischen, technologisierten Blicks in und auf den Körper stehen.

Die Erzählung des Films kreist um folgendes Problem: Wenn die heterosexuelle Reproduktion innerhalb der Familie durch künstliche Verwandtschaftsstrukturen der Genetik und des Klonens ersetzt wird, wie können diese Differenzen, die im Moment des Begehrens bedeutsam werden, wahrgenommen werden?[5] Das verstörende Problem der sexuellen und reproduktiven Konsequenzen einer missverstandenen Gleichartigkeit wird im Herzen der Erzählung ödipaler Transgression zwischen William Geld (Tim Robbins) und Maria Gonzales (Samantha Morton) verortet. Die Verschmelzung von Gentechnik und Überwachungstechnologie wird anhand der Figur des ›glücklich verheirateten‹ Ehemanns und Vaters William durchgespielt, der einen Fall von Betrug untersucht (den Diebstahl von »Papeles« oder Versicherungspapieren) und sich in die Kriminelle Maria verliebt. Er deckt ihren Betrug auf und flüchtet schließlich illegal mit ihr in ein ›Außen‹, wo die Flucht vor der genetischen Überwachungskultur der urbanen Architektur mit dem Versprechen der Erfüllung romantischen Begehrens zusammenfällt. Am Ende gewinnt dennoch der Staat und bringt ihn zurück zu seiner Familie, während sie nach draußen in die Wüste verbannt wird. In einer Welt des Klonens von Embryonen wird die Einhaltung des Inzesttabus (um Exogamie zu gewährleisten) durch globale staatliche Überwachung sichergestellt. Als sich herausstellt, dass Maria der geklonte Zwilling von Williams Mutter ist und sie deswegen seine genetische Zusammen-

---

4   Zu Michael Winterbottoms zahlreichen Filmen gehören: *Butterfly Kiss* (1995), *Welcome to Sarajevo* (1997), *In this World* (2002), *The Road to Guantanamo* (2006).
5   Um einen Einblick in die feministischen Debatten über Verwandtschaft zu erhalten vgl. Franklin/McKinnon 2001; Butler 2001.

setzung teilt, interveniert der Staat, um eine Fortsetzung der Affäre zu unterbinden, den aus dieser Verbindung entstandenen Fötus abzutreiben, Marias Erinnerung daran auszulöschen und sie mit einem ›Anti-William‹-Virus zu programmieren.

Code 46 verbindet Science-Fiction-Motive – eine überlegte Faszination für neue Technologien (Genetik, Computer und visuelle Medien) – mit einer heterosexuellen Romanze und den klassischen Noir-Motiven des Geheimnisvollen und der Verschleierung, visualisiert durch Einstellungen von urbanen Nachtszenen, schnell geschnittenen Fahrten und Ansichten von Sicherheits- und Überwachungsarchitektur. Das Begehren nach visueller Transparenz in der urbanen Architektur spielt mit dem Problem der Fehlinterpretation angesichts trügerischer oberflächlicher Erscheinungen sowohl von filmischen als auch von genetischen Formen, die wie ein Zitat evoziert, dann aber neu kombiniert werden. Die filmischen Referenzen scheinen endlos zu sein: *Out of the Past* (Jacques Tourneur, 1947), *Brief Encounter* (David Lean, 1945), *Blade Runner* (Ridley Scott, 1982), *Gattaca* (Andrew Niccol, 1997) und *Eternal Sunshine of the Spotless Mind* (Michel Gondry, 2004). *Code 46* wirkt wie eine Zitatsammlung, die sich jedoch durch den Gebrauch von 35mm-Film, Handkamera und den Filmaufnahmen vor Ort authentifiziert.

Der Film scheint von dem Wunsch, ›durchzublicken‹ (sowohl buchstäblich als auch figurativ) angetrieben zu sein, um diesen sogleich durch die wiederholte Inszenierung der Unmöglichkeit jeglicher Sicherheiten bezüglich dessen, was der Blick leisten kann, zu unterlaufen. Wenn sich Wände als Spiegel herausstellen und sich Fenster in Fernsehbildschirme verwandeln, trotzen die verschiedenen reflektierenden und verwandlungsfähigen Oberflächen der Fantasie einer transparenten Welt, die sie zugleich versprechen, und in der die größten Geheimnisse des Lebens (versteckt in unserer DNA) für externe Mächte sichtbar, lesbar und kontrollierbar werden. Da Transparenz verspricht, dass sich sowohl überhaupt etwas sowie etwas dahinter enthüllt, wird Täuschung mit einem Wunsch nach Singularität verbunden.

Die visuelle Transparenz gentechnisch hergestellter Körper wirft das Problem nach Erkennbarkeit auf. Das Gengesetz, der Code 46, verfügt eine Reihe von Verboten, die darauf abzielen, die Menschen vor den inzestuösen Gefahren ihrer eigenen Begierden zu schützen, gerade weil genetische Verwandtschaft nicht für das bloße Auge (auf der Körperoberfläche) sichtbar gemacht werden kann. Der entsprechende Gesetzestext erscheint zu Beginn des Films auf der Leinwand:

»Artikel 1. Jeder Mensch, der dieselbe familiäre genetische Zusammensetzung mit einem anderen Menschen teilt, wird als genetisch identisch betrachtet.

Aufgrund von IVF, DI-Embryonensplitting und Klonverfahren ist es daher notwendig, zufällige oder beabsichtigte inzestuöse Fortpflanzung zu verhindern.«

Wie der Text auf der Leinwand in den ersten Einstellungen des Films verkündet, ist der Code 46 ein Gesetz, das ein Screening aller Föten und ungeplanten Schwangerschaften und die Kontrolle aller möglichen Eltern erlaubt (und die Beendigung aller Schwangerschaften, die mehr als 25% identisches genetisches Material beinhalten). Das Gesetz fordert die Tötung aller Föten, die aus solchen Verbindungen hervorgegangen sind; es kriminalisiert alle, die das Gesetz brechen und zwingt sie zu einer medizinischen Behandlung, um zu verhindern, dass sich eine solche Überschreitung in der Zukunft wiederholt.

Das Problem, Identität lesbar zu machen (die verborgene genetische Wahrheit der Verwandtschaft sichtbar zu machen), wird entlang miteinander verwobener Fragen nach Gleichheit und Differenz durchgespielt. Einige davon sind leicht lesbar, andere erfordern spezielle Entzifferungstechniken. Da Gleichheit und Differenz sich nicht länger an der Körperoberfläche ablesen lassen, sondern stattdessen drohen, uns aus der verborgenen Tiefe der Gensequenz zu zerstören, hat das Subjekt viel zu befürchten. William ist die Figur, die dieses Dilemma verkörpert und bei der sich Transparenz mit der Frage nach Unmittelbarkeit verbindet. Als Angestellter eines globalen Überwachungsunternehmens besteht Williams berufliche Tätigkeit darin, Betrügereien aufzudecken, indem er in den Köpfen – oder vielmehr Herzen – der Menschen liest. Analog dazu, wie die Technologie des Screenings den Körper transparent macht, macht Williams scheinbar intuitive Wahrnehmung die verborgene Arbeit der Gedanken und Emotionen anderer Menschen sichtbar. Er wird als eine Ein-Mann-Einheit eingeflogen, um seine intuitive Macht einzusetzen. Ohne einen Beweis zu benötigen, erkennt er dank seiner Intuition den Schuldigen und liefert ihn an seinen Boss aus. Wir erfahren später, dass er mit einem Empathie-Virus programmiert wurde, der ihn zu einem menschlichen Lügendetektor macht. Es handelt sich also um eine künstlich verstärkte Bio-Empathie, die William befähigt, Verbrechen aufzudecken. Empathie bedeutet wörtlich, ›in den Gefühlen von jemand anderem sein‹. In diesem Sinne repräsentiert Williams Empathie-Virus die ultimative Fantasie der Unmittelbarkeit durch eine Rebiologisierung des Affekts – genetisch produzierte Gefühle für jemand anderen. Der Empathie-Virus repräsentiert den allgegenwärtigen Blick, der schon so oft dem weißen Detektiv oder Polizisten im Science Fiction und Film Noir zugeschrieben wurde.

In dieser Welt der geklonten Embryonen vermischen sich alle drei etymologischen Konnotationen des Begriffs Code: die rechtliche Fundierung der inneren Zone, ein gesundes exogames Verwandtschaftssystem und die Geheimnisse des Lebens in der DNA (wie auch die Produktion des geheimen Verfassens falscher Papiere aufgrund des Verbots). Der Code 46 wird durch eine Regierung implementiert, die sich auf den genetischen Code als einem neuen Passwort stützt, um Sexualität und Reproduktion zu regulieren. Sie wird durch ein globales Netzwerk von ›Firmen mit Seelen‹ gemanagt. Der genetische Code wird zu dem Passwort, durch das Mobilität geregelt wird. Die Firmen verfolgen dank ihres globalen Blicks genau Williams Schritte – Bildschirme erscheinen und verschwinden, Technologien mutieren, Information fließt durch die unsichtbare Architektur genetischer Überwachung. Sogar der Affekt kann technisch produziert und reguliert werden: Williams Empathie-Virus verhilft ihm zu der Sensibilität, die Gefühle der anderen Menschen zu registrieren, um das zu enthüllen, was diese verbergen wollen. Aber Williams Empathie ist ein Implantat, und die Fantasie des perfekten universellen Blicks des weißen Helden muss durch ein genetisch hergestelltes Virus gestützt werden. Es ist genau diese Macht des allgegenwärtigen Blicks und Wissens, die ihm im Laufe des Films zunehmend entgleitet.

Bei William wird der Geist, bei Maria jedoch der Körper zu einem Kampfplatz zwischen Künstlichkeit und Authentizität. Dies wird durch eine unheimliche zeitliche Störung inszeniert, die Maria buchstäblich verkörpert, und es ist ihr Körper, auf dem die Gewalt einer ungeheuerlichen Lösung ausagiert wird. Als sich das Paar trifft, nachdem ihr die Erinnerung entfernt und der Anti-William-Virus implantiert wurde, versucht William dennoch, ihren Körper zu bekommen, um sie daran zu erinnern, was ihr Geist verbietet. Die widersprüchliche affektive Antwort eines gleichzeitigen Begehrens und Widerwillens, die sie ausagiert, produziert einen Körper, der sich gegen sich selbst wendet (das Gesicht drückt Begehren aus – der Rest des Körpers Ekel). Obwohl im Film die Authentizität zu siegen scheint, da der Körper seine Unmittelbarkeit zurückerhält, indem er die biologische Kraft des implantierten Virus überwältigt und somit sowohl dem Staat als auch der Gentechnik im gewalttätigen sexuellen Akt widersteht, wird sie durch die verschiedenen Geister, die die gentechnisch manipulierte Verwandtschaft verfolgen, relativiert. Die affektiven Störungen der aus den Fugen geratenen Zeitlichkeiten gentechnisch hergestellter Verwandtschaften, die sich in der ödipalen Transgression des Codes 46 verdichten, werden also in dieser zweiten Sexszene deutlich, die man nur als einen Akt ›der Vergewaltigung in Übereinstimmung‹ bezeichnen kann. Um den Anti-William-

Virus zu überwältigen, den ihr die Autoritäten implantiert haben, bittet Maria ihn, sie zum Sex zu zwingen. Auf diese Weise wird das Unbehagen gegen ihre Verletzung von dem widerstreitenden Gefühl unterlaufen, dass es sich auch um eine Form des Widerstands gegen die repressive Regulierung durch den Staat handelt. Die Kraft der Szene besteht darin, dass es gelingt, ein nachhaltiges und verstörendes Gefühl des genetisch Unheimlichen zu produzieren, indem verschiedene Ebenen der Disjunktion verbunden werden. Die ungleiche Verteilung von Wissen zwischen den beiden Protagonisten (er weiß, dass sie die genetische Identität seiner Mutter teilt, sie nicht), verstärkt das Unbehagen über die Verletzung, indem die gespaltene Zuschauerposition durch das körperliche Ausagieren der widerstreitenden sexuellen Reaktionen unterstrichen wird. In scharfem Kontrast zum gegenseitigen Begehren im ersten sexuellen Zusammentreffen des Paars, strahlt die zweite Sexszene eine zersetzende Kraft aus, die auf der gewaltförmigen Störung der zeitlichen Kontinuität basiert, die durch den genetischen Virus produziert wird. Bei dem Versuch, Marias Körper in seinen früheren Zustand zurückzuversetzen, führt William die Szene der ersten sexuellen Begegnung erneut auf und fordert Maria dazu auf, denselben Song zu singen, den sie ihm vorgesungen hat, bevor sie Sex in ihrem Apartment hatten (als ob der singende Körper sich an den begehrenden Körper erinnern würde). Da ihre Unmusikalität eines der Zeichen ihrer unangemessenen, engen genetischen Verwandtschaft und damit auch die inzestuöse Natur ihres Begehren markiert, verortet die Erneuerung dieser Beziehung – Beginn einer sexuellen Überschreitung – nicht nur seine physische Kraft (er bindet sie an das Bett), sondern auch seine fehlende Enthüllung (ihrer eigentlichen Beziehung) innerhalb eines gewaltsamen Rahmens.

Die aus den Fugen geratene Zeitlichkeit der Genmanipulation produziert ein akutes Unbehagen beim Zuschauer, wenn das Paar sich bemüht, etwas Totes zum Leben zu erwecken: die verlorene Gegenseitigkeit ihres Begehrens. Marias Verkörperung dieser miteinander in Konflikt stehenden Zeitlichkeiten wird in der Diskrepanz zwischen ihrer prothetischen Abwehr (die selbst die moderateste feministische Zuschauerin als Reaktion einer Frau liest, die gegen ihren Willen von einem Mann penetriert wird) und den Nahaufnahmen von Marias Gesicht, während sie William »Ich liebe dich« zuraunt (sie denkt ihr Begehren, kann es jedoch nicht fühlen). Die Nahaufnahme von Marias Gesicht, das die Leinwand im Moment ihres Orgasmus ausfüllt, gibt vor, dass die Authentizität triumphiert und die Vergangenheit wiederhergestellt ist, als ob die anderen Gespenster einfach ausgelöscht werden könnten. Letztendlich wird hier nicht Authentizität Künstlichkeit gegenübergestellt (wie das Natürliche dem Unnatürlichen), da die Genetik auf beiden Seiten präsent ist: Die genetische Grundlage ihrer ursprünglichen sexuellen Anziehung kämpft gegen Marias genetisch programmierten Widerwillen.

Abb. 1: Tim Robbins als William und Samantha Morton als Maria in Michael Winterbottoms Code 46, 2003

Code 46 thematisiert die strukturellen Verstörungen, die die unheimliche Zeitlichkeit der Gentechnik hervorbringt, anhand einer ödipalen Romanze, die die verschiedenen Möglichkeiten, eine Stadt zu bewohnen, mit traditionellen sexuellen Konnotationen verbindet. Dass Maria William verführt, wird im Film dadurch markiert, dass er in dem phantasmagorischen Raum der Stadt verschwindet, was im Gegensatz zu den ersten Einstellungen des kontrollierenden Blicks aus der Vogelperspektive steht. Das Unheimliche ist die verbotene ödipale Erzählung, die die genetische Planbarkeit entstellt, indem sie verspricht, die Zukunft in die Gegenwart zu holen. Weil sie die Grenze der perfekten Voraussehbarkeit darstellt, stört die gespenstische Romanze die Linearität, die die gentechnische Transparenz verspricht, und sie zerstört die temporalen Gesetze westlicher Verwandtschaft, deren Grundprinzipien Linearität, Kontinuität und Generationalität bedroht werden (vgl. Franklin/ McKinnon 2001). Wenn William mit Maria schläft, hat er zugleich Sex mit seiner Mutter, seiner Schwester und seiner Geliebten.[6] Diese Verworrenheit der aus den Fugen geratenen Zeitlichkeiten gentechnisch manipulierter Verwandtschaft (jemand kann deine Geliebte, deine Mutter und deine Schwester zugleich sein) stört den traditionellen Fluss moderner Zeitlichkeit und produziert einen unheimlichen Geist, der das Begehren nach einem totalen Blick verfolgt.

3

Mit dem Wunsch nach dem Biologischen als Ebene der Authentizität und unmittelbaren Körperlichkeit, auch wenn es zugleich ein Medium der Genetisierung ist, sind Probleme verbunden. Um diese zu erläutern, werde ich zu einem Film der US-amerikanischen Independent-Künstlerin und Filmemacherin Lynn Hershmann-Leeson übergehen, die für *Teknolust* (2002) das Drehbuch schrieb, Regie führte und den Film produzierte. Der Film verbindet verschiedene Neuauflagen von Figuren, Szenarien und Interaktionen früherer Cyberarbeiten, Installationen und Performances Leesons, sowie ihres ersten Spielfilms *Conceiving Ada* (1997). ›Die Dolly-Klone‹ (1995-1998) werden hier in digitale Drillinge verwandelt und von den multiplen ProtagonistInnen des Films dargestellt (vgl. Tromble 2005). Wenn, wie Richard Dyer ausführt, Pastiche am besten als Form des Imitierens beschrieben wird, die als solche anerkannt werden will (vgl. Dyer 2004), dann kleidet *Teknolust* diese Lust am Wiedererkennen in formal künstlerische und filmische Referenzen. Dieser Kunstfilmpastiche wendet sich an den Mainstream der Wissenschaft und des Kinos, während er mit den Fantasien über den Frauenkörper spielt, die in beiden Arten und Weisen der Imitationen des Lebens inszeniert werden. In diesem Film wird die Geschichte des Mediums Film zu einer Quelle für elektronisch geklonte Mehrlinge, ebenso wie Zitate zu einer zentralen Technik werden, um mit den endlosen Konvergenzen der biologischen und kulturellen Formen der Imitation zu spielen. Die Zurschaustellung des Künstlichen transformiert Dopplung ins Multiple und Duplizität in Multiplizität. Der Film inszeniert, wie sich die Techniken der Wissenschaft und des Kinos zunehmend gegenseitig konstituieren. Zugleich referiert er auf Fantasien, die um die Figur

---

6   Diese verworrenen Verwandtschaftsbeziehungen zitiert Faye Dunaways berühmte Zeile in *Chinatown* (Roman Polanski, 1974), als ihr Charakter über das Kind, das aus dem Missbrauch durch den Vater hervorgegangen ist, sagt: »Sie ist meine Tochter! Sie ist meine Schwester! Sie ist meine Tochter! Meine Schwester, meine Tochter. Sie ist meine Schwester und meine Tochter.«

der Frau in der Geschichte des Kinos zirkulieren. *Teknolust* nimmt den Ausdruck ›Traumfabrik‹ wörtlich und treibt die Frau als Objekt des Begehrens an ihre tropologischen Grenzen. Der Film rückt den Prozess der Artifizialisierung von Weiblichkeit mit trockenem Humor und intertextuellem Exzess in den Vordergrund, indem er das wissenschaftliche und filmische Begehren um den sexuellen und reproduktiven Frauenkörper in ein und demselben Rahmen verhandelt.

Die Erzählung handelt von einer Gentechnikerin, Dr. Rosetta Stone (gespielt von Tilda Swinton), die heimlich ihre eigene DNA mit einer Computersoftware kombiniert, um drei selbstreplizierende Automaten (S.R.A.s) herzustellen, die ebenfalls von Tilda Swinton gespielt werden, und die zwar menschlich aussehen, sich jedoch als intelligente Maschinen erweisen. Um zu überleben, benötigen die S.R.A.s regelmäßig Injektionen und Infusionen mit Y-Chromosomen (aus Sperma). Bei der *femme fatale* in der Eröffnungsszene handelt es sich um Ruby, einer von Rosettas Nachkommen, die für sich und ihre Schwestern Sperma besorgt. Olive und Marine treten ebenfalls als virtuelle Verführerinnen in einem Traumportal im Internet auf.[7]

Diese rekombinanten Drillinge sind Klone aus einem Amalgam aus genetischem und Computermaterial: Sie verkörpern das, was Adrian Mackenzie die »Zwischenstufen der Biotechnologie« nennt (Mackenzie 2002: 176) – sie sind sowohl lebendig, wie auch nicht-lebendig, menschlich und nicht-menschlich, echt und künstlich, individuell und multipel. Rosetta Stones Cyborg-Ableger, die sowohl ihre Schwestern als auch ihre Töchter darstellen, sind ihr und untereinander ähnlich und zugleich unähnlich.

Ihre ›Differenz in der Gleichheit‹, ›Einheit in der Zweiheit oder sogar Dreiheit‹ wird ironisch durch ihre physische Erscheinung unterstrichen – Haarfarbe und Stil (jede repräsentiert einen Typ weißer Weiblichkeit – die Blonde, die Rothaarige und die Brünette) und durch die Farbe ihrer identischen Seidenkimonos, der Bettwäsche und dem minimalistischen Dekor. Der Eindruck ihrer künstlichen genetischen Gleichheit wird durch eine aufeinander abgestimmte visuelle Ästhetik der Kontur, Oberfläche, Textur und Gestalt produziert. Die verschiedenen Farben markieren dagegen einen absurd codierten Eindruck von Individualität: Rubin (rot), Marine (blau) und Olive (grün). Diese Kombination imitiert die Logik der Farbcodierung RGB (rot, grün, blau) von Computersignalen. Diese Referenzen auf eine technologische Konver-

---

7 Zu einer Diskussion feministischer Lesarten der *femme fatale* und weiblichen Begehrens im Hollywoodkino vgl. Doane 1991; Hart 1994; Kaplan 1980; 1998; Modleski 1988; Mulvey 1989; 1996.

genz zwischen genetischem und digitalem Sampling ziehen sich durch den ganzen Film.

Abb. 2: Tilda Swinton in Teknolust, Hershmann-Leeson, 2002, mit freundlicher Genehmigung der Regisseurin

Während das Spiel mit den unterschiedlichen Farben der Klone (ihre Haare und Kleidung) auf die verschiedenen Typen weißer Weiblichkeit referiert, die in Hollywood zirkulieren, kann die Künstlichkeit der Differenz, die hier sichtbar gemacht wird, auch als ein Zusammentreffen von östlichen und westlichen Idealen aufgefasst werden. Die Seidenkimonos mögen aus praktischen Gründen ausgewählt worden sein, da sie es Tilda Swinton ermöglichen, schnell zwischen den vier Charakteren zu wechseln (wie die Regisseurin in der DVD-Version des Films angibt). Wenn man aber die Kimonos im Zusammenhang mit Rubys ritualisierter Präzision sieht, mit der sie das Sperma extrahiert und die Sameninfusion vorbereitet, fällt es schwer, ihre Performance nicht als eine orientalisierte Ästhetik des Dienens zu lesen. In diesem Licht betrachtet, wird die Sichtbarkeit von Differenz in der Gleichheit in diesem Film sowohl zu einer rassialisierten wie genetischen Typologisierung.

Die Ängste hinsichtlich der Lesbarkeit von Differenz auf der Körperoberfläche, die beim Zuschauer in der Konfrontation mit Replikanten und Multiplikatoren (im rassialisierten wie genetischen Sinn) entstehen, werden durch die Literalisierung der Idee der farblichen Codierung gelöst. Diese sichtbaren Differenzen zwischen den weißen Klonen transformieren biologische in kulturelle oder genetische in ästhetische Unterscheidungen.

Den Klonen wird durch die simultane Präsenz von Tilda Swinton ein visuelles Leben gegeben, das entweder durch den Einsatz von Doubles, einem Split-Screen-Verfahren oder digital zusammengesetzten Bildern erzeugt wird. Die mit einer digitalen High-Definition-Kamera gedrehten und später auf Film übertragenen, klaren, größtenteils primärfarbenen Bilder haben eine Comic-Ästhetik. Diese verleiht ihnen eine hyperreale Qualität, die das Virtuelle realer als das Reale erscheinen lässt und die Klone lebendiger als die Wissenschaftlerin macht. Die Einstellungen des Films sind von Ähnlichkeiten, Kopien und Imitationen bestimmt, wodurch die Gentechnik in ein Spiel technologischer Konvergenz eingebettet wird.

Wie können diese nun vollkommen in das Technologische eingebetteten Inkarnationen des Biologischen anhand der Frage nach dem Begehren nach der Unmittelbarkeit des biogenetischen Körpers gelesen werden? In seinem Buch *Transductions* versucht Adrian Mackenzie eine Rekonzeptualisierung: »the *indeterminate status* of the ›distributed ensemble of living and non-living actors‹ which constitutes biogenetic technology« (Mackenzie 2002: 175-176). Für Mackenzie bietet das Konzept der »transduction« eine mögliche Alternative zu den Grenzen des gegenwärtigen Denkens über die missverstandene Schnittstelle zwischen Mensch und Nicht-Mensch der Biotechnologien: Transduktion kommt etymologisch von *trans* (über) und *ducere* (leiten), also überoder weiterleiten. Nach Simondons Definition von Transduktion lässt sich dieser Vorgang folgendermaßen übertragen:

»This term denotes a process – be it physical, biological, mental or social – in which an activity gradually sets itself in motion, propagating within a given domain, by basing this propagation on a structuration carried out in different zones of the domain: each region of the constituted structure serves as constituting principle for the following one, so much so that a modification progressively extends itself at the same time as this structuring operation [...] The transductive operation is an *individuation in progress*; it can physically occur most simply in the form of progressive iteration. (Simondon, zitiert nach Mackenzie 2002: 16, Hervorhebung Stacey)

Für Mackenzie kennzeichnet Simondons Betonung der ›Ontogenese‹ (wie etwas entsteht) statt einer ›Ontologie‹ (was etwas ist) »a mode of thought focused on a *unity of becoming* rather than a *unity of substance*« (Mackenzie 2002: 17, Hervorhebung Stacey). Transduktion bezieht sich auf multiple Konversionen, Veränderungen und Bewegungen von Materien, Medien und Mustern, »aids in tracking processes that come into being at the intersection of diverse realities [which] include corporeal, geographical, economic, conceptual, biopolitical, geopolitical and affective dimensions.« (Mackenzie 2002: 19). In Bezug auf mein thematisches Interesse könnte Transduktion einen konzeptuellen Wegweiser für die Komplexität neuer Lebensformen bieten, in denen sich Biogenetik, Digitalisierung und das Kino miteinander verbinden, einen Wegweiser für diejenigen Szenarien, deren »elements are assembled from nonliving and living milieus« (Mackenzie 2002: 23). Als Zuschauer bringen wir so das »distributed ensemble of living and non-living actors« der Biotechnologie in einen Dialog mit dem Ensemble lebender und nichtlebender Akteure auf der digitalen Kinoleinwand, mit dem Zusammenspiel zwischen Illusionärem und Realem, Abwesendem und Anwesendem und dem Schauspiel vor der Kamera, sowie dem Virtuellen. Wir fragen danach, wie die Transduktion dabei behilflich sein kann, darüber nachzudenken, wie das Lebendige und Nicht-Lebendige filmisch aufeinander gepfropft werden kann (vgl. Mackenzie 2002: 204).

Teknolust verbindet diese Nachahmung des Lebens mithilfe der Technik des Klonens (Wissenschaft als künstliche Nachahmung von Natur) geradewegs mit der Nachahmung von Leben auf der Leinwand in der Geschichte des Kinos. Der Film präsentiert Rubys Körper als die Ebene des Zusammentreffens dieser beiden Methoden der Nachahmung. Als ein elektronischer Klon verkörpert Ruby die Verbindung zwischen dem Lebenden und dem Nicht-Lebendigen, und ihre zusammengesetzte Materialisierung wird im Verlauf des Films in den Szenen weitergeführt, in denen sie sich die Kunst weiblicher Verführung von weiblichen Hollywoodstars wie Hedy Lamarr, Elizabeth Taylor und Kim Novak aneignet.[8] Das Konzept von Hollywood als Traumfabrik wird buchstäblich durchgespielt, wenn klassische romantische Szenen aus Filmen der 1940er Jahre in Ruby projiziert werden, während sie schläft. Auf diese Weise löst Rosetta das Problem, dass Ruby wegen ihrer mangelnden Triebe eine innere (oder ererbte) Fähigkeit zur Verführung fehlt. Nach diesem nächtlichen Input an Daten über Heterosexualität wählt Ruby beliebig männliche Fremde als Partner (jeder Mann, der dazu bereit ist)

---

8 Vgl. die Debatten über weibliche Stars im populären Kino bei Dyer 1998; 2004; Gledhill 1991; Moseley 2005.

und verführt sie mit aus dem Kontext gerissenen Zitaten der romantischen Heldinnen in den Filmen, wie »let's not let the celebration ever end« (Helen Ellswirth in *The Last Time I Saw Paris* (Richard Brooks, 1954)) und »you're looking good tonight Johnny, you've got natural rhythm« (Molly in *The Man with the Golden Arm* (Otto Preminger, 1955)). Diese surrealen heterosexuellen Begegnungen verwandeln heterosexuelle Verführung in eine bizarre regulierte Wiederholung (vgl. Butler 1991), die die Aufmerksamkeit auf die Banalität ihres Inhalts lenkt und auf die Vorhersagbarkeit der männlichen heterosexuellen Reaktion (sie wären auch dann willige Sexpartner, wenn sie ihnen das griechische Alphabet in ihr Ohr flüstern würde). Menschliches und Nicht-Menschliches werden hier fast ununterscheidbar, da das Wiederaufladen der »Intelligenzmaschine« (vgl. Kinder 2005) im Schlaf dem Wiederaufladen von Heterosexualität durch den filmischen/computergenerierten Input gleicht. Das Kino als Technologie idealisierter Weiblichkeit wird ins komisch Absurde getrieben, wenn sich auf Rubys geklontem Körper eine doppelte Mimikry vollzieht.

Die reiterativen Imperative der Heterosexualität als Element konventionalisierter sexueller Beziehungen verwandeln sich durch das wiederholte Ausstrahlen der heruntergeladenen Hollywoodfilme in Rubys Verlangen. Biologische Formeln vermischen sich mit kulturellen Ikonographien zu prothetischer Wandlungsfähigkeit und Austauschbarkeit: das Schlafzimmer als Klonlabor, die Mikrowelle als Computerbildschirm, die Fotokopierer als Orchester.

Genauso wie das Kino zum Datenmaterial für prothetische sexuelle Verführungen wird, werden diese umgekehrt zu biologischen Komponenten, die künstliches Leben aufrechterhalten. Wie vampirische Süchtige müssen sich die Klone täglich ihren Schuss setzen, und Ruby nimmt alles auf sich, um die notwendige männliche Substanz zu besorgen. Die Trennung in menschliche und nicht-menschliche Wesen löst sich zugunsten eines medial programmierten sexuellen Verhaltens auf, das für den Input an Chromosomen für das elektronische Überleben der Klone notwendig ist. Wenn der zelluläre Appetit den sexuellen Appetit ersetzt, wird heterosexuelle Verführung zu einer biologischen Notwendigkeit für das Überleben der neuen hybriden Spezies.

In dieser Irreführung der männlichen Opfer im Dienste der Reproduktion künstlichen Lebens wird Ruby zu einem ›Wandler‹. Wenn ein ›Wandler‹ ein Gerät ist, das eine Energieform in eine andere umwandelt, dann sichert Ruby Chromosomen in Form von Samen, um sie in eine andere Energieform (›Lebenssaft‹ für die künstlich geklonten Körper) umzuwandeln.

Um diese Konversion herzustellen, stellt Rubys eigener Körper einen anderen Körper dar, indem sie die Verführungen auf Zelluloid absorbiert und sie wiederaufführt, um die biologische Substanz zu gewinnen. Als ein ›Wandler‹ befindet sich Rubys Körper an der Schnittstelle zwischen geklonter Künstlichkeit und biologischer Abhängigkeit, sowie zwischen Zelluloidfantasie und männlichem heterosexuellen Begehren. Wenn man Transduktion als ganz basale ›progressive Iteration‹ definiert, artikuliert sie auf perfekte Weise den Modus von Rubys Verführungen durch ihre Performanz der Weiblichkeiten Hollywoods, die in einer Konversion einer Substanz in eine andere münden (Samen in künstliches Leben).

Die *femme fatale* Ruby verbindet sexuellen Betrug und Transduktion mit-einander. Diese Verbindung verstärkt sich noch, wenn wir den Begriff Trans-duktion auf seine etymologischen Wurzeln zurückverfolgen bis zu dem Wort *traducere*. Das englische Wort *traduce* wird schon viel länger benutzt als *transduce* und kann bis 1535 zurückverfolgt werden. Es kommt vom Lateinischen *traducere*, das im Deutschen übersetzt wird mit »hinführen, [...] bekannt machen, [...] dem Spott preisgeben« (Menge 2006: 528) und wird heutzutage für »verleumden«, »entehren« oder auch »verführen«, »auf den falschen Weg führen«, »betrügen« benutzt.

Wenn man dieser Logik folgt, bringen die Verführungen in *Teknolust* die Männer über die Grenzen ihres Begehrens hinaus in eine Fantasiewelt Hollywoods und stellen dabei ihre sexuellen Triebe als sich ständig wiederholende Klischees aus. Rubys transduktive Performances, in denen die Männer durch Zeilen aus alten Hollywoodfilmen verführt werden, verhöhnen die Vorhersagbarkeit ihrer sexuellen Reaktionen als Random-Funktion. In jeder Verführung wird die Konventionalität von Heterosexualität erneut aufgeführt und ihre eigene absurde Logik deutlich gemacht.

Rubys Macht als Verführerin beruht auf ihrer Rolle als ›Wandler‹, und ihre nachahmenden Täuschungen parodieren diese berechenbare Beständigkeit über diese sich verschiebenden Transduktionen (und ihre transkontextuelle Beweglichkeit) hinaus. Wenn das technische Element der Transduktion als eine stabile Konfiguration definiert wird, »which expresses and conserves itself in being transported to a new period« (Simondon, zitiert nach Mackenzie 2002: 13), dann enthüllen diese einstudierten Verführungen die radikale Gleichförmigkeit der sexuellen Reaktion der Männer. Rubys nächtliche Rituale funktionieren als transduktive Wiederaufführungen, die die normativen Wiederholungen der ›Zwangsheterosexualität‹ verspotten: Indem sie die Konversion des Zelluloids in ›richtiges Leben‹ und von biologischer Substanz in künstliches Leben performt, demonstriert Ruby zugleich die Beweglichkeit der Materie, während sie das immer gleiche Klischee einer ›transkontextuellen‹ heterosexuellen Männlichkeit bloßstellt.

Die verschiedenen Modi der technischen Informationsflüsse konvergieren in Rubys Körper als ›Wandler‹. Die absorbierenden und medialen Möglichkeiten ihres Körpers generieren neue Formen der Verbundenheit zwischen verschiedenen Materien. Durch diese verwandtschaftlichen Innovationen kondensiert Rubys Körper biologische, elektronische und filmische sowie sexuelle und reproduktive Weiblichkeiten. Wenn das Hollywoodkino von feministischen Kritikerinnen als die Traumfabrik des zwanzigsten Jahrhunderts kritisiert wurde, das die Bedürfnisse der männlichen Psyche erfüllt, wird diese Funktion hier verkehrt, da sie die genetischen Bedürfnisse der weiblichen Klone in einem neuen Kreislauf des Tauschs befriedigt: Das filmische Bild wird zu sexuellem Datenmaterial, das wiederum eine biologische Substanz sichert, die das Leben der weiblichen elektronischen Klone aufrechterhält. In den Szenen, in denen Ausschnitte mit klassischen Hollywoodstars über die schlafende Ruby projiziert werden, wird ihr prothetischer Körper zu einer Kinoleinwand für die Traumfabrik. Die Bilder erscheinen simultan auf ihr und dem großen Computerbildschirm an der Wand ihres Schlafzimmers. Sie flackern über ihren Körper und ihr Gesicht und platzieren eine Nachahmung des Lebens in physischem Kontakt zu einer Anderen – wenn man sieht, wie sie sich berühren, ist dies ein Zeichen der erfolgreichen Programmierung. Die Bilder der Filmstars sind lebensgroß oder sogar größer, wenn diese beiden Formen weiblicher Künstlichkeit in einer intimen ritualisierten Fusion aufeinander treffen.

Die sinnliche Verbindung des filmischen Bildes der Frau mit ihrem Gegenüber, dem Cyborg, führt das auf, was Mackenzie ihre Ontogenese nennt – ihr gemeinsames Werden (Mackenzie 2002: 17). Beide wurden durch Techniken des Begehrens produziert (als Leinwandfantasien auf der einen und geklonte Automaten auf der anderen Seite). Ihre nächtliche Berührung jedoch verwandelt diese Weiblichkeit über ihre künstliche Erscheinung hinaus in eine intime Verbindung. Diese Übertragungen von Weiblichkeit lassen auf eine Konvergenz von neuen und alten Technologien deuten. Wenn sie die Hollywoodheldinnen mit computertechnischer Genauigkeit kopiert, performt Ruby eine überspitzte Version der Dynamik zwischen Kinozuschauerinnen und Hollywoodstars als ihrem Ich-Ideal. Die Inszenierung romantischer Liebe durch Hollywoods Heldinnen auf der Leinwand wird zu einer digitalen Ressource für eine instrumentalisierte weibliche Heterosexualität – einem Mittel, das gesampelt, zitiert und recycelt wird. In Rubys Imitation heterosexueller Verführung im Dienste der Nachahmung von Leben selbst wird Begehren zu Information. Heterosexualität wird als eine Kopie der Kopie instrumentalisiert, für die es, wie Judith Butler bekanntermaßen argumentierte, kein Original gibt (Butler 1991). Als buchstäbliche Traumfabrik wird das Hollywoodkino in *Teknolust* zu einer Schlüsselkomponente in der transduktiven Weitergabe von Imitationen: Seine romantischen und verführerischen Szenarien werden als generische Performative wiederholt, was beim männlichen Rezipienten zum gewünschten Effekt führt. Die genetisierte Heterosexualität führt ein performatives Hollywoodzitat auf. Weil Daten Sperma garantieren, werden Hollywoodfilme zu einer vitalen Lebensressource für die Klone; da die Nachahmung von Leben auf der Leinwand für die Nachahmung des Lebens vor der Leinwand benötigt wird, dient das Kino der Wissenschaft. Oder besser formuliert, diese beiden Formen der Nachahmung vermischen sich im vernetzten Kreislauf virtueller Lebensformen.

Abb. 3: Tilda Swinton als Ruby in Teknolust, Hershmann-Leeson, 2002

In diesen Szenen der filmischen Programmierung gehen wir als Zuschauer über eine einfache Analogie hinaus (nach der eine Technologie wie die andere ist), überschreiten ein Modell der sexuellen Schnittstelle[9] (an der sich diese beiden Technologien treffen) und wechseln auf das Terrain der Transduktion. Die Parallelen, Verbindungen und Konvergenzen zwischen spezifischen Techniken (den filmischen und genetischen) sind nur der Ausgangspunkt für tiefer gehende Interaktionen

---

9 Claudia Springer benutzte den Begriff der »sexuellen Schnittstelle« zuerst. Vgl. Springer 1996.

technischer Transformationen. *Teknolust* erweckt Techniken zum Leben, die eine Mutabilität zwischen dem Lebendigen und Nicht-Lebendigen performen, durch die neue Lebenskräfte zwischen den verschiedenen materiellen Ebenen bewegt werden. Durch diesen Schwebezustand irgendwo zwischen Kunst und Wissenschaft wird die Autorität über die Authentizität des ›wirklichen Lebens‹ in Frage gestellt.

4

In den Biomedialisierungen von *Code 46* wird der Körper zum Medium und die Biologie zur Ressource einer Aneignung eines affektiven Registers (Affekt im Sinne von *affectare*: nach etwas trachten). Wenn der Affekt etwas ist, was dem Subjekt entwischt/entgleitet/entgeht (er entgeht einer Versprachlichung), uns aber daran erinnert, dass wir soziale Wesen sind und eine Wirkung auf andere haben, diese immaterielle Ebene körperlicher Empfindungen oder Kräfte nämlich, auf der die konkreten Emotionen basieren, dann bietet uns *Code 46* die dystopische Fantasie einer Welt, in der die Versprachlichung des Affekts durch die Genetik dem größeren Regime globaler Regulierung angehört. Aber diese Fantasie ist die einer allgegenwärtigen Regulation und globalen Kontrolle, der sich die treibende Kräfte heterosexuellen Begehrens und Liebens entgegenstellen. Die zugleich unmittelbaren und hypermedialen gentechnisch hergestellten Körper in *Code 46* spielen mit unserem Begehren nach Authentizität im Zeitalter des Künstlichen und verweigern dennoch dessen Verwirklichung.

In den Transduktionen von *Teknolust* verkörpern Ruby und ihre Schwestern genetische und Computer-Codes auf eine Weise, die es ihnen erleichtert, die Ebenen zu wechseln. Wir begeben uns jenseits der Idee der Schnittstelle auf das Terrain der Transduktion, wo der biologische Körper vollkommen in die Kultur der Kopie eingebettet ist.

Teknolust steuert in die entgegengesetzte Richtung von Baudrillards düsteren Prophezeiungen über die Folgen des Klonens, wenn der Film genau das feiert, was Baudrillard am meisten fürchtet: den Verlust einer spezifischen Singularität des Menschen und eine Redundanz der körperlichen heterosexuellen Reproduktion – mit anderen Worten: die Hölle der Gleichartigkeit. Wenn, wie Beth Coleman feststellte, die neuen Medien sich jenseits der mimetischen Ästhetik des Realismus hin zu einer Ästhetik des Generativen bewegen (Coleman 2006), dann führt *Teknolust* explizit diese Transformation vom Mimetischen zum Generativen vor. Der Film realisiert, was Marie-Luise Angerer als das »Begehren nach dem Affekt« bezeichnet (Angerer 2007). In diesem Kontext äußert sich das Begehren in der Performanz der Unmittelbarkeit des Körpers, das durch die genetische Manipulation buchstäblich und lesbar wird. Dabei wird die Suche nach Unmittelbarkeit in den Kreisläufen der künstlichen Austauschbarkeit und Biomedialisierung spielerisch eingeübt. Dennoch wird, wenn nicht eine Unmittelbarkeit organischer Körper, dann doch eine Unmittelbarkeit des Werdens, die Unmittelbarkeit des Generativen imaginiert.

Ich habe in diesem Artikel das »Begehren nach dem Affekt« anhand der Performanz der Unmittelbarkeit des Körpers erläutert, der dank des genetischen Codes buchstäblich lesbar wird. Die beiden in diesem Aufsatz analysierten Filme führen eine imaginative Rekonfiguration des genetisch manipulierten Körperinneren auf eine Weise vor, die affektive Beziehungen im Technologischen verortet. Gleichzeitig spielen sie mit dem Begehren nach Authentizität. Obwohl der Affekt weder die Eigenheit des körperlichen Subjekts ist, noch zu dem gehört, was uns daran erinnert, dass wir leben, beziehungsweise das ist, was uns vom Artifiziellen trennt (dem Roboter, Cyborg oder Klon), stellt er die äußerste Grenze der technologischen Replikation dar – in diesem Fall, dank der Biogenetik, als ein unmittelbarer Körper, der seinen technologischen Ursprung verwirft, auch wenn er ihn inszeniert.

Übersetzt aus dem Englischen von Michaela Wünsch

Literatur

Ahmed, Sara (2004): The Cultural Politics of Emotion, Edinburgh: Edinburgh University Press.
Angerer, Marie-Luise (2007): Das Begehren nach dem Affekt, Zürich/Berlin: diaphanes.
Baudrillard, Jean (1992): Transparenz des Bösen. Ein Essay über extreme Phänomene, Berlin: Merve.
Baudrillard, Jean (2002): Screened Out, London: Verso.
Braidotti, Rosi (2006): Transpositions: On Nomadic Ethics, Oxford: Polity Press.
Brennan, Teresa (2004): The Transmission of Affect, Ithaca: Cornell University Press.
Buchanan, Ian/Colebrook, Claire (Hg.) (2000): Deleuze and Feminist Theory, Edinburgh: University of Edinburgh Press.
Butler, Judith (1991): Das Unbehagen der Geschlechter, Frankfurt a. M.: Suhrkamp Verlag.

Butler, Judith (2001): Antigones Verlangen. Verwandtschaft zwischen Leben und Tod, Frankfurt a. M.: Suhrkamp Verlag.
Coleman, Beth (2006): ›Mr. Softee Takes Command: Morphological Soft Machines‹, Can We Fall In Love with a Machine?, Pittsburgh: Wood Street.
Cubitt, Sean (1998): Digital Aesthetics, London: Sage.
Cubitt, Sean (2004): The Cinema Effect, Cambridge: MIT Press.
Doane, Mary Ann (1991): Femmes Fatales: Feminism, Film Theory, Psychoanalysis, New York: Routledge.
Dyer, Richard (1998): Stars, London: British Film Institute.
Dyer, Richard (2004): Heavenly Bodies: Film Stars and Society, London: Routledge.
Egorova, Yulia/Edgar, Andrew/Pattison, Stephen (2006): »The Meanings of Genetics: Accounts of Biotechnology in the Work of Habermas, Baudrillard, and Derrida«. International Journal of the Humanities, 3(2): S. 97-103.
Franklin, Sarah/Lury, Celia/Stacey, Jackie (2000): Global Nature, Global Culture, London: Sage.
Franklin, Sarah/McKinnon, Susan (Hg.) (2001): Relative Values: Reconfiguring Kinship Studies, Durham: Duke University Press.
Gledhill, Christine (1991): Stardom: Industry of Desire, Oxon: Routledge.
Grusin, Richard A./Bolter, Jay David (1999): Remediation: Understanding New Media, Cambridge: MIT Press.
Haraway, Donna (1995): Die Neuerfindung der Natur: Primaten, Cyborgs und Frauen, Frankfurt a. M./New York: Campus Verlag.
Haraway, Donna (2002): »Anspruchsloser Zeuge@Zweites Jahrtausend. FrauMann© trifft OncoMouse™«. In: Elvira Scheich (Hg.), Vermittelte Weiblichkeit. Feministische Wissenschafts- und Gesellschaftstheorie, Kirchlichteln: Hoffmann & Hoyer, S. 347-389.
Hart, Lynda (1994): Fatal Women: Lesbian Sexuality and the Mark of Aggression, Princeton: Princeton University Press.
Hemmings, Clare (2005): »Invoking Affect: Cultural Theory and the Ontological Turn«. In: Cultural Studies, 19: 5, S. 548-567.
Kaplan, E. Ann (Hg.) (1980): Women in Film Noir, London: British Film Institute.
Kaplan, E. Ann (Hg.) (1998): Women in Film Noir (Revised Edition), London: British Film Institute.
Kinder, Marsha (2005): »A Cinema of Intelligent Agents«. In: M. Tromble (Hg.), Art and Films of Lynn Hershman-Leeson: Secret Agents, Private I, Berkeley: University of California Press, S. 169-182.

Le Breton, David (2004): Les passions ordinaires. Anthropologie des émotions, Paris: Petite Collection Payot.

Mackenzie, Adrian (2002): Transductions: Bodies and Machines at Speed, New York, London: Continuum.

Manovich, Lev (2001): The Language of New Media, Cambridge: MIT Press.

Menge, Hermann (2006): Langenscheidt, Taschenwörterbuch Latein, Berlin/München/Wien/Zürich/New York: Langenscheidt.

Modleski, Tania (1988): The Women Who Knew Too Much: Hitchcock and Feminist Theory, New York: Methuen.

Moseley, Rachel (2005): Fashioning Film Stars: Dress, Culture, Identity, London: British Film Institute.

Mulvey, Laura (1989): Visual and Other Pleasures, Houndmills, Basingstoke, Hampshire: Macmillan.

Mulvey, Laura (1996): Fetishism and Curiosity, Bloomington: Indiana University Press.

Roof, Judith (1996): Reproductions of Reproduction: Imaging Symbolic Change, New York/London: Routledge.

Roof, Judith (2007): The Poetics of DNA, Minneapolis: University of Minnesota Press.

Springer, Claudia (1996): Electronic Eros: Bodies and Desire in the Postindustrial Age, London: Athlone Press.

Stacey, Jackie (im Erscheinen): The Cinematic Life of the Gene, Durham: Duke University Press.

Szope, Dominika (2003): »Peter Weibel«. In: Jeffrey Shaw/Peter Weibel (Hg.), Future Cinema: The Cinematic Imaginary after Film, Cambridge: MIT Press, S. 180-192.

Thacker, Eugene (2004): Biomedia, Minneapolis: University of Minnesota Press.

Tromble, Meredith (Hg.) (2005): Art and Films of Lynn Hershman-Leeson: Secret Agents, Private I, Berkeley: University of California Press.

Willeman, Paul (2002): »Reflections on Digital Imagery: Of Mice and Men«. In: Martin Rieser/Andrea Zapp (Hg.), New Screen Media: Cinema/Art/Narrative, London: British Film Institute, S. 14-29.

Interdisziplinarität revisited

SABETH BUCHMANN

Als Mitte der neunziger Jahre der Bildwissenschaftler W. J. T. Mitchell (1997) die Verbreitung von linguistischen und semiologischen Methoden in der neueren Kunstgeschichte beklagte, konterten deren RepräsentantInnen scharf: Im Gegenzug warfen sie den kulturwissenschaftlichen *Visual Studies* mangelnde Fachkenntnisse sowie fehlende methodische Kompetenz vor (vgl. Krauss 1996: 83-96). Verwirrenderweise schien gerade die Kritik an einem ›Zuviel‹ von (falscher) Interdisziplinarität die Trumpfkarte jener TheoretikerInnen zu sein, die – wie Mitchell – eine spezifische Bilddisziplin einforderten.

Mit einigem zeitlichen Abstand zur Hochphase der ›*pictorial*-versus-›*linguistic-turn*‹-Debatte[1] verdichtet sich angesichts der gegenwärtigen Transformationen des europäischen Bildungsmarktes der Eindruck, dass es hierbei gar nicht so sehr um die Rettung des Bildes (und der Bildkritik) vor methodologischen Fehlentwicklungen ging: Augenscheinlich ging es vielmehr um den Kampf gegen die im Namen interdisziplinärer Kulturwissenschaften forcierte Marginalisierung oder gar Abschaffung der Geisteswissenschaften im Allgemeinen und der Kunstwissenschaft im Besonderen, etwa durch die Fusion ganzer Fachbereiche. Diese Entwicklung erfährt nicht erst im Zuge des Bologna-Prozesses insofern eine Zuspitzung, als die Natur- und Technikwissenschaften bei Förderungen

---

1 Grob skizziert ging es hierbei um die Frage, ob in der heutigen Kultur und Wissenschaft von einer Dominanz des Bildes oder – wie die Linguistik und Semiologie behauptet – von einer Dominanz der Sprache gesprochen werden kann: Eine Frage, die von entscheidender Bedeutung für die Anerkennung und Kanonisierung von Methoden im Bereich der Kunst- und Kulturwissenschaften ist.

durch Staat, Wirtschaft und Stiftungen in zunehmendem Maße bevorzugt werden. Das hat laut Ulrich Bröckling und Matthias Schöning mit dem »Leistungssprung der Lebenswissenschaften« zu tun, den die »Biologen und Wissenschaftstheoretiker« diagnostizieren: »War die gesamte Biologie einschließlich der Molekularbiologie bis vor dreißig Jahren eine beschreibende Wissenschaft mit langer phänomenologischer Tradition, so wird daraus mit dem Gentechnologie-Gedanken etwas Neues: eine synthetische Biologie.« (Bröckling/Schöning 2004: 12) Hiervon bleibe

»die Ordnung der wissenschaftlichen Disziplinen [...] nicht unberührt [...]. Wenn die Lebenswissenschaften in neuer Weise produktiv werden und im Verbund mit anderen Technologien nicht mehr nur an der Ordnung der Dinge, sondern an der Konstitution der Dinge selbst ansetzen [...], wenn – mit den Worten des Biologen und langjährigen Präsidenten der Max-Planck-Gesellschaft Hubert Markl – ›Natur zur Kulturaufgabe‹ [...] wird, dann wird die immer schon kurzsichtige Rede von den ›zwei Kulturen‹ [...] vollends unhaltbar.« (Bröckling/Schöning 2004: 13)

Als eine Folge dieser Verschiebung sehen Bröckling und Schöning eine »Tendenz zur Kulturalisierung im Selbstverständnis der Natur- und Lebenswissenschaften, [...] auf welche die Kulturwissenschaften wiederum mit einer Naturalisierung ihrer Domänen glauben antworten zu müssen.« (Bröckling/Schöning 2004: 14)

Vor diesem Hintergrund stellt sich die Frage, ob entsprechende interdisziplinäre Unternehmungen im Kontext von Kunst und Kunsttheorie abgelehnt werden sollten oder, ob diese gerade Grund und Anlass sein könnten, die Differenzen und Übergänge zwischen künstlerischen und lebenswissenschaftlichen Denk- und Praxisformen einer genaueren, (gender-)kritischen Betrachtung zu unterziehen – insbesondere im Hinblick auf ihre unumkehrbare Involviertheit in eine medialisierte Wissens- und Informationskultur.

Hiermit ist auch eine der Fragestellungen des von Helmut Draxler, Stephan Geene und mir von März 2004 bis Dezember 2006 verfolgten Forschungsprojekts *Film, Avantgarde und Biopolitik*[2] an der Jan-van-

---

2 Dieser, zuallererst von Michel Foucault geprägte Begriff, ist auf die modernen Gesellschaften gemünzt: Demnach befinden wir uns im Innern einer Macht, die den Körper und das Leben vereinnahmt. Dies geschieht, wie Foucault schreibt, nicht nach dem klassischen Herrschaftsmodell, demzufolge der Souverän über Leben und Tod entscheidet, sondern als eine Funktion, die alle Teile und Beteiligte einer Gesellschaft durchdringt und von diesen aktiv mitproduziert wird: Leben wird zum Maßstab aller Dinge, doch mit seiner Verbesserung und Optimierung gehen vielfältige

Eyck-Akademie in Maastricht angesprochen. Wir gingen dabei von der Grundüberlegung aus, dass die (Post-)Avantgarden und ihre Geschichtsschreibung fragwürdige (Selbst-)Interpretationen perpetuieren, wenn sie zum einen nicht die tiefgreifenden Wechselwirkungen von Kunst und Film im Verlauf des 20. Jahrhunderts einbeziehen und zum zweiten die Rolle moderner Lebenswissenschaften für die (Eigen-)Wahrnehmung der Moderne unberücksichtigt lassen. Vor allem die Konferenzen, die im April 2005 an der Jan-van-Eyck-Akademie in Maastricht und im Januar 2007 an der Akademie für bildende Künste und im Filmmuseum in Wien abgehalten wurden, machten deutlich, wie weitgehend und zugleich unbewusst die historischen Avantgarden und ihre Erben Diskurse und Ideologien der im 19. Jahrhundert verwurzelten Lebenswissenschaften verinnerlicht haben. Das bedeutet nicht, dass die sich damals formierenden künstlerischen Strömungen und ihre Nachfolger in direkter und/oder ungebrochen-naiver Weise (lebens-)wissenschaftliche Methoden und Errungenschaften aufgegriffen hätten. Es heißt vielmehr, dass die Erfindung und Entwicklung von optisch-visuell und somatisch-affektiv wirksamen Darstellungs- und Wahrnehmungsmodi (Harmonien, Rhythmen, Vibrationen, Resonanzen, etc.) dem kollektiven und von der Wissenschaft forcierten Bedürfnis nach einer verlebendigten (Selbst-)Wahrnehmung des physisch-psychischen Körpers entsprach. In ihrer Studie *Mythos: Gemeinschaft. Körper- und Tanzkulturen der Moderne* hat die Kulturwissenschaftlerin Inge Baxmann dieses Phänomen im ausgehenden 19. und beginnenden 20. Jahrhundert erörtert. Sie nennt es »modernste Nervenkunst« (Baxmann 2000: 20) und führt Richard Wagner als einen wichtigen Impulsgeber an:

Techniken der Überwachung, Disziplinierung und Kontrolle einher. So gilt dabei beispielsweise folgende Direktive: Du sollst gesund sein, um dem Staat nicht auf der Tasche zu liegen, sondern um deine Arbeitskraft in ökonomisch effizienter Weise einzusetzen. Hier überschneiden sich also materielle und symbolische Dimensionen eines politischen und politikkritischen Diskurses, der alles andere als unumstritten oder widerspruchslos ist. Er zeigt jedoch, dass der Begriff der Biopolitik die Funktionsweise der modernen Macht möglicherweise besser beschreiben kann als etwa ein Machtbegriff, der auf der im Marxismus verwurzelten Unterscheidung zwischen herrschenden und unterdrückten Klassen beruht. So war es gerade die Frage nach der Medialisierung von Leben und Körper, die für uns Ausgangspunkt des Forschungsprojektes war. Es setzt bei der Frage an, inwieweit Foucaults, Giorgio Agambens, Michael Hardts und Toni Negris Diskurse über die moderne Biomacht im Hinblick auf jene Filmgenres Sinn machen, die in der Tradition der historischen Avantgarden den Gedanken einer Übersetzung von Kunst in Lebens- und Alltagspraxis in sich tragen.

»Eine sich an die sinnliche Rezeptionsdisposition des Publikums wendende Kunst, für die Abstraktion und Masse keinen Widerspruch mehr darstellt, bildet einen Anknüpfungspunkt für Projekte einer neuen Sinneskultur, wie sie die Avantgarde vom Futurismus, über den Konstruktivismus bis zum Bauhaus vertraten. Gegen die überkommenen Spaltungen von Wissenschaft, Künsten, Medien und Technologien reagierte das Gesamtkunstwerk auf die Modifikationen von Wahrnehmungs- und Verhaltensmustern im Kontext der seit Mitte des 19. Jahrhunderts vorbereiteten historischen Umstrukturierung von Schrift und Medien, von Sprach- und Bilddenken.« (Baxmann 2000: 20)

Genau diese Veränderungen des »Sprach- und Bilddenkens«, über die heute im Kontext der ›pictorial‹-versus-›*linguistic-turn*‹-Debatte gestritten wird, zeugen vom inhärent interdisziplinären Charakter nicht nur der auf Wagners Gesamtkunstwerksidee zurückgehenden, künstlerischen Entwürfe, sondern auch jener Formate, die der gattungs- und mediumsspezifischen Unterscheidung von Malerei, Zeichnung, Bildhauerei, Fotografie, Film, etc. verhaftet geblieben sind. So geht bemerkenswerterweise sowohl die kanonisch wiederholte Forderung nach mehr Spezifität als auch die nach mehr Interdisziplinarität an der historischen Verwicklung der Kunst und des Films, respektive der Kunst- und Filmtheorie in lebenswissenschaftliche Diskurse vorbei. Allein am beide Gattungen betreffenden Diskurs der ›Farbe‹ lässt sich die Schwierigkeit verdeutlichen, zwischen ästhetischen und biologischen Kategorien unterscheiden zu können. So waren aber nicht nur die im späten 19. Jahrhundert geläufigen Farb- und Wahrnehmungstheorien für den (Post-)Impressionismus bedeutsam, sondern auch Wagners Gesamtkunstwerksidee, die der Sehnsucht der MalerInnen nach einer unakademischen Ausdrucksweise weitaus mehr entsprach. In Anlehnung an den Kunsthistoriker T. J. Clark könnte man sogar sagen, dass manche der damaligen FürsprecherInnen des Impressionismus in ihren Schriften so klingen, als habe es sich um eine wagnerianisch gefilterte Appropriation der Darwinschen Evolutionstheorie gehandelt: Den isolierten Farbton galt es demnach im symphonischen Farbenmeer zugunsten eines Wettbewerbs der Farben aufzuheben, indem sich die lebendigsten und kräftigsten unter ihnen durchsetzen sollten (vgl. Clark 1999). So war es das Verhaftet-Sein in akademischen Konventionen, das den Wunsch erzeugte, im Vollzug der ästhetischen Wahrnehmung dem wahrhaftigen Leben jenseits von Illusion und Fiktion zu seinem Recht zu verhelfen und mit diesem zu verschmelzen: August Macke, der vom Impressionismus und Fauvismus beeinflusste Maler, der mit den KünstlerInnen der *Brücke* und denen des *Blauen Reiters* in engem Austausch stand, bringt diese von seinen KollegInnen geteilte Sehnsucht auf den Punkt: »Ein Ding

(Bild) machen, das lebt, in dem wir leben können. Nicht den Ersatz für Lebendigkeit, das Bild (Abbild) eines lebendigen Dinges, sondern ein lebendiges Ding.« (Macke zitiert in Imdahl 1996: 42)

Die Beschwörung eines unmittelbaren, ›lebendigen‹ Kunstwerks ist nicht erst für moderne Kunst- und Wahrnehmungsdiskurse des späten 19. und frühen 20. Jahrhunderts charakteristisch. Sie hat zwar mit der damals populären Auffassung zu tun, dass ästhetische Erkenntnis nicht allein im Objekt der Betrachtung, sondern auch im (inneren) Auge des Betrachters stattfindet – eine Auffassung, die laut Jonathan Crary bereits im frühen 19. Jahrhundert entsteht und die auf einer somatischen Kunstbetrachtung infolge einer dissoziativen Verklammerung von empirischer Welt und optischer Wahrnehmung beruht. Die physische Vermittlungsinstanz, die das ästhetische Objekt zwischen dem Subjekt und seiner Außenwelt einnimmt, wird bereits von der Aufklärung als eine subjektiv-unbegriffliche behauptet. Kants bekannte Wendung »schön ist, was ohne Begriff allgemein gefällt« fand, wie Birke Sturm dies in ihrer Diplomarbeit über *Repräsentationen weiblicher Schönheit* zusammengefasst hat, sowohl in der Philosophie als auch in der Farbenlehre Widerhall. So zitiert sie Jonathan Crary: »Das Wissen über die phänomenologische Welt fängt mit der Netzhautstimulierung an und entwickelt sich je nach Beschaffenheit dieses Körperorgans.« (Crary 1996: 82)

Sturm greift Crarys Verweis auf Schopenhauer und Goethe auf, um deutlich zu machen, dass bereits vor der Etablierung moderner Wahrnehmungs- und Farbtheorien »das Sehen als eine Aktivität bestimmt wird, die im Gehirn des Subjekts und nicht im Kunstwerk oder in der Außenwelt stattfindet.« (Sturm, nicht veröffentlichtes Manuskript) Somit sollte das körperliche Sehen und nicht, wie oftmals angenommen, nur das optische Sehen in die Vorstellung eines ›reinen Sehens‹ einfließen: Eines Sehens mithin, das – so etwa durch Kunsthistoriker wie Konrad Fiedler – ab der zweiten Hälfte des 19. Jahrhunderts zum Kern des modernen Kunstbegriffs avancieren sollte. Das heißt, dass die Konzeption eines konstruktiven, synthesefähigen Auges sich in jenem Positivismus niederschlug, der auf der Annahme basierte, dass sich das ›Sehen‹ an sich im Kunstwerk manifestiere.

Obgleich sich das entbegrifflichte Sehen optisch-physikalischen Diskursen verdankt, gibt es nur wenige Beispiele, die – wie der Postimpressionismus und der Pointillismus – auf eine Systematisierung und Verwissenschaftlichung der Farbe zielen. Die auf das ästhetische Objekt und seine Wahrnehmung projizierte Erweckung von Lebenskraft steht im Zusammenhang mit dem in damaligen ästhetischen, philosophischen und soziologischen Diskursen aufscheinenden »Konflikt der modernen Kultur«: Ein Konflikt, der Motor einer Dialektik von »Entzauberung«

und »Ästhetisierung« des modernen Lebens durch die wissenschaftlich-technischen Entwicklungen des 19. Jahrhunderts ist und – gemäß Bröcklings und Schönings Bezugnahme auf Georg Simmel – Motor für das Begehren nach einem »unbegrifflichen«, d. h. seiner Mittelbarkeit entledigten Leben. Ironischerweise tritt gerade in der Vorliebe für das unbegriffliche Eigenleben des Kunstwerks ein Interesse an der Visualisierung »systemische[r] Funktionsweise[n] des Organismus, die unterhalb des Sichtbaren besteht« (Blümle/Schäfer 2007: 7) zu Tage. Die Annahme, dass Kunst und ästhetische Erfahrung die Augen für das (unsichtbare) Wesen des Lebens öffnet, macht sie nicht nur zum bevorzugten Sujet philosophischer Diskurse, sondern weckt auch das Interesse der modernen Lebenswissenschaften (vgl. Draxler 2007). Der diesen zugrunde liegende Lebensbegriff »erscheint als Einheitschiffre für die psychisch-soziale Existenz des Menschen im Rahmen einer Grundlegung der Geisteswissenschaften und wird als vitalistische Kategorie gegen die ›Künstlichkeit‹ der technisierten Welt in Anschlag gebracht.« (Bröckling/Schöning 2004: 10) In diesem Sinn formen sich »Wissenschaft, Technik, Leben« (Canguilhem 2006) zu einer konstitutiven Voraussetzung eines affektiv-unbegrifflichen Sehens, welches nach wie vor als eine der zentralen Errungenschaften moderner Malerei gilt.

Hierin nun eine lebenswissenschaftliche Logik in dem Sinne zu erkennen, dass im Zuge der Institutionalisierung der ästhetischen Moderne wissenschaftliche Theorien und künstlerische Diskurse die Annahmen eines ästhetischen (Eigen-)Lebens der Kunstwerke und der Produktivität des Auges mit biologischen Lebensbegriffen aufgeladen und codiert haben, muss nicht erst mit dem Hinweis auf die (faschistische) Idealisierung des ›gesunden‹ Körpers problematisiert werden. Sie lässt sich ebenso im Hinblick auf die Synthese von organischen und künstlichen Körpern innerhalb progressiver Foto- und Filmmontagen der historischen Avantgarden betrachten. Denn von dieser Warte aus gesehen, scheint nicht allein die Ästhetisierung des Politischen einer gegenüber den herrschenden gesellschaftlichen Kräften unkritischen Haltung verdächtig, sondern ebenso die avantgardistische Stigmatisierung von Ästhetik als eine (kulturindustrielle) Ideologie des Scheins, die die Kunst vom (wahrhaftigen) Leben trennt. So ist Ästhetik innerhalb traditionell linkspolitisch ausgerichteter Begründungsfiguren von Kritik nur dort gerechtfertigt, wo diese der Neugestaltung der Gesellschaft und des Alltagslebens dient. Gerade ein funktionalistischer Begriff der Ästhetik legitimierte jene Vermischung von Kunst und Leben, die im Kontext der Avantgarden propagiert wurde (vgl. Draxler 2007). In Analogie hierzu lassen die Schriften damals rezipierter Philosophen, Soziologen und Politologen die Zwickmühlen einer Kritik des modernen Lebens erkennen. In Sorge um das (Über-)Leben des Individuums war etwa Simmel darum bemüht, »die Selbständigkeit und Eigenart seines Daseins gegen die Übermächte der Gesellschaft, des geschichtlich Ererbten, der äußerlichen Kultur und Technik des Lebens zu bewahren.« (Ebd.) Offenbar verbündet in Zivilisations- und Kapitalismuskritik, korrespondierte solchen Denkansätzen auf Seiten der ästhetischen Theorie ein Bemühen um »Selbständigkeit« und »Eigenart« des Kunstwerks.

Wie die *Texte zur Kunst*-Ausgabe zu ›Abstraktion‹ deutlich macht, war die »Destruktion der Repräsentation« – bekanntermaßen das zentrale Anliegen moderner Kunstströmungen – »konzeptuell wie historisch eng an die Dominanz der gesellschaftlichen Abstraktion im Medium des Geldwerts gebunden« (Egenhofer 2008: 61). Abstraktion als von der Mittelbarkeit der Repräsentation entbundener Ausdruck sinnlicher Erfahrung (von Farbe und Form gewordener (weiblicher) Natur, Schönheit, Sexualität – mithin von Empfindungen und Affekten wie Freude, Begehren, Liebe, Sehnsucht, Angst, Trauer, Verzweiflung, etc.) richtete sich explizit gegen die Rationalisierung und Instrumentalisierung des Lebens und der Kunst: Die moderne Kunst suchte sich durch eine »gegen sich selbst gewendete Vernunft« (Lütticken 2008: 49) zu legitimieren. So kommt der Kunsthistoriker Sven Lütticken darauf zu sprechen, dass Piet Mondrian in seiner berühmten Schrift *The New Plastic in Painting* (1917) über die zunehmende Abstraktion des Lebens klagt. Mondrian, so Lütticken weiter, reklamierte, »dass seine Kunst ›zwischen dem Absolut-Abstrakten und dem Natürlichen oder Konkret-Realen steht. Sie ist nicht so abstrakt wie abstraktes Denken und nicht so real wie greifbare Realität. Sie ist ästhetisch lebende, plastische Repräsentation: der visuelle Ausdruck, in dem jeder Gegensatz in den anderen überführt wird.‹« (Lütticken 2008: 49) Wenn daher bis heute die Autonomisierung der Farbe und des Bildobjekts, wie sie nicht nur mit Mondrian, sondern auch mit Cézanne und Malewitsch begründet wird, als alleiniges Symptom einer künstlerischen Emanzipation von gegenstandstreuer Darstellung interpretiert und die Geschichte moderner Malerei als ein Zu-sich-selbst-Kommen ihrer materiellen und geistigen Prinzipien erzählt wird, so blendet dies die Nähe modernen Kunstdenkens zu den zeitgleich mit diesem entstehenden Lebenswissenschaften ebenso aus wie die hieraus resultierenden Ungereimtheiten und Ambivalenzen. Denn Mondrian entwarf seine systemischen Bildkompositionen nicht in affirmativer Umarmung modernistischer Abstraktion, sondern im Sinne einer kritisch dagegen gewendeten Verlebendigung plastischer Bildsprache. Doch Lütticken hält dem entgegen, dass »[i]n einem Prozess, der ebenso befreiend wie gewalttätig und zerstörerisch ist, [...] der Kapitalismus Menschen und Objekte aus feudalen Sozialbezügen heraus[löst] und [...] sie durch das abstrakte Band des Tauschwertes [verbindet]. In dieser Hinsicht ist alle moderne – warenförmige – Kunst grundlegend abstrakt, gleich, ob sie aus Quadraten und Rechtecken besteht oder anrührende Zigeunerkinder zeigt.« (Lütticken 2008: 49) Demnach kann die Abstraktion der Farbe, die gemäß hergebrachter moderner Kunstdiskurse auf die Selbstwerdung des Kunstwerks als ›lebendiges Ding‹ zielt, vom kapitalistischen Prozess der Abstraktion nicht abstrahiert werden: Die diesem Prozess entgegen gestellte Idealisierung spontanen Lebens in spontaner Kunst (in kräftigen Farben gestrichelte, weibliche Akte in freier Natur) bricht sich in der systematischen Verwandlung von (weiblicher) Natürlichkeit in einen Waren-Fetisch des visuellen Konsums, wie er durch die Expansion der kapitalistischen Warenkultur zu einem ebenso als Zeichen der Zeit hingenommenen wie kritisch überhöhten und/oder gebrochenen Gegenstand der Kunst avanciert war. Als ein Beispiel hierfür könnten die berühmten 15-Minuten-Akte der Künstlergruppe *Die Brücke* gelten. Deren Versuch einer Befreiung vom obrigkeitsstaatlichen Moral- und Zwangskorsett, der dem Leben – vor allem der Frauen – buchstäblich die Luft abschnürte, verband sich mit lebensphilosophisch inspirierter Rationalismus- und Zivilisationskritik. Die zeichenhafte Darstellung des nackten (zumeist weiblichen) Körpers geriet so zum Wahrheitseffekt des ›unmittelbaren‹ Malaktes, während idealistisch und/oder realistische Darstellungen als Ausdruck akademischer und/oder massenkultureller Normen abgelehnt wurden. In Abwehr des bloß ästhetischen Scheins suchten KünstlerInnen eine lebendige Physis des Bildgegenstandes zu generieren – einen ästhetischen Körper mithin, der nicht mehr in mimetisch-repräsentierender, sondern in kongenialer Beziehung zum ›biologischen‹ Körper stand. Sexuelle Freizügigkeit und künstlerische Freiheit konnten so als kongeniale Inbegriffe eines unentfremdeten Lebens gelten. Als solche korrespondierten sie mit einem lebensreformerischen Körperkult, der gegen gesellschaftliche Reglementierungen und industrielle Zurichtung des Individuums beschworen wurde. Indem die Oberfläche des Bildes sich als eine Ansammlung flüchtiger Pinselstriche jenseits von Kalkül und Norm darstellte – beispielsweise von der akademischen Pflicht entbunden, einen Gegenstand gemäß des Lokalkolorits und detailgenau wiederzugeben – konnte jenes gattungs- und medientransgressive Eigenleben der Malerei zu Tage treten, das Macke postulierte. Das Paradigma einer um seiner selbst willen erschaffenen Existenz des Kunstwerks erweist sich als ein *sine qua non* seiner Autonomie.

Die Kräfte der modernen Biomacht äußerten sich demzufolge nicht nur in der bereitwilligen Teilhabe von Subjekten an bevölkerungspolitischen Regulierungs- und Disziplinartechniken, sondern auch in künstlerischen Versuchen, diese zu überwinden – ironischerweise gerade durch Bekundungen des Intentions-, Kontroll- und Zweckverlusts und der mit einfacher und zügiger Herstellung begründeten ›Lebendigkeit‹ der Bilder. Eine solche, der Ökonomie der Massenkultur (unfreiwillig) angepassten Malweise forcierte nicht nur die Abstraktion der Farbe, sondern auch den Glauben an einen genuin subjektiven Charakter des Malens. Denn gerade der Anspruch auf Einfachheit und Schnelligkeit lässt sich vor allem mit Fotografie, aber auch mit Film insofern in Verbindung bringen, als die ›neuen Medien‹ die Momentaufnahme und die Zufälle des Lebens zu ihren ureigensten Sujets erhoben. In der Malerei avancierte der mit bloßem Auge nicht erfassbare, flüchtige Augenblick zur vermeintlichen Entäußerung einer der technischen Rationalität unverfügbaren ästhetischen Qualität. Dem gegenüber brachten FürsprecherInnen avantgardistischer Medienpraxis die Faktizität der Technik gegen den Illusionismus der Malerei in Anschlag. Indem aber diese sich von technischer Apparatur und industriellen Standards unabhängig erklärte, sollte die auf die somatischen Bedingungen der optischen Erfahrung übertragene, körperliche Aktivität des Malens umso stärker ins Gewicht fallen. Dieser Form der buchstäblichen Verlebendigung des künstlerischen Aktes entsprach in der Fotografie und im Film die Analogie von (Kamera-)Auge und Phallus. Jede Gattung und jedes Medium beanspruchte also, dem realen Leben näher zu sein als seine Konkurrenten – ein Wettbewerb, der durch tradierte Dualismen noch verschärft wurde. Das geflügelte Wort für dieses Phänomen lautete: »Der Künstler erschafft die Wirklichkeit, der Fotograf sieht sie.«[3] Gegenüber einer solchen, an den historischen Paragone erinnernden Herabsetzung erhob die Fotografie (und später der Film) aufgrund ihrer multiplen Funktionen als wissenschaftlich-medizinisches, dokumentarisch-journalistisches und künstlerisch-ästhetisches Medium den Anspruch, nicht nur das Leben zu imitieren, sondern in es einzudringen und neu zu formen. So bildeten Kinos, Magazine und Bildbände bereits im frühen 20. Jahrhundert eine gigantische Maschinerie, die von (modernen) Körpern innerhalb eines dem Regime der ästhetischen (Re-)Produktion unterworfenen Lebens handeln.

---

3 Entsprechende Thesen, wie sie beispielsweise von Karl Pawek und Jean-Luc Valentin formuliert wurden, sind weit verbreitet und finden sich in der einschlägigen Literatur zu Fotografie und Kunst allerorten. Den Hinweis auf diesen Aspekt verdanke ich einer Seminararbeit von Anastasia Grichina zur frühen Fotografie.

Wie Baxmanns Studie zeigt, ging die künstlerische Aufwertung des Körpers zum »Erlösungstopos für Kultur- und Zivilisationsmängel« mit lebensreformerischen Ideen zur »Neuordnung des Lebens und des Raums« einher, »die sich zwischen Utopie und Ordnungsideologie bewegte« (Baxmann 2007: 11). Die Verknüpfung von Künsten und (Körper-)Sinnen war dabei konstitutiv für die Etablierung einer massenpublikumswirksamen »intermedialen Ästhetik« (Baxmann 2007: 20). Einer Ästhetik mithin, in der nicht nur ›neue‹ Medien, wie Fotografie und Film, sondern auch Malerei auf das körperliche Ereignis des Sehens zielten: Im Ringen um medienkulturelle Geltung stand die Malerei dabei umso stärker unter Druck, innere Empfindung und optische Erfahrung zu einer, der Kunst wesensgerechten Wahrheit des dargestellten Gegenstands zu machen.

Gemäß Georges Canguilhem, einem Lehrer Foucaults, wäre es jedoch zweifelhaft, die Zuwendung der Philosophie und der Kunst zu Fragen des (biologischen) Lebens einem ideologischen Generalverdacht auszusetzen und als Symptom eines reaktionären Vitalismus abzutun (vgl. Canguilhem 2006). Vielmehr geht es darum, die Ambivalenzen des modernen Lebensbegriffs, zumal unter den von Foucault untersuchten Bedingungen der Biopolitik, anzuerkennen: Hierin fungiert ›Leben‹ sowohl als »Produktivitätsnorm« (Bröckling/Schöning 2004: 15) im Sinne ökonomischer Effektivität als auch als Ort von (politischem) Widerstand: Denn beide Aspekte sind, so Foucault, streng korrelativ. Genau diese, von Baxmann in Bezug auf moderne Körper- und Tanzkulturen dargestellten Verflechtungen sollten sich anfällig für das erweisen, was Bröckling und Schöning als biopolitischen »Imperativ der Lebensoptimierung« bezeichnen. Ein Imperativ, der in seinen extremsten, die moderne Biomacht radikalisierenden Ausformungen »dazu [führte], dass in das biologische Kontinuum radikale Zäsuren eingefügt und etwa zwischen ›lebenswertem‹ und ›lebensunwertem Leben‹ geschieden [wurde] – mit mörderischen Folgen.« (Bröckling/Schöning 2004: 11)[4]

Der an dieser Stelle notwendigerweise verkürzte Rückblick auf spezifische Diskursfiguren innerhalb der modernen Kunst ist keineswegs abgeschlossene Geschichte. Die Überwindung der entfremdenden Rationalität der Technik, der Wissenschaft und des Logos durch körperlich-sinnliche Affekte gehört bis heute zum künstlerischen und kunsttheoretischen Standard, ohne dass die damit einhergehenden Wertesysteme

---

4 Die Autoren beziehen sich in diesem Zusammenhang auf Michel Foucaults Publikation *In Verteidigung der Gesellschaft. Vorlesungen am Collège de France* (1975/1976). Vgl. Foucault 1999: 276-305.

einer gleichermaßen wissenschafts- wie kunstkritischen Untersuchung unterzogen würden. Dabei ist es laut Marie-Luise Angerer mehr denn je geboten, die Funktionsweise einer medialisierten Kultur des Affekts in Augenschein zu nehmen: Demnach muss das »Interesse am Affekt, an den Emotionen, an Gefühl und Pathos als ein Dispositiv [betrachtet werden], in dem philosophische, kunst- und medientheoretische Diskurse mit molekularbiologischen, kybernetischen und kognitionspsychologischen zu einer neuen ›Wahrheit des Menschen‹ verlötet werden.« (Angerer 2007: 7)

Diese, auf gegenwärtige Entwicklungen und Phänomene der modernen Medienkultur gemünzte Diagnose trifft sich mit Baxmanns Analyse ebenso wie mit der Studie des Filmwissenschaftlers Thomas Elsaesser über *Das frühe Kino*: Sie beruht auf der These, dass die Entstehung und Popularisierung des Films nur im Kontext einer bereits Mitte des 19. Jahrhunderts ausdifferenzierten, komplexen Medienlandschaft zu begreifen ist, zu der Elsaesser die Malerei ebenso zählt wie die zahlreichen Erfindungen optischer Apparate und die modernen Wissenschaften (vgl. Elsaesser 2002). Stephan Geenes Einführung zur oben erwähnten Wiener Tagung *Film, Avantgarde und Biopolitik* fasst diese Tendenz in Bezug auf das moderne Kino zusammen, indem er seine ›Aufhebung‹ in einem integrativen System in Folge einer auf das biologische Leben gerichteten Synthetisierung von Werk, ZuschauerIn und Medium beschreibt. Eine der hieraus resultierenden Fragen bleibt, ob das von Seiten der Modernekritik in Anspruch genommene, widerständige Potenzial des taktilen, somatischen, verkörperten Sehens, das in der Phänomenologie eine ebenso wichtige Rolle spielt wie in der Apparatustheorie und der Kinotheorie Deleuze', nicht seinerseits im Hinblick auf Überschneidungen mit modernen Lebenswissenschaften genauer untersucht werden müsste.

Eine entsprechende Forschungsperspektive lässt sich aus einem Tagungs-Beitrag des Kultur- und Medientheoretikers Wolfgang Bock ableiten: Demnach hat die technische Grundlage der Digitalisierung den Film in eine neue Medienkonstellation versetzt, in der die äußere Wirklichkeit als Referenz, wie sie noch zu dem alten analogen Film gehörte, zunehmend durch eine innere ersetzt wird (vgl. Bock 2002). Als biopolitisch wäre eine solche (virtuelle) Immanenz insofern zu bezeichnen, als ihr ein subjektförmiges, quasi-biologisches Eigenleben mit eigenen Perzepten und Affekten zugedacht wird: Zu denken wäre hier etwa an virtuelle Modellwelten wie jenes des *Second Life*. Zugespitzt formuliert, könnte man hierin eine Verkehrung des avantgardistischen Überschreitungsanspruchs des ›bloß‹ artifiziellen Lebens der Kunstwerke durch seine Kontaminierung mit dem »wirklichen Leben« erkennen, handelt es sich bei *Second Life* doch um ein künstlich-technisches Universum, das eine optimierte Kopie des ›wirklichen‹ Lebens zu sein beansprucht.

In diesem Zusammenhang möchte ich das neueste Buch des eingangs genannten Bildwissenschaftlers J. W. T. Mitchell *What Do Pictures Want?* nicht unerwähnt lassen. Interessanterweise rekurriert sein Versuch, den Bilddiskurs vor den Zumutungen semiologisch-linguistischer Deutungsmethoden zu schützen, auf den in Avantgarde- und Medienkontexten anzutreffenden Zusammenhang von Autonomie- und Verlebendigungsdiskursen. In losem Verweis auf Giorgio Agambens Begriff der »Lebensform« bezeichnet Mitchell Bilder als ›*living things*‹ beziehungsweise ›*living creatures*‹, die seiner Ansicht nach wie Subjekte begehren und wie Götter angebetet werden wollen. Bilder, so Mitchell, seien *metapictures*, die nicht nur um sich selbst wissen: Sie wissen sich auch im Besitz eines autonomen Lebens, das in *What Do Pictures Want?* in einem transhistorischen Rundumschlag mit cyberbiologischen Theorien über intelligentes Leben beziehungsweise ›*artificial life*‹ in Verbindung gebracht wird (vgl. Mitchell 2004). Interessanterweise trifft sich Mitchells Modell einer systemisch begründeten ›Autonomie‹ der Bilder mit Vorstellungen, die bereits in vitalistisch aufgeladenen Farb- und Wahrnehmungsdiskursen des späten 19. und frühen 20. Jahrhunderts anzutreffen sind.

Dies führt zu der Frage nach dem Sinn und Unsinn der Diskussion über das Projekt der Interdisziplinarität im Bereich der künstlerischen Forschung zurück: Als solche stellt sie sich, so eine Überlegung, nicht nur als ein eigenständiges Diskursfeld dar, sondern ist auf einer tiefer liegenden Ebene konstitutiv für das, was wir als ›autonome‹ Disziplinen, Gattungen und Medien wahrnehmen: Das heißt, dass es oftmals gerade die im Sinne ›autonomer‹, ästhetischer Produktionen und Erfahrungen eingesetzten Verfahren sind, die die BetrachterInnen auf somatisch-viszerale Weise in jene Affektökonomie einbinden, die Motor und Logik einer technisch-wissenschaftlich verfassten Medien- und Wissenskultur ist.

Im Unterschied zu einschlägigen Spektakel- und Kulturindustrietheorien müsste daher eine lebenswissenschaftlich beziehungsweise biopolitisch sensibilisierte Analyse klassischer und postklassischer Formen des Films und der Kunst lebenswissenschaftskritische Betrachtungs- und Bewertungskriterien entwickeln. Denn selbst die Betonung des ästhetischen, vom biologischen unterschiedenen Eigenlebens von Kunstwerken ist nicht per se ›unschuldig‹, sondern steht in einem Kontinuum mit Modernisierungs- und Medialisierungsprozessen, in welche die *Life*

Sciences eingelassen sind. Insofern auf einer grundsätzlichen Ebene jede künstlerische Denk- und Praxisform an der Produktion von Wissen über das Leben teilhat, könnte eine abschließende Frage daher sein, wem sich das Leben der Kunstwerke mit welchen Fiktionen des Lebens erschließt, und welche Rolle hierbei unvermeidliche körperliche und mentale Affekte wie Lust, Genuss, Langeweile, Gleichgültigkeit, Angst, Hoffnungslosigkeit, etc. generierende Bilder über die Körper (der ProduzentInnen und der KonsumentInnen) spielen. Denn Körper haben mit ihren Bildern gemein, dass wir sie ›nur‹ über ihre Referenten kennen.

Literatur

Angerer, Marie-Luise (2007): Vom Begehren nach dem Affekt, Zürich/Berlin: diaphanes.
Baxmann, Inge (2000): Mythos: Gemeinschaft. Körper- und Tanzkulturen in der Moderne, München: Wilhelm Fink Verlag.
Baxmann, Inge (2007): Mayas, Ponchos und Chicanos: Die transnationale Nation, München: Wilhelm Fink Verlag.
Blümle, Claudia/Schäfer, Armin (2007): »Vorwort«. In: Dies. (Hg.), Struktur, Figur, Kontur. Abstraktionen in Kunst und Lebenswissenschaften, Zürich/Berlin: diaphanes, S. 7-8.
Bock, Wolfgang (2002): Bild – Schrift – Cyberspace. Grundkurs Medienwissen, Bielefeld: Aisthesis Verlag.
Bröckling, Ulrich/Schöning, Matthias (2004): »Disziplinen des Lebens?«. In: Ulrich Bröckling/Benjamin Bühler/Marcus Hahn, (Hg.), Disziplinen des Lebens. Zwischen Anthropologie, Literatur und Politik, Tübingen: Gunter Narr Verlag, S. 9-22.
Canguilhem, Georges (2006): Wissenschaft, Technik, Leben. Beiträge zu einer historischen Epistemologie, Berlin: Merve Verlag.
Clark, T. J. (1999): The Painting of Modern Life. Paris in the Art of Manet and his Followers, Princeton/New Jersey: Princeton University Press.
Crary, Jonathan (1996): Techniken des Betrachters. Sehen und Moderne im 19. und 20. Jahrhundert, Dresden/Basel: Verlag der Kunst.
Draxler, Helmut (2007): Gefährliche Substanzen. Zum Verhältnis von Kritik und Kunst, Berlin: b_books.
Egenhofer, Sebastian (2008): »Figuren der Defiguration. Vier Thesen zur Abstraktion«. Texte zur Kunst, 18. Jg., Heft 69, März, S. 60-71.
Elsaesser, Thomas (2002): Filmgeschichte und frühes Kino. Archäologie eines Medienwandels, München: edition text und kritik.

Foucault, Michel (1999): In Verteidigung der Gesellschaft. Vorlesungen am Collège de France (1975/76), Frankfurt a. M.: Suhrkamp Verlag.

Imdahl, Max (1996): »Die Farbe als Licht bei August Macke«. In: Ders., Gesammelte Schriften Band 1: Zur Kunst der Moderne, Frankfurt a. M.: Suhrkamp Verlag, S. 32-47.

Krauss, Rosalind (1996): »Welcome to the Cultural Revolution«. October 77, S. 83-96.

Lütticken, Sven (2008): »Leben mit Abstraktion«. Texte zur Kunst, 18. Jg., Heft 69, März, S. 47-59.

Mitchell, W. J. T. (1997): »Der Pictorial Turn«. In: Christian Kravagna (Hg.), Privileg Blick. Kritik der visuellen Kultur, Berlin: edition ID, S. 15-40.

Mitchell, W. J. T. (2004): What do Pictures Want? The Lives and Loves of Images, Chicago: University of Chicago Press.

Sturm, Birke: Repräsentationen von Weiblichkeit vor dem Hintergrund von Entwicklungen des 19. Jahrhunderts, unveröffentlichte Diplomarbeit, eingereicht an der Akademie der bildenden Künste, Wien 2007.

AUTORINNEN UND AUTOREN

Marie-Luise Angerer, Professorin für Medien- und Kulturwissenschaften an der Kunsthochschule für Medien Köln. Seit 2007 Rektorin der KHM. Im Zentrum ihrer Forschung und Lehre stehen die Fragen nach der *Natur des Sexuellen,* der Rückkehr des Lebens (wie sich dies exemplarisch in der Neubewertung des Affektiven artikuliert), nach dem Verhältnis von Psychoanalyse, Neurobiologie und *cybernetics.*

Rosi Braidotti, Professorin für Geisteswissenschaften an der Fakultät für Künste der Universität Utrecht, Direktorin des niederländischen Forschungsinstituts für Women's Studies. Sie forscht und lehrt vor dem Hintergrund eines *nomadischen Subjekts* zu Fragen transnationaler und -sektionaler Feminismen.

Sabeth Buchmann, Professorin für Kunsttheorie an der Universität der bildenden Künste, Wien. Sie beschäftigt sich in ihren Untersuchungen mit den biopolitischen Auswirkungen medialer Konstellationen insbesondere im Film. Ein weiterer Schwerpunkt ihrer Forschungen liegt in den künstlerischen Avantgarden des 19. und 20. Jahrhunderts.

Astrid Deuber-Mankowsky, Professorin für Medienöffentlichkeit und Medienakteure unter besonderer Berücksichtigung von Gender am Institut für Medienwissenschaften der Ruhr-Universiät Bochum. Sie forscht zur Geschichte des Wissens, zu Medialität und der Frage der sexuellen Differenz.

Christiane König, Film- und Medienwissenschaftlerin. Sie arbeitet an den Problemstellungen, die der *new feminism* den Gendermedientheorien aufgibt sowie zu medienhistorischen Bedingungen von queeren Männlichkeiten.

Kerstin Palm, promovierte Biologin. Sie arbeitet zu den Themengebieten der Wissenschaftstheorie und der Geschichte der Naturwissenschaften, vor allem zur Genealogie des Lebensbegriffs in der Biologie.

Luciana Parisi, Kulturwissenschaftlerin. Sie arbeitet als Senior Lecturer am Goldsmith College in London und forscht über die Zusammenhänge von globalen Kapitalismen, Medientechnologien und Biowissenschaften im Kontext des *new feminism*.

Hans-Jörg Rheinberger, Molekularbiologe, seit 1997 Direktor des Max-Planck-Instituts für Wissenschaftsgeschichte in Berlin sowie Professor für Technik- und Wissenschaftsgeschichte an der Technischen Universität Berlin. Er forscht zur Wissenschaftsgeschichte der Biologie und zur Epistemologie des Experiments.

Manuela Rossini, Anglistin, wissenschaftliche Mitarbeiterin im Transdisziplinaritätsnetzwerk (td-net) der Akademien der Wissenschaften Schweiz. Aktuell beschäftigt sie sich in ihrer Forschung mit Konfigurationen des Menschlichen in literarischen, philosophischen und (populär-) wissenschaftlichen Texten.

Volkmar Sigusch, Philosoph und Sexualforscher. Er leitete lange Jahre das Institut für Sexualwissenschaften der Johann Wolfgang Goethe-Universität in Frankfurt am Main und forschte dort zur Geschichte und Theorie der Sexualität.

Jackie Stacey, Professorin für Media and Cultural Studies am Forschungsinstitut für Cosmopolitan Cultures (RICC) an der University of Manchester. Sie arbeitet an den Schnittstellen von europäischer Geschichte, Women's Studies und Cultural Studies mit den Schwerpunkten Visual Culture und Film. Sie ist Mitherausgeberin von *Screen* und *Feminist Theory*.

Paul Verhaeghe, Psychoanalytiker und Professor für Psychoanalyse und Klinische Beratung an der Fakultät für Psychologie der Universität Gent. Im Mittelpunkt seiner Forschung stehen zentrale Begrifflichkeiten der freudschen und lacanschen Psychoanalyse, wie z.B. Trieb, sexuelle Differenz und Begehren, deren Bedeutung er für gesellschaftspolitische Entwicklungen von Alltagspathologien bearbeitet.

Gender Studies

Marie-Luise Angerer,
Christiane König (Hg.)
Gender goes Life
Die Lebenswissenschaften
als Herausforderung für
die Gender Studies
Oktober 2008, 264 Seiten,
kart., 26,80 €,
ISBN: 978-3-89942-832-2

Isolde Albrecht
**Sprache, Arbeit und
geschlechtliche Identität**
Wie moderne Arbeitsbegriffe
alte Geschlechtslogiken
transportieren.
Eine sprachgeschichtliche
und psychologische Studie
September 2008, 390 Seiten,
kart., 26,00 €,
ISBN: 978-3-89942-941-1

Cordula Bachmann
Kleidung und Geschlecht
Ethnographische Erkundungen
einer Alltagspraxis
Mai 2008, 156 Seiten,
kart., zahlr. Abb., 17,80 €,
ISBN: 978-3-89942-920-6

Christine Thon
**Frauenbewegung im Wandel
der Generationen**
Eine Studie über
Geschlechterkonstruktionen
in biographischen Erzählungen
April 2008, 492 Seiten,
kart., 36,80 €,
ISBN: 978-3-89942-845-2

Uta Fenske
Mannsbilder
Eine geschlechter-
historische Betrachtung
von Hollywoodfilmen
1946-1960
März 2008, 350 Seiten,
kart., 30,80 €,
ISBN: 978-3-89942-849-0

Rita Casale,
Barbara Rendtorff (Hg.)
**Was kommt nach der
Genderforschung?**
Zur Zukunft der
feministischen
Theoriebildung
Februar 2008, 266 Seiten,
kart., 26,80 €,
ISBN: 978-3-89942-748-6

Margarete Menz
**Biographische
Wechselwirkungen**
Genderkonstruktionen und
»kulturelle Differenz«
in den Lebensentwürfen
binationaler Paare
Januar 2008, 310 Seiten,
kart., 29,80 €,
ISBN: 978-3-89942-767-7

Ursula Mıhçıyazgan
Der Irrtum im Geschlecht
Eine Studie zu Subjektposi-
tionen im westlichen und
im muslimischen Diskurs
Januar 2008, 290 Seiten,
kart., 29,80 €,
ISBN: 978-3-89942-815-5

Leseproben und weitere Informationen finden Sie unter:
www.transcript-verlag.de

Gender Studies

Sylvia Pritsch
Rhetorik des Subjekts
Zur textuellen Konstruktion des Subjekts in feministischen und anderen postmodernen Diskursen
Januar 2008, 514 Seiten,
kart., 39,80 €,
ISBN: 978-3-89942-756-1

Carmen Leicht-Scholten (Hg.)
»Gender and Science«
Perspektiven in den Natur- und Ingenieurwissenschaften
2007, 188 Seiten,
kart., 21,80 €,
ISBN: 978-3-89942-674-8

Lutz Hieber, Paula-Irene Villa
Images von Gewicht
Soziale Bewegungen, Queer Theory und Kunst in den USA
2007, 262 Seiten,
kart., 26,80 €,
ISBN: 978-3-89942-504-8

Ingrid Hotz-Davies,
Schamma Schahadat (Hg.)
Ins Wort gesetzt, ins Bild gesetzt
Gender in Wissenschaft, Kunst und Literatur
2007, 310 Seiten,
kart., 30,80 €,
ISBN: 978-3-89942-595-6

Sabine Brombach,
Bettina Wahrig (Hg.)
LebensBilder
Leben und Subjektivität in neueren Ansätzen der Gender Studies
2006, 308 Seiten,
kart., zahlr. z.T. farb. Abb., 26,80 €,
ISBN: 978-3-89942-334-1

Heike Hartung (Hg.)
Alter und Geschlecht
Repräsentationen, Geschichten und Theorien des Alter(n)s
2005, 286 Seiten,
kart., 26,80 €,
ISBN: 978-3-89942-349-5

**Leseproben und weitere Informationen finden Sie unter:
www.transcript-verlag.de**